# À plus !

## 1

**Méthode
intensive**

Cornelsen

À plus! 1 **Méthode intensive**
Lehrwerk für den Französischunterricht (3. Fremdsprache) an Gymnasien

Im Auftrag des Verlages erarbeitet von
Hans Bächle, Otto-Michael Blume, Gertraud Gregor, Sylvie Schenk, Dr. Christine Wlasak-Feik

und dem Verlagsbereich Fremdsprachen in der Schule
Dr. Yvonne Petter (Projektleitung), Lucie Drevon, Corinna Martin-Werner, Jana Silckerodt,
Gabriela Alonso (Bildassistenz)

Beratende Mitwirkung: Rainer Bildheim (Kirchhundem), Dr. Martin Braun (Nürnberg), Hermann Demharter
(Heidelberg), Herta Fidelak (Oberhausen), Marliese Frings-Mock (Köln), Eberhard Haar (Stegaurach), Michèle
Héloury (Berlin), Thilo Karger (Gießen), Burcu Kiliç (Berlin), Martina Mäsch-Donike (Düren), Axel Polleti (Passau),
Anke Rogge (Bonn), Karl Stoppel (Biberach), Stefanie Wölz (Sinsheim)

Layoutkonzept: Regelindis Westphal
Layout und technische Umsetzung: Satzinform, Berlin
Umschlaggestaltung: Klein & Halm Grafikdesign, Berlin
Illustrationen: Laurent Lalo
Kartengestaltung: Dr. Volkhard Binder (U2), Carlos Borell (U3)
Umschlagfoto: ©Schapowalow/SIME

Begleitmaterialien zu **À plus!** 1 Méthode intensive
ISBN 978-3-06-020334-5 Vokabeltaschenbuch
ISBN 978-3-06-020327-7 Carnet d'activités
ISBN 978-3-06-020331-4 Grammatikheft
ISBN 978-3-06-020335-2 Audio-CD
ISBN 978-3-06-020332-1 Handreichungen für den Unterricht
ISBN 978-3-06-020333-8 Folien für den Unterricht

**www.cornelsen.de**

Die Webseiten Dritter, deren Internetadressen in diesem Lehrwerk angegeben sind, wurden vor Drucklegung
sorgfältig geprüft. Der Verlag übernimmt keine Gewähr für die Aktualität und den Inhalt dieser Seiten oder solcher,
die mit ihnen verlinkt sind.

1. Auflage, 6. Druck 2017

Alle Drucke dieser Auflage sind inhaltlich unverändert und können im Unterricht nebeneinander verwendet werden.

Druck und Bindung: Livonia Print, Riga

ISBN 978-3-06-020326-0

**PEFC zertifiziert**
Dieses Produkt stammt aus nachhaltig
bewirtschafteten Wäldern und kontrollierten
Quellen.

**PEFC**
PEFC/12-31-006

**www.pefc.de**

*Die folgenden aufgelisteten Angebote sind nicht obligatorisch abzuarbeiten. Die Auswahl der Übungen und Übungsteile richtet sich nach den Schwerpunkten des schulinternen Curriculums.*

# Inhaltsverzeichnis

Die grün gedruckten Überschriften bezeichnen fakultative Elemente.

## UNITÉ 3 Une heure, une journée, une semaine

**Erläuterung der Symbole und Verweise**

|  |  |
|---|---|
| 🎧 14 | Hörtext auf der CD (z. B. CD 1, Track 14) |
| ►◄ | Partnerarbeit |
| ►► | Kettenübung |
| ▲▼ | Gruppenarbeit oder Diskussion |
| ⬭ | Schriftliche Übung |
| ◑ | Differenzierung: anspruchsvolle Aufgabe |
| 📖 | Die Lösungen zu den Aufgaben befinden sich im Grammatikheft. |
| C 6/8 | Hier passt Carnet d'activités, S. 6/8. |
| chinois* | Diese fakultative Vokabel kannst du in der Liste chronologique des mots nachschlagen. |
| DELF | Diese Übung eignet sich besonders zur Vorbereitung auf die DELF-Prüfung. |
| A → Portfolio Dossier | Besonders gelungene Texte kannst du in deine Portfoliomappe ablegen. |
| ▨ | Sprachmittlungsübung |

# *Ici,* on parle français

Bonjour!
Je suis Marie.
Je suis de Montréal.
Ici, on parle français
et anglais.

Bonjour!
Je m'appelle Karim.
Je suis de Marrakech.
Je parle arabe et
français.

Bonjour!
Je m'appelle David.
Je suis de Paris.
Je parle français et un
peu anglais.

> *Bonjour!*
> *Moi, je suis Noémie,*
> *je suis de Genève.*
> *Je parle aussi*
> *français.*

> *Salut!*
> *Je m'appelle Jérémie.*
> *Je suis de Luxembourg.*
> *Je parle français, mais*
> *aussi luxembourgeois*
> *et allemand.*

> *Et toi?*
> *Tu t'appelles comment?*
> *Tu es d'où?*

**1** **a** ✺ Versetzt euch in die Rolle eines der fünf Jugendlichen. Eure Mitschüler/innen erraten, wer ihr seid.

> Je suis de ___ . /
> Je parle ___ .

> Tu t'appelles ___ .

**b** Stellt euch vor. Sagt, wie ihr heißt, aus welchem Ort / welcher Stadt ihr kommt und welche Sprachen ihr sprecht.

turc*  russe*  polonais*  chinois*
italien*  japonais*  espagnol*  ___

\* (→ Liste chronologique, p. 171)

**2** 🎧3 Hört die Wörter und sprecht nach.

[ʒ]
je
Jérémie
Genève
luxembourgeois

[u]
bonjour
luxembourgeois

[y]
salut
luxembourgeois

**3** **a** In welchen Ländern liegen die Städte, in denen die fünf Jugendlichen wohnen?
(→ Petit dictionnaire de civilisation, p. 166)

**b** Sucht zwei weitere Länder auf der Welt, in denen man Französisch spricht.

http://de.wikipedia.org/wiki/Liste_der_Amtssprachen

# UNITÉ 1 À Paris

🎧 4 **Paris, c'est …**

… la Seine, la tour Eiffel, mais ce sont aussi les tours de la Défense.

Ce sont les jardins et les parcs comme le parc André Citroën.

Paris, c'est le métro, le stress.

Ce sont les manifs, c'est la politique.

Ce sont aussi les îles comme l'île de la Cité
avec la cathédrale Notre-Dame ...

... les rues de Montmartre,
la rue Lepic, la place du Tertre.

C'est la mode, l'élégance.

Pour moi, c'est
Paris-Plages devant
l'hôtel de ville.

MARCHE-CHINOIS

C'est le monde: l'Afrique, la Chine ...
Paris, c'est tout!

## Comprendre

C 3/1 **1** *Pour moi, Paris, c'est / ce sont ___ .* Was sagen diese Personen?

## Découvrir

C 3/2 **2** **a** 🔊 Notiert diese Nomen mit dem dazugehörigen Artikel. (→ Texte, p. 10–11)

**b** Wie viele Artikel gibt es im Singular, wie viele im Plural?

> place   monde   îles   parc   rue   élégance   tour
> politique   rues   parcs   île   jardins   manifs

**c** 🎧 5 Wenn ihr ein Wort im Plural hört, hebt die Hand.

## Méthodes et stratégies

C 3/3 **3** **a** Welche Wörter im Text, S. 10–11 habt ihr verstanden, weil ihr sie aus dem Deutschen oder Englischen erschlossen habt?

1 **en allemand** auf Deutsch   2 **en anglais** auf Englisch

«La politique», en allemand[1], c'est «die Politik», en anglais[2], c'est «politics».

**b** Gebt die Bedeutung dieser Wörter an. Nehmt dabei das Deutsche, Englische sowie evtl. weitere Sprachen zu Hilfe.

> le film   l'hôtel   la photo
> le taxi   le cinéma   la classe
> l'animal   le restaurant
> l'hôpital   le croissant

🎯 Du kannst unbekannte Wörter verstehen, wenn du andere Sprachen zu Hilfe nimmst.
(→ Méthodes, p. 150)

## Recherche

**4** Wählt einen der im Text, S. 10–11 genannten Orte in Paris aus und findet weitere Informationen (Internet, Reiseführer, → Petit dictionnaire de civilisation, p. 166).

http://de.wikipedia.org
www.paris.org/Maps/MM/MMF.html

### 🎧 6 Nous arrivons

## Comprendre

C 4/1 **1** ►◄ *Répondez. Utilisez* c'est / ce sont. Von wem oder wovon ist die Rede?

*Exemple:*
Ils sont sympa. → Ce sont Jérémie et Chaipas.
Il est sympa. → C'est Jérémie.

1. Elle est super.
2. Il est bien sur la photo.
3. Elles habitent à Courbevoie.
4. Elle photographie la Défense.
5. Ils sont dans le train.
6. Elles passent vite.

## Découvrir

**2** **a** Betrachtet noch einmal die Sätze aus Übung 1. Wofür stehen die Personalpronomen „ils/elles"?

**b** Wie lauten die Personalpronomen der 1. und 2. Person Singular und Plural? (→ Texte, p. 13–14)

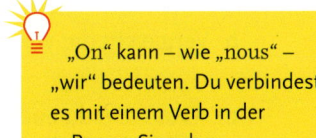

„On" kann – wie „nous" – „wir" bedeuten. Du verbindest es mit einem Verb in der 3. Person Singular.

**c** Welche Personalpronomen passen zu diesen Verbformen? Es gibt manchmal mehrere Möglichkeiten.

*Exemple:* ? est → il est / elle est / on est

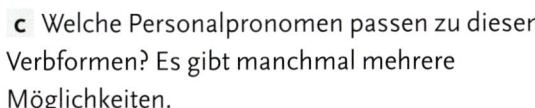

? arrivent    ? sommes    ? habite
? êtes    ? photographies    ? regarde
? habitons    ? regardez

## S'entraîner

C 4/3 **3** *Complétez.* Ergänzt die Formen des Verbs „être". (→ Les verbes, p. 163)

1. – Vous ? où?
   – On ? encore dans le train.

2. – Lila, c' ? toi?
   – Non, je ? Yasmina.

3. – Tu ? d'ici?
   – Oui, je ? de Courbevoie.

4. Regarde les photos de Jérémie. Elles ? super, non?

5. Jérémie ? de Luxembourg et Karim ? de Marrakech.

6. – Vous habitez à Paris?
   – Oui, mais nous ? de Bretagne.

C 5/4 **4** ►◄ *Formez des phrases.* Bildet Sätze. Es gibt mehrere Möglichkeiten. (→ Les verbes, p. 163)

| Je/J' | | à Paris. |
|---|---|---|
| Tu | | la photo. |
| Jérémie | | à la Défense. |
| Noémie | *regarder* | le chien de ___ . |
| Yasmina | *photographier* | dans le train. |
| Il/Elle/On | *habiter* | de Bretagne. |
| Nous | *arriver* | de Genève. |
| Vous | *être* | à Courbevoie. |
| Camille et David | | les tours de la Défense. |
| Ils/Elles | | dans le parc. |

**5** **a** 🔊 *Mettez les mots dans l'ordre.* Bringt die Wörter in die richtige Reihenfolge und schreibt die Sätze in euer Heft.

1. anglais / Montréal / et / parle / à / français / On
2. sont / et / le / Jérémie / dans / Chaipas / métro
3. Yasmina / photo / la / de / regarde / Jérémie
4. habitent / Courbevoie / à / Elles / ?
5. et / arrivent / Lila / la / Défense / à / Yasmina
6. êtes / vacances / Vous / encore / en / ?
7. de / rues / sont / Les / Montmartre / sympa
8. Jérémie / le / Chaipas / de / chien / est
9. habites / à / ou / Genève / Paris / Tu / à / ?

**b** Vergleicht die Wortstellung in französischen und deutschen Sätzen.

**c** *À vous.* Denkt euch selbst zwei Satzpuzzles aus.

## Écouter

**6** 🎧 7 *Affirmation ou interrogation? Écoutez et notez.* Notiert, ob ihr eine Aussage (A) oder eine Frage (F) gehört habt. (→ Repères, p. 26/7)

C 5/6 **7** 🎧 8 Ihr hört jetzt Wortpaare. Hebt die Hand, wenn ihr zwei verschiedene Wörter hört.

## Activité

C 5/5 **8** ▶◀ *Préparez un dialogue.* Erarbeitet zu dritt eine Spielszene: Ihr lernt zu zweit einen jungen Franzosen / eine junge Französin kennen.

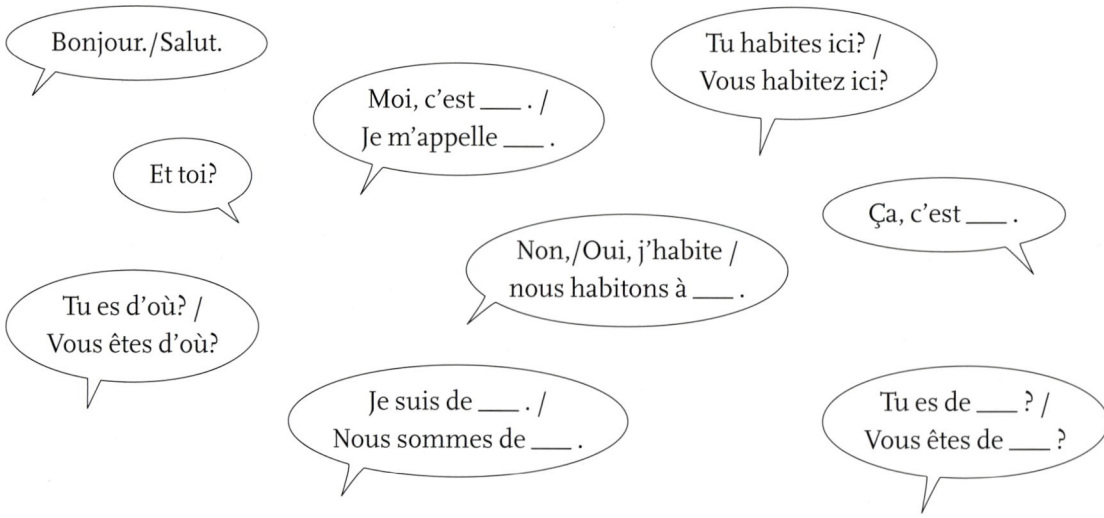

### 🎧 9 Il prépare son sac

Monsieur et Madame Gloesener habitent à la Défense. Ils ont deux enfants, Jérémie et Lou. C'est la rentrée. Jérémie prépare son sac.

5 *Mme Gloesener:* Tu as ton sac? Ta veste?

*Jérémie:* Mais oui maman, j'ai mes affaires: mon sac, mes cahiers et ma veste!

Et tes cahiers?

Salut.

10 … Oui, Jérémie a ses affaires, mais il a aussi le trac.
Il passe devant Monsieur Diouf, le gardien de sa tour, la tour Ève.
*Jérémie:* Bonjour, Monsieur.

15 *M. Diouf:* Bonjour, mon garçon. Ça va?

*Jérémie:* Merci, ça va. Vous aussi?

*M. Diouf:* Très bien. Hé, mon
20 garçon, le chien là-haut, sur le balcon, c'est ton chien?

*Jérémie:* Oui, son nom, c'est Chaipas. Il est sympa, non? Au revoir, Monsieur!

Hm … les chiens dans la tour, c'est …

Vous avez le livre d'anglais?

25 Jérémie arrive à son école, le collège Georges Pompidou.

*Jérémie:* Pardon, Madame, je m'appelle Jérémie Gloesener. Je suis nouveau. Je cherche
30 ma classe.

*La surveillante:* Tu cherches ta classe … Hm … je suis nouvelle aussi.

Jérémie regarde les élèves …
35 Les deux filles, là-bas … Mais oui, ce sont …

**C 6/1**  **1**  **a** ►◄ *Qu'est-ce qui va ensemble? Was passt zusammen?* Es gibt manchmal mehrere Möglichkeiten. (→ Texte, p. 17)

| Jérémie | regarde | le gardien de la tour Ève. |
| Chaipas | est | son sac. |
| La surveillante | cherche | le trac. |
| M. Diouf | prépare | sur le balcon. |
| M. et Mme Gloesener | ont | à son école. |
| Lila et Yasmina | arrive | les filles. |
| | passe devant | nouveau à l'école. |
| | a | le chien de Jérémie. |
| | sont | nouvelle à l'école. |
| | | avec Camille. |
| | | sa classe. |
| | | deux enfants. |

**b** Was meint M. Diouf wohl mit „... les chiens dans la tour, c'est ...“?

## Découvrir

**2**  **a** Ergänzt die fehlende Form.

| **mon** sac | **ma** veste |
| **ton** sac | **ta** veste |
| **son** sac | [?] veste |

**b** Wann verwendet ihr „mon/ton/son“ bzw. „ma/ta/sa“?

**c** Welches Genus hat „école“? (→ Liste alphabétique, p. 217) Warum heißt es wohl „son école“ (Z. 25)?

**d** Wie lauten die Pluralformen der Possessivbegleiter? (→ Texte, p. 17)

## S'entraîner

**C 7/5**  **3**  **a** *Complétez par* son, sa, ses. Ergänzt mit „son, sa, ses“. (→ Repères, p. 26/4)

C'est la rentrée. Lila cherche [?] affaires: [?] cahiers, [?] sac et ... [?] veste. Elle arrive à [?] collège. C'est le collège Georges Pompidou à Courbevoie.

C'est la rentrée. Philipp cherche [?] affaires: [?] cahiers, [?] sac et ... [?] veste. Il arrive à [?] collège. C'est la «Liebfrauenschule» à Bonn.

**b** *Traduisez et comparez avec l'allemand.* Übersetzt und vergleicht mit dem Deutschen.

c 8/6 **4** *Complétez par des déterminants possessifs.* Ergänzt mit den Possessivbegleitern. (→ Repères, p. 26/4)

1. – Tu cherches ? livres?
– Mais regarde, ils sont dans ? sac!

2. Non, Chaipas, ce sont ? affaires!

3. Regarde, c'est une photo de Courbevoie avec ? école.

4. C'est Clara Bottet. Elle cherche ? classe.

5. C'est ? chien. ? nom, c'est Mozart.

6. Regarde, maman, elle a ? veste!

c 7/4 **5** ►◄ *Formez des phrases.* Bildet Sätze. (→ Les verbes, p. 163)

|  |  |  |
|---|---|---|
| Je/J' |  | un chien. |
| Tu |  | devant la tour Ève. |
| Il/Elle |  | en vacances. |
| On | *avoir* | nouvelle à l'école. |
| Nous | *être* | deux enfants. |
| Vous |  | mes cahiers et ma veste. |
| Ils/Elles |  | nouveau à Paris. |
| C'/Ce |  | sur le balcon. |

dans le train.
le trac.
de Courbevoie.
mon livre de français.

**6** **a** *Retrouvez les verbes.* Ordnet die Buchstabensuppe und findet die Verben.

eargrerd    btairhe    rarervi    ehrhccre    éprreapr

**b** *Formez deux phrases avec chaque verbe. Utilisez les verbes au singulier et au pluriel.* Bildet mit jedem Verb zwei Sätze. Benutzt dabei die Verben jeweils in einer Singular- und einer Pluralform.

**DELF** **7** 🎧 10 *Écoutez les trois dialogues.* Zu welchen Bildern passen diese drei Dialoge? Wie habt ihr das herausgefunden?

🎯 Um die Situation zu erfassen, brauchst du nicht jedes Wort zu verstehen.
(→ Méthodes, p. 153)

## Écouter et répéter

**8** **a** 🎧 11 [ã] *ou* [ɔ̃]? *Écoutez et répétez.*

1. le garçon
2. la rentrée
3. nous regardons
4. le surveillant
5. le balcon
6. Bonjour, mon garçon.
7. Il parle anglais.
8. On est encore en vacances.
9. Nous arrivons de Luxembourg.

**b** *Écoutez encore une fois et faites un tableau.*

| [ã] | [ɔ̃] |
|---|---|
| la re<u>n</u>trée | le gar<u>çon</u> |

**c** Unterstreicht in eurer Tabelle die Buchstabenkombinationen, die für [ã] bzw. [ɔ̃] stehen.

## Activité

**9** ►◄ Ihr trefft eine/n französische/n Freund/in und erkundigt euch nach seinem/ihrem Befinden. Erstellt Dialoge.

😀 (Ça va) bien.

🙂 Ça va. / Pas mal.

😕 Bof!

🙁 Mal.

Salut.

Bonjour.

Ça va …

Ça va? Et toi?

Salut!

À plus!¹

1 à **plus** [aplys] bis später

### 🎧 12 Le CDI

Qu'est-ce qu'il y a dans un collège?
Il y a des élèves, des professeurs, des surveillants, des
5 classes, une cantine, un CDI.
Et qu'est-ce que c'est, un CDI?
C'est la bibliothèque d'un
collège.

Dans un CDI, il y a des livres,
10 des revues, des films, un
documentaliste … et des
élèves, bien sûr.
Là, ils travaillent, ils préparent
un exposé ou ils empruntent
15 un livre, un film, une revue.

Voilà le CDI de «Georges Pompidou» avec Madame Dulac.
Madame Dulac, c'est qui? C'est la documentaliste.

*Mme Dulac:* Ton nom, s'il te plaît?
*Jérémie:* Jérémie Gloesener.
20 *Mme Dulac:* Épèle, s'il te plaît.
*Jérémie:* G-L-O-E-S-E-N-E-R.
*Mme Dulac:* Et ta classe?
*Jérémie:* Je suis en quatrième C.
*Mme Dulac:* Ton adresse?
25 *Jérémie:* Tour Ève, 1, place du Sud, à la Défense 9.
*Mme Dulac:* Oh là là, tu empruntes quatre livres et trois revues?
*Jérémie:* Heu oui, … c'est trop?
*Mme Dulac:* Oui. Je suis désolée, mais deux livres et deux revues,
c'est le maximum. Mais le CDI est ouvert cinq jours! … Et pour
30 toi, Yasmina?
*Yasmina:* Pour moi, le DVD … et j'emprunte deux livres pour
Jérémie.
*Jérémie:* Merci, Yasmina, c'est sympa.

> Im Französischen steht in Adressen erst die Hausnummer, dann die Straße:
> 8, rue Lepic.

## Comprendre

C 9/1 **1** *Corrigez les phrases.*
Korrigiert die Sätze.
(→ Texte, p. 21)

1. Le CDI, c'est la cantine d'un collège.
2. Mme Dulac est professeur à «Georges Pompidou».
3. Le nom de Jérémie est «Pompidou».
4. Jérémie habite dans la tour Gambetta, à la Défense 5.
5. Jérémie emprunte quatre livres et deux revues.
6. Le CDI est ouvert quatre jours.
7. Yasmina emprunte deux DVD.

## Découvrir

**2** **a** Ergänzt. (→ Liste alphabétique, p. 217)

**le** collège – **un** collège          **la** cantine          – **une** cantine          l'exposé – ? exposé
**le** livre      – **un** livre          **la** bibliothèque – ? bibliothèque          l'adresse – ? adresse
**le** film      – ? film

Wann benutzt man          **b** Übersetzt und vergleicht mit dem Deutschen:
„un", wann „une"?          Dans **un** CDI, il y a **des** livres.

## Écouter et répéter

**3** **a** 🎧 13 *Écoutez et répétez.*          **b** *Écoutez encore une fois et faites un tableau dans votre cahier.*
Hört die Äußerungen aus **a** noch einmal und tragt die Wörter mit
Nasalvokal in die Tabelle ein.

1. la cantine
2. le nom
3. le chien
4. Nous arrivons.

| [ã] | [ɔ̃] | [ɛ̃] |
|---|---|---|
| la ca**n**tine | le **n**om | le chi**en** |

5. la documentaliste
6. Elle emprunte un film.
7. Les vacances, c'est bien.          **c** 🎧 14 Sucht aus den Texten, S. 8–9 und S. 10–11 alle Wörter heraus,
8. Le garçon est sympa.          die einen Nasalvokal enthalten, und tragt sie in diese Tabelle ein.
9. Ils sont dans le train.          Überprüft mit Hilfe der Audio-CD. Sprecht nach.

## S'entraîner

**4** **a** 🔊 *Trouvez les mots.*
Findet die Wörter und
schreibt sie mit dem
unbestimmten Artikel in
euer Heft.

ca_tinerev_esliv_ejours_xposéprofesseurscla_sevesteca_ier

**b** ◐ Wer kann die meisten Sätze mit den Wörtern aus **a** bilden?

C 9/2 **5** *Décrivez les dessins.* Beschreibt die Bilder. Verwendet den unbestimmten Artikel. (→ Repères, p. 26/3)

ɪ. Voilà une place. Sur la place, il y a ___ . Il y a aussi ___ . Il y a ___ avec ___ .

**6** 🎧 15 *Qu'est-ce que vous entendez?* Was hört ihr? *Utilisez* C'est un/une ___ . / Ce sont des ___ .

| rue | chiens | professeur | élèves | manif | train | film |
|---|---|---|---|---|---|---|

**7** *Qu'est-ce qui va ensemble?* Welche Äußerungen passen zusammen?

1 7, rue Lepic.    2 Je cherche le CDI.    3 Tu empruntes cinq livres et deux DVD?

4 Ton adresse?    5 Ta classe?    6 Mais regarde, il est là-bas!    7 Épèle, s'il te plaît.

8 Je suis en quatrième D.    9 L-A-V-I-E-deux L-E.    10 Non, les DVD sont pour Lila.

C 10/4 **8** ►◄ *Regardez les dessins, p. 18–19, et posez des questions. Utilisez* C'est qui? *et* Qu'est-ce que c'est?

*Exemple* (Dessin, p. 19/4, numéro 3):

– Le garçon avec la photo, c'est qui?    – C'est Jérémie.

– Sur la photo, qu'est-ce que c'est?    – C'est une école. / Je ne sais pas.

## Vocabulaire

C 10/3 **9** **a** *Complétez.* Ergänzt das Vokabelnetz.

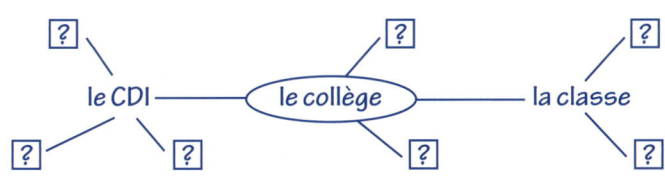

> 🎯 Du behältst neue Vokabeln besser, wenn du sie nach Sachgruppen geordnet lernst. (→ Méthodes, p. 152)

**b** Erstellt ein Vokabelnetz zu Paris.

## Découvrir l'orthographe

C 11/7 **10** **a** Im Französischen gibt es Zeichen, die euch aus dem Deutschen nicht vertraut sind. Findet Beispiele im Text.

**b** 16 la **ca**ntine – **ça** va. Wie werden „ca-" und „ça" ausgesprochen?

**c** 17 désolé – préparer – quatrième – élève – vous êtes – épèle

Wie wird „é" ausgesprochen? Und „è"? Und „ê"?
Findet im Text weitere Wörter, die „é" und „è" enthalten. Schreibt sie auf und lest sie vor.
(→ La transcription phonétique, p. 159–160).
Auf welchen anderen Buchstaben können Akzente stehen? Findet Beispiele.

> Das Zeichen ' heißt „apostrophe".
> „ç" nennt man „c cédille".
> „é" heißt „e accent aigu",
> „è" heißt „e accent grave",
> „ê" heißt „e accent circonflexe",
> „ë" heißt „e tréma".

C 11/8 **11**
C 12/12

**a** 18 *Écoutez et notez.* Hört zu und notiert.

**b** *Trouvez le mot.* Eine/r denkt sich ein Wort aus dem Text dieser „Séquence" aus. Die anderen erraten es, indem sie einzelne Buchstaben nennen.

## Jeu de rôle

C 11/9 **12** **a** ►◄ *Choisissez une situation et préparez le dialogue.* Wählt eine Situation aus und bereitet den Dialog vor.
(→ Méthodes, p. 155)

1. Du bist neu in einer französischen Schule und suchst das „CDI". Du wendest dich an einen „surveillant".
   - Wie kannst du den „surveillant" begrüßen?
   - Wie erklärst du ihm, dass du hier neu bist und das „CDI" suchst?
   - Wie könnte er dir deine Frage beantworten?
   - Was könnte er dich noch fragen? (Name?)
   - Wie verabschiedet ihr euch voneinander?
2. Du bist im „CDI" und möchtest etwas ausleihen.
   - Was könnte dich der „documentaliste" fragen?
   - Was kannst du darauf antworten?
   - Was sagt er, falls du zu viele Medien ausleihen willst?
   - Wie reagierst du darauf?

**b** *Jouez la scène.* Spielt die Szene.

# Repères

## Qu'est-ce qu'on dit?

**1** **sich begrüßen / sich verabschieden**
Bonjour, (Monsieur/Madame.) / Salut.
Au revoir. / Salut.

**sich vorstellen**
Je suis / Je m'appelle / Moi, c'est (Jérémie).
Je suis de (Luxembourg).
J'habite (à Paris) / (1, place du Sud).
Mon nom / Mon adresse, c'est ___ .
Je suis en (quatrième).
Je suis (nouveau/nouvelle).
Je parle (français) / (un peu anglais) / (aussi allemand).

**Informationen erfragen**
C'est qui?
Tu t'appelles comment? ... Et toi?
Tu es d'où?
Tu habites où?
Qu'est-ce que c'est?
Qu'est-ce qu'il y a (à Paris / dans un CDI)?

**sich bedanken**
Merci.

**über das Befinden sprechen**
– Ça va?
– Ça va. / Bien, merci. / Très bien. Et toi?

**sein Bedauern ausdrücken**
Je suis désolé/e.

**sich im Unterricht verständigen**
Regarde ___ . / Regardez ___ .
Je ne sais pas.
Épèle, s'il te plaît. / Épelez, s'il vous plaît.

**a** 🎧 19 Sprich nach. Wie sagst du auf Deutsch?

**b** ►◄ Wähle einen Partner / eine Partnerin. Ihr stellt euch gegenseitig vor.

## Grammaire

**2** 📖 **Der bestimmte Artikel und das Nomen im Singular und im Plural** (→ GH, p. 7)

L'article défini et le nom au singulier et au pluriel

singulier

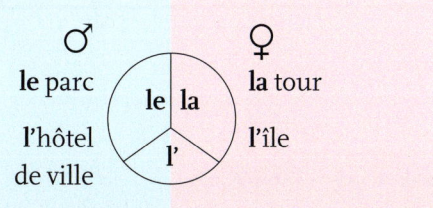

pluriel

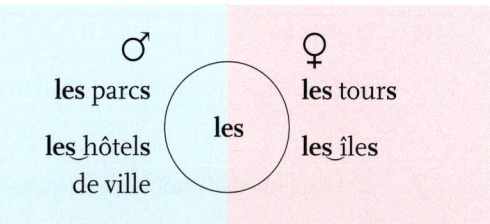

**a** Maskuline und feminine Nomen haben den Artikel „l'", wenn sie mit ___ oder ___ beginnen.

**b** Woran hörst du, dass ein Nomen im Plural verwendet wird? Woran siehst du, dass ein Nomen im Plural verwendet wird?

**c** Schreibe sechs Nomen mit ihrem bestimmten Artikel im Singular oder Plural auf und lies sie deinem/-r Nachbarn/-in vor. Er/Sie sagt dir, ob er/sie ein Nomen im Singular oder im Plural gehört hat.

## 3  📖 Der unbestimmte Artikel  L'article indéfini (→ GH, p. 8)

singulier                                         pluriel

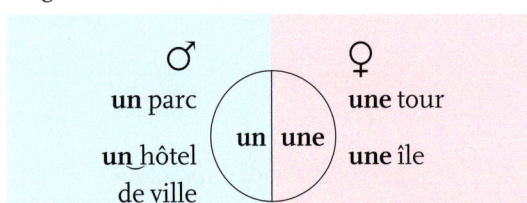

♂            ♀
un parc        une tour
un hôtel    un | une    une île
de ville

♂           ♀
des parcs        des tours
des hôtels    des    des îles
de ville

Übersetze: Bücher, eine Kantine, Filme, ein Junge, Straßen, Schüler, ein Park, Lehrer.

## 4  Der Possessivbegleiter  Le déterminant possessif (→ GH, p. 8)

singulier                                         pluriel

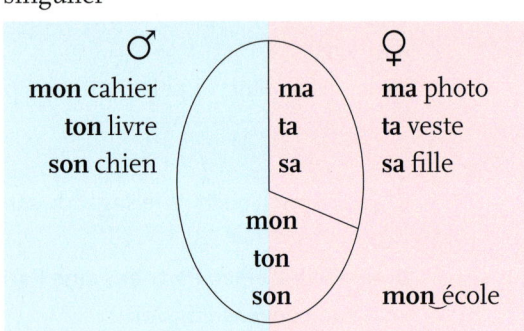 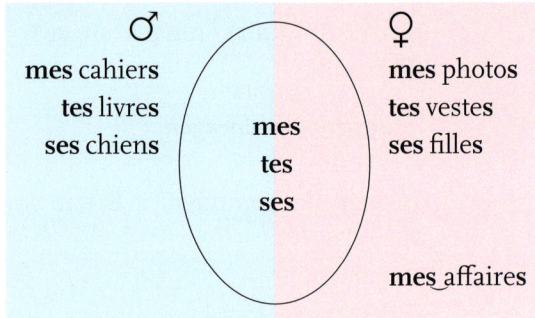

♂             ♀
mon cahier    ma    ma photo
ton livre      ta      ta veste
son chien     sa     sa fille

mon
ton
son           mon école

♂           ♀
mes cahiers        mes photos
tes livres    mes    tes vestes
ses chiens    tes    ses filles
            ses
                       mes affaires

## 5  📖 Die Personalpronomen  Les pronoms personnels (→ GH, p. 10)

**Je**         m'appelle Lila.          **Nous**     arrivons.
**Tu**         t'appelles comment?     **Vous**     êtes en vacances?
**Il/Elle/On** parle français.        **Ils/Elles** sont dans le train.

Wofür steht „vous"? Lila et Yasmina, **vous** habitez ici? M. Diouf, **vous** habitez ici?

## 6  Die Verben  Les verbes (→ GH, p. 10)

`avoir, être` (→ p. 163)    Verben auf `-er` (→ p. 163)

## 7  📖 Die Intonationsfrage  L'interrogation par intonation (→ GH, p. 11)

Fragesatz                    Aussagesatz

**a** 🎧 20 Sprich nach.

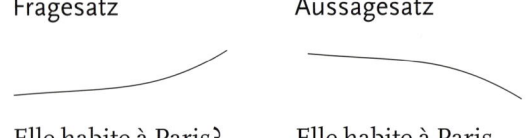

**b** Wie unterscheidest du einen Fragesatz von einem Aussagesatz?

Elle habite à Paris?          Elle habite à Paris.

## 8  Die Frage mit „qu'est-ce que"  L'interrogation avec «qu'est-ce que» (→ GH, p. 12)

**Qu'est-ce que** c'est?     **Qu'est-ce qu'**il y a dans un CDI?

1

## Écouter

**1** 🎧21 *Écoutez. Qui parle?* Wer spricht?

un professeur    Mme Dulac et un élève    Mme Gloesener

Camille    M. Gloesener et Jérémie    Lila

## Vocabulaire

C 6/3 **2** **a** *Trouvez les intrus.* Was kann man nicht in eine Schultasche packen? Sucht die Wörter, die nicht passen.

**b** *Formez une phrase avec chaque intrus.* Bildet mit jedem „Eindringling" einen Satz.

le trac
un train
un exposé
une veste    des affaires
un cahier    un CDI
un livre    une classe    une revue
un élève    un DVD

**3** 👄 *Quels mots vont ensemble?* Welche Wörter passen zusammen?

au revoir   le garçon   le CDI   ici
le livre   cinq   allemand
les professeurs   monsieur   nouveau
la politique   le parc   il

là-bas   trois   madame   bonjour
la revue   les élèves   la manif
elle   nouvelle   la documentaliste
le jardin   la fille   français

**4** **a** *Trouvez le verbe et son complément.* Findet zu den Verben passende Ergänzungen.

**b** ◐ *Formez six phrases.* Bildet sechs Sätze. Verwendet möglichst viele Wörter aus den Übungen 3 und 4 **a** .

parler   préparer
regarder
emprunter
chercher   habiter

une photo
français   sa classe
un exposé
à Paris   un livre
____

## Écouter et répéter

**5** **a** 🎧22 *[s] ou [z]? Écoutez et répétez.*

**b** 👄 *Recopiez le tableau dans votre cahier. Écoutez encore une fois et notez les mots dans le tableau.* Übertragt die Tabelle in euer Heft. Tragt die Wörter, die ihr hört, in diese Tabelle ein.

| [s] | [z] |
|---|---|
| merci | mes_affaires |

**6** *Complétez par* avoir *et* être. Ergänzt mit „avoir" und „être".
(→ Les verbes, p. 163)

1 **l'appartement** *m.* die Wohnung

> **Nouveau message**
> Fichier Edition Affichage Message Insertion Formater ?
>
> A :
> Objet :
>
> Salut. Je m'appelle Jérémie. J'[?] un chien. Son nom, c'[?] Chaipas. Je [?] de Luxembourg, mais j'habite à Paris, à la Défense. Paris [?] super. Nous [?] un appartement¹ avec un balcon dans la tour Ève. Dans ma tour, on [?] un gardien, Monsieur Diouf. Avec Yasmina et Lila, nous [?] à «Georges Pompidou», un collège à Courbevoie. Les élèves de ma classe [?] sympa.

C 10/5
C 12/10

**7** *Complétez.* Ergänzt mit dem passenden Verb. Es gibt manchmal mehrere Möglichkeiten.

chercher
habiter
parler
passer
regarder
travailler
préparer
emprunter
arriver

1. – Camille, qu'est-ce que tu [?]?
   – Les photos de mes vacances.
2. Sonia et Julie [?] anglais et allemand.
3. – Bonjour Monsieur, nous [?] la place Notre-Dame. C'est là-bas?
   – Oui, c'est ça.
4. – Tu [?] où?
   – 7, rue de Strasbourg, à Courbevoie.
5. Sophie [?] à Paris, mais elle habite à Rouen.
6. – La tour Gambetta?
   – Vous [?] devant la tour Ampère et vous [?] à la tour Gambetta.
7. – Maman, je [?] mon livre de français!
   – Mais regarde, il est dans ton sac.
8. C'est la rentrée: Annabelle [?] son sac.
9. Les élèves [?] des livres à la bibliothèque. Ils [?] un exposé.

## Activités

**8** ►◄ *Jouez la scène.* Spielt die Szene nach. (→ Méthodes, p. 155)

Sarah ist neu in der Schule. Sie unterhält sich auf dem Schulhof mit Laura.

Laura fragt Sarah, ob sie hier neu ist. → Sarah bejaht.

Laura fragt nach ihrem Namen. → Sarah antwortet.

Laura fragt Sarah, woher sie kommt. → Sarah nennt die Stadt, aus der sie kommt.

Laura möchte wissen, wo Sarah wohnt. → Sarah nennt ihre Adresse (Straße, Hausnummer, Ort) und fragt, wo Laura wohnt.

Laura antwortet.

**9** Findet heraus, wie dieses Bauwerk heißt. Informiert euch über den Stadtteil von Paris, in dem es sich befindet. (→ Stadtplan, hintere Umschlaginnenseite; → Petit dictionnaire de civilisation, p. 166; → Internet)

www.paris.org/Maps/MM/MMF.html

## La France en direct

**DELF 10**
**C 8/7**

**a** Betrachtet die Website des „collège Alfred de Vigny" und findet folgende Informationen heraus:

– Wann ist das „CDI" geöffnet?
– Wie viele Medien kann man ausleihen und wie lange darf man sie behalten?
– Welche Medien findet man im „CDI"? Nennt vier Beispiele.
– Wie soll man sich im „CDI" verhalten?

**b** Was habt ihr darüber hinaus noch verstanden?

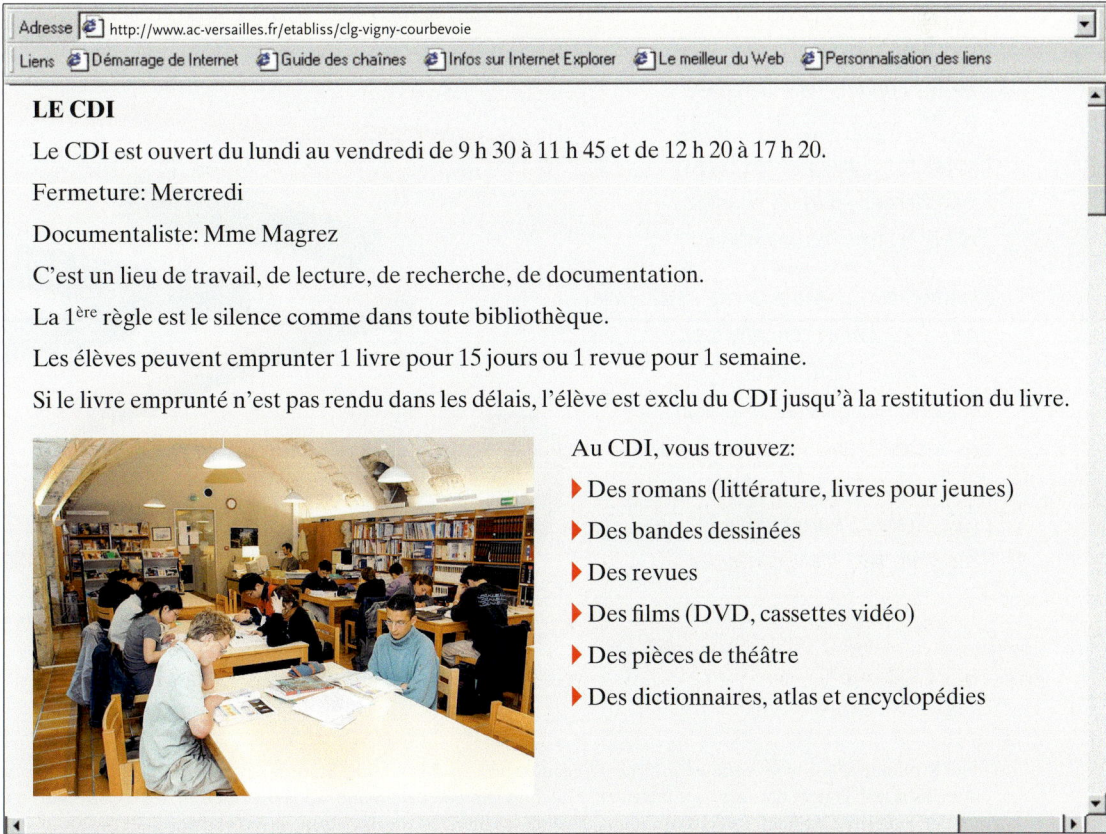

Adresse 🔲 http://www.ac-versailles.fr/etabliss/clg-vigny-courbevoie

Liens 🔲 Démarrage de Internet  🔲 Guide des chaînes  🔲 Infos sur Internet Explorer  🔲 Le meilleur du Web  🔲 Personnalisation des liens

**LE CDI**

Le CDI est ouvert du lundi au vendredi de 9 h 30 à 11 h 45 et de 12 h 20 à 17 h 20.

Fermeture: Mercredi

Documentaliste: Mme Magrez

C'est un lieu de travail, de lecture, de recherche, de documentation.

La 1ère règle est le silence comme dans toute bibliothèque.

Les élèves peuvent emprunter 1 livre pour 15 jours ou 1 revue pour 1 semaine.

Si le livre emprunté n'est pas rendu dans les délais, l'élève est exclu du CDI jusqu'à la restitution du livre.

Au CDI, vous trouvez:

▶ Des romans (littérature, livres pour jeunes)
▶ Des bandes dessinées
▶ Des revues
▶ Des films (DVD, cassettes vidéo)
▶ Des pièces de théâtre
▶ Des dictionnaires, atlas et encyclopédies

🔊 *Écoutez la chanson.* Welche Aufforderungen versteht ihr schon? Schreibt sie in euer Heft.

🎧 23 **Le rap de la rentrée**

Bonjour tout le monde,
Bienvenue à Paris.
Voilà le rap de Jérémie,
De Yasmina, David, Lila.
5 Écoutez, écoutez, c'est sympa.
Les vacances, les vacances passent,
De la Défense à Courbevoie
Écoutez, écoutez ma voix.

Écoutez, oui, chantez le rap de Jérémie.
10 Où est ton sac, où est ta veste?
Tu cherches ta classe? Tu as le trac?
Ouvrez le livre, lisez le texte.
Regardez, oui, regardez le tableau.
Écoutez, écoutez, c'est sympa.
15 De la Défense à Courbevoie
Écoutez, écoutez ma voix.

Bonjour tout le monde,
Les vacances passent vite.
Vous parlez français, mon ami?
20 Vive les copains, vive Jérémie,
Lila, Yasmina, Camille, David!
Ouvrez les cahiers et les livres,
Lisez, écrivez, parlez, chantez.
Très bien, très bien, continuez.

25 Écoutez, oui, chantez le rap de Jérémie.
Épèle ton nom et ton adresse,
Tu es bien en quatrième?
Oh là là, vous parlez trop vite!
Les vacances, les vacances passent,
30 Tu cherches ta classe et tes copains,
Lisez, écrivez, parlez, chantez.
Très bien, très bien, continuez.

**le stylo** [ləstilo]

**les ciseaux** [lesizo]

**la colle** [lakɔl]

**le feutre** [ləføtʀ]

**le crayon** [ləkʀɛjɔ̃]

**la craie** [lakʀɛ]

**le scotch** [ləskɔtʃ]

**la gomme** [lagɔm]

**la règle** [laʀɛgl]

1 **tout le monde** alle  2 **bienvenue** willkommen  5 **écoutez** hört zu  8 **la voix** die Stimme  9 **chantez** singt  12 **ouvrez** macht auf, öffnet; **lisez** lest; **le texte** der Text  13 **le tableau** die Tafel  19 **l'ami** *m.* der Freund  20 **vive** es lebe(n); **les copains** die Freunde, Kumpel  23 **écrivez** schreibt  24 **continuez** macht weiter  27 **bien** *hier:* doch  28 **trop vite** zu schnell

# UNITÉ 2 La famille et les copains

2

## Approches

### 24 Ils habitent dans le même quartier

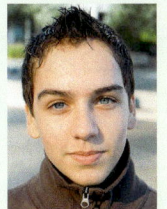

Mon nom: Gloesener
Mon prénom: Jérémie
Mon âge: J'ai 13 ans.
Mon adresse: 1, place du Sud
J'aime le tennis, le roller, les livres.
Mes copains: Je ne sais pas encore: Lila et Yasmina? Camille et son frère David?

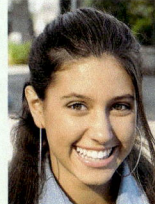

Mon nom: Ouda
Mon prénom: Yasmina
Mon âge: 13 ans et demi
Mon adresse: Tour Gambetta
J'aime la photo, les maths, la musique.
Mes copines: Lila et Camille

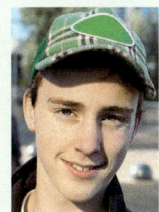

Mon nom: Dubonnet
Mon prénom: David
Mon âge: 14 ans et demi
Mon adresse: 18, rue de Strasbourg
J'aime le sport, surtout la natation.

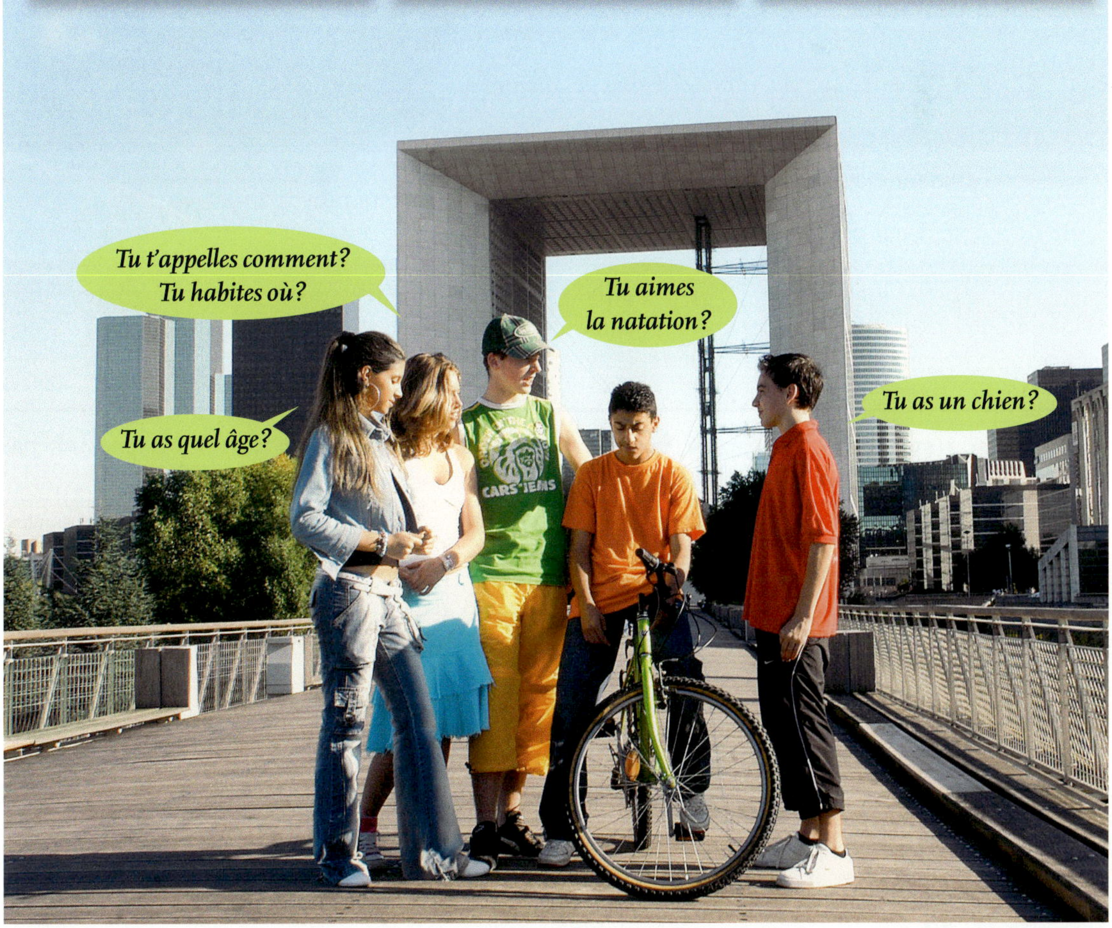
Tu t'appelles comment? Tu habites où?
Tu aimes la natation?
Tu as quel âge?
Tu as un chien?
CARS JEANS

## Comprendre

C 15/1 **1** 🖊 *Corrigez.* Findet die Fehler und schreibt die richtigen Sätze in euer Heft.

1. David, le frère de Yasmina, habite Tour Gambetta.
2. David a treize ans et demi et il aime le sport, surtout le tennis.
3. Jérémie Dubonnet a quatorze ans et il aime aussi le sport.
4. Yasmina a douze ans et demi et elle a deux copines.
5. Yasmina aime la photo, mais elle aime aussi les livres et les maths.

## Écouter

DELF **2** **a** 🎧 25 *Écoutez et faites une fiche¹ pour Lila et pour Camille.*

¹ **la fiche** der Steckbrief

Lila

Camille

**b** *Faites des devinettes.*

*Exemple:*
– Ils ont treize ans. C'est qui?
– Ce sont Jérémie et Lila.

## S'entraîner

C 15/3 **3** ▶◀ *Qu'est-ce que vous aimez? Faites des dialogues.*

*Exemple:* Moi, j'aime l'anglais, et toi?

– Moi, j'aime ___ , et toi?
– Moi aussi, j'aime ___ . / Moi non¹, j'aime ___ .

¹ **moi non** ich nicht

| mon mes ma |
| l' le la les |

maths anglais copains école cinéma livres musique
famille mode sport chiens français photo roller ___

C 15/2 **4** **a** 🎧 26 *Écoutez et notez les nombres.* Notiert die Zahlen, die ihr hört.

**b** ◑ *Écoutez encore une fois. Faites un tableau.* Welche Zahl passt in welche Rubrik? (→ Méthodes, p. 153)

¹ **le nombre** die Anzahl

| âge | adresse | nombre¹ de frères |
|-----|---------|-------------------|
|     |         |                   |

## Activité

**5** **a** 🖊 *Préparez une fiche et présentez-vous (nom, adresse, âge, hobbies).* Bereitet einen Steckbrief über euch vor.

**b** ✹ *Interviewez vos camarades (âge, adresse, hobbies).*

### 🎧 11 27 Les grands-parents arrivent

Les grands-parents de Jérémie sont à Paris pour huit jours. Ils entrent dans l'appartement avec Jérémie, sa mère et sa sœur, Lou. Monsieur Gloesener, le père de Lou et Jérémie, travaille encore.

**2**

## Comprendre

C 17/1 **1** ►◄ *C'est qui? Posez des questions et répondez.*

Michel et Yvonne Gloesener

Mme Gloesener    M. Gloesener    Jérémie
Lou    Chaipas    Yasmina    Lila

– Mme Gloesener, c'est qui?
– C'est la ? de Jérémie et de Lou.
– Le fils de Michel Gloesener, c'est qui?
– C'est ?.

Wie heißen „Großvater" und „Großmutter" auf
Französisch? Wie hast du das herausgefunden?
(→ Méthodes, p. 151)

## Vocabulaire

C 17/2 **2** ▱ *Faites des associogrammes.*

la famille

l'appartement

Wörter merkst du dir
leichter, wenn du sie in
Sachgruppen ordnest.
(→ Méthodes, p. 152)

## Écouter

DELF
C 18/4 **3** 🎧 28 *Recopiez le plan d'appartement dans votre cahier puis écoutez et complétez le plan.* Übertragt den Wohnungsgrundriss in eurer Heft. Hört den Text an und tragt die Zimmer ein.

## S'entraîner

C 18/5
C 20/10 **4** *Complétez par* notre/nos *et* votre/vos.

Alors, ça va bien? Vous aimez Paris?
Et ? appartement, il est bien?

Ce sont ? valises?

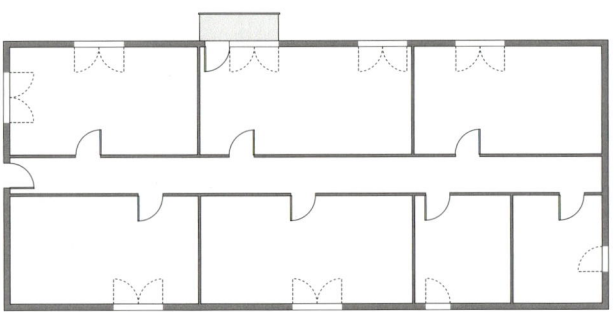

C'est ? chien.
Il s'appelle Chaipas.

1

2

Voilà ? tour.
? appartement est là-haut.

Voilà ? chambre.

Pour Paris, je ne sais pas encore.
Mais ? appartement est bien et
? chambres sont super.

3

4

5

C 18/6
C 19/7

**5** 🔊 *Formez les phrases. Utilisez* leur *ou* leurs. (→ Repères, p. 44/4)

*Exemple:* Voilà Lou et Jérémie. Ils cherchent leurs affaires.

1. Lou et Jérémie / Ils cherchent / affaires.
2. Yasmina et Lila / Elles préparent / exposé.
3. Camille et David / Ils sont dans / chambres.
4. Yasmina et Camille / Elles photographient / quartier.

5. Yasmina et Camille / Elles regardent /photos.
6. M. et Mme Gloesener / Ils portent / valises.
7. David et sa sœur / Ils préparent / sacs.
8. M. et Mme Mercier / Ils entrent dans / appartement.

C 19/8

**6** *Formez des phrases. Utilisez l'impératif.* Es gibt mehrere Möglichkeiten. (→ Repères, p. 45/6)

> *épeler* / nom    *parler* / français    *porter* / valises / chambre    *travailler* bien / école
> *préparer* / exposé pour demain    *préparer* / sac / rentrée

*Exemple:* La mère à son fils:
→ Porte les valises dans la chambre, s'il te plaît.

¹ à *hier:* zu

La mère à¹ son fils:

Le prof à ses élèves:

Le prof à une élève:

La documentaliste à un élève:

Les parents à leurs enfants:

---

🟧 **Activité**

**7**  **a** *La famille de Yasmina. Racontez.*

*Exemple:* Yasmina, ses parents, ses ___ .

1. Yasmina / parents / deux frères / sœur / *habiter* / la Défense
2. Yasmina et sa famille / *aimer* / quartier
3. appartement / *avoir* / cinq pièces / balcon

4. père de Yasmina / *être* / professeur
5. mère / *travailler* / bibliothèque
6. frères / *avoir* / quinze et seize ans / *aimer* / le sport
7. sœur / *avoir* / dix ans / *aimer* / livres / cinéma

8. Yasmina / *avoir* aussi / grands-parents / *habiter* / Marrakech

**b** 🔊 *Imaginez la famille de Lila.*

### Préparer la lecture / Découvrir

**1**  **a** *Lisez.* Lest.

1. Camille travaille.

2. David ne travaille pas.
   Il range.

3. Jérémie ne range pas.
   Il rêve.

**b** Wie verneint man im Französischen? Wo stehen die Verneinungswörter?

**c** Betrachtet die folgenden Sätze. Wann verwendet ihr „n'"?

1. Marie n'habite pas à Paris. Elle habite à Luxembourg.
2. Elle aime le cinéma, mais elle n'aime pas le sport.

🎧 29 **Un test**

# Ta chambre et toi

la porte

l'ordinateur

la table

la chaise

**1** **Est-ce que tu ranges ta chambre?**

Ⓐ Oui! Je range ma chambre une fois par semaine.

Ⓑ Hum ... Je ne range pas souvent ma chambre.

5 Ⓒ J'ai une mère ...

Ⓓ «Ranger», qu'est-ce que ça veut dire?

**2** **Tu passes une heure dans ta chambre.**

Ⓐ Je travaille.

Ⓑ Je ne travaille pas. Je téléphone.

10 Ⓒ J'écoute des CD sur mon lit ou je suis devant mon ordinateur.

Ⓓ Je regarde par la fenêtre.

la fenêtre

l'armoire

le lit

le tapis

**3** Il y a un écriteau sur ta porte. Est-ce que c'est:

**A** «Bienvenue chez (ton prénom). »?

15 **B** «Chut! Je rêve. »?

**C** «Frappez, mais n'entrez pas. »?

**D** «N'écoutez pas à la porte. »?

**4** Qu'est-ce qu'il y a dans ta chambre?

**A** Un lit, une armoire, une chaise, une table.

20 **B** Un lit, une armoire, une chaise, une table, un tapis.

**C** Une porte. Une chaise devant la porte.

**D** Je ne comprends pas la question.

**5** Est-ce que tu travailles toujours dans ta

25 chambre?

**A** Oui, je travaille toujours dans ma chambre.

**B** Je ne travaille pas toujours dans ma chambre, je travaille dans la salle de séjour et même dans la salle de bains.

30 **C** Non, je travaille un peu dans le bus.

**D** «Travailler », qu'est-ce que c'est?

On arrive. Rangeons nos affaires.

Où est mon cahier?

Regarde sous ton sac.

## Résultats

**Tu as un maximum de A :** Tu ranges et tu travailles. Rêve un peu!

**Tu as un maximum de B :** Tu es un peu dans les nuages …

**Tu as un maximum de C :** Est-ce que tu as encore des copains?

**Tu as un maximum de D :** Je provoque mon prof, tu provoques ton prof … Continue!

## Comprendre

**2**   *Faites le test. Quel est votre résultat?* Macht den Test. Was ist euer Ergebnis?

## Écouter

DELF   **3**   🎧 30 *Écoutez et corrigez.*

1. Yannick a treize ans.
2. Il a deux sœurs et un frère.
3. Yannick n'aime pas sa chambre.
4. Dans sa chambre, il y a un lit, une armoire, une chaise et une table.
5. Sa famille est souvent là et il aime bien sa famille.

## S'entraîner

DELF
C 22/4   **4**   **a** 🖊 *Vous écrivez à un/e correspondant/e et vous lui posez des questions.* Ihr schreibt einem/einer französischen Brieffreund/in und stellt ihm/ihr viele Fragen. *Utilisez* est-ce que. (→ Repères, p. 45/8)

Du möchtest wissen,
1. ob er/sie Deutsch spricht.
2. ob er einen Computer hat und ICQ mag.
3. ob er Musik und Sport mag.
4. ob es in seinem Viertel ein Kino gibt.
5. ob es in seiner Schule eine Kantine gibt.

**b** ◑ *À vous. Continuez. Formulez encore trois questions.*

C 22/3   **5**   *Formez les phrases. Utilisez l'impératif et* ne ___ pas. Immer nur Verbote! Bildet verneinte Imperative.

1. ne pas / *parler* / allemand

2. ne pas / *photographier* / cathédrale

3. ne pas / *entrer* / dans / chambre

4. ne pas / *chercher* / rollers / sous / canapé. Ils sont là.

5. ne pas / *frapper* / porte

6. ne pas / *rêver* / dans / chambre

**6**   ▶◄ *Posez des questions à vos camarades. Utilisez* est-ce que. (→ Repères, p. 45/8, 9).

1. *travailler* souvent / bus?
2. *chercher* souvent / affaires?
3. *provoquer* souvent / parents?
4. *ranger* toujours / chambre?
5. *parler* arabe?
6. *habiter* / Paris?
7. *rêver* souvent / à l'école?

Est-ce que tu ___ ?

Oui, je ___ . / Non, je ___ .

## Vocabulaire

C 21/1 **7** ►◄ *Révisez votre vocabulaire.*
*Posez des questions à vos camarades.*
(→ Liste chronologique, p. 171)

*Exemple:*
– «Anklopfen», qu'est-ce que ça veut dire?
– Ça veut dire «frapper».

## Écouter et répéter

**8** **a** 🎧31 *Écoutez et notez.* Notiert die Nummern der Sätze, in denen ihr eine „liaison" hört.

**b** *Écoutez et répétez les phrases.* Hört zu und wiederholt die Sätze.

## Activité

**9** ►◄ *A regarde le dessin A (la chambre de Nora). B regarde le dessin B (la chambre de Léo). Parlez avec votre partenaire et trouvez les différences.* Findet die Unterschiede zwischen beiden Bildern heraus.

A: Dans la chambre de Nora, il y a ___ .
A: Le lit est ___ . Sur le lit, il y a ___ .

B: Dans la chambre de Léo, il y a ___ .
B: Dans la chambre de Léo, le lit est ___ .

## Méthodes et stratégies

C 20/11 **10** **a** Betrachtet den Wohnungsgrundriss:
Was könnt ihr schon alles benennen?

**b** Findet in einem deutsch-französischen Wörterbuch die Übersetzung der folgenden Wörter:
Schreibtisch – Flur – Fernseher – Regal – Sessel

Notiert das französische Wort. Nehmt die Lautschrift im französisch-deutschen Teil des Wörterbuchs zu Hilfe und sprecht die Wörter vor.

**c** *Décrivez l'appartement.* Beschreibt die Wohnung.

◎ Das zweisprachige Wörterbuch benutzen
(→ Méthodes, p. 157)

### Préparer la lecture

**1** **a** *Regardez ces mots.* Findet mit Hilfe anderer Sprachen heraus, was diese Wörter bedeuten.
(→ Méthodes, p. 150)

un ami  différent  une idée  le look  détester  préférer
le foot  le handball  le groupe  intéressant  la chanson
le mail  la guitare  chanter  adorer

l'hôtel de ville –
**le** handball
Was fällt dir auf?
(→ GH)

**b** 🎧 32 *Et maintenant écoutez et répétez ces mots.*

## 🎧 33 Ils parlent de leurs amis

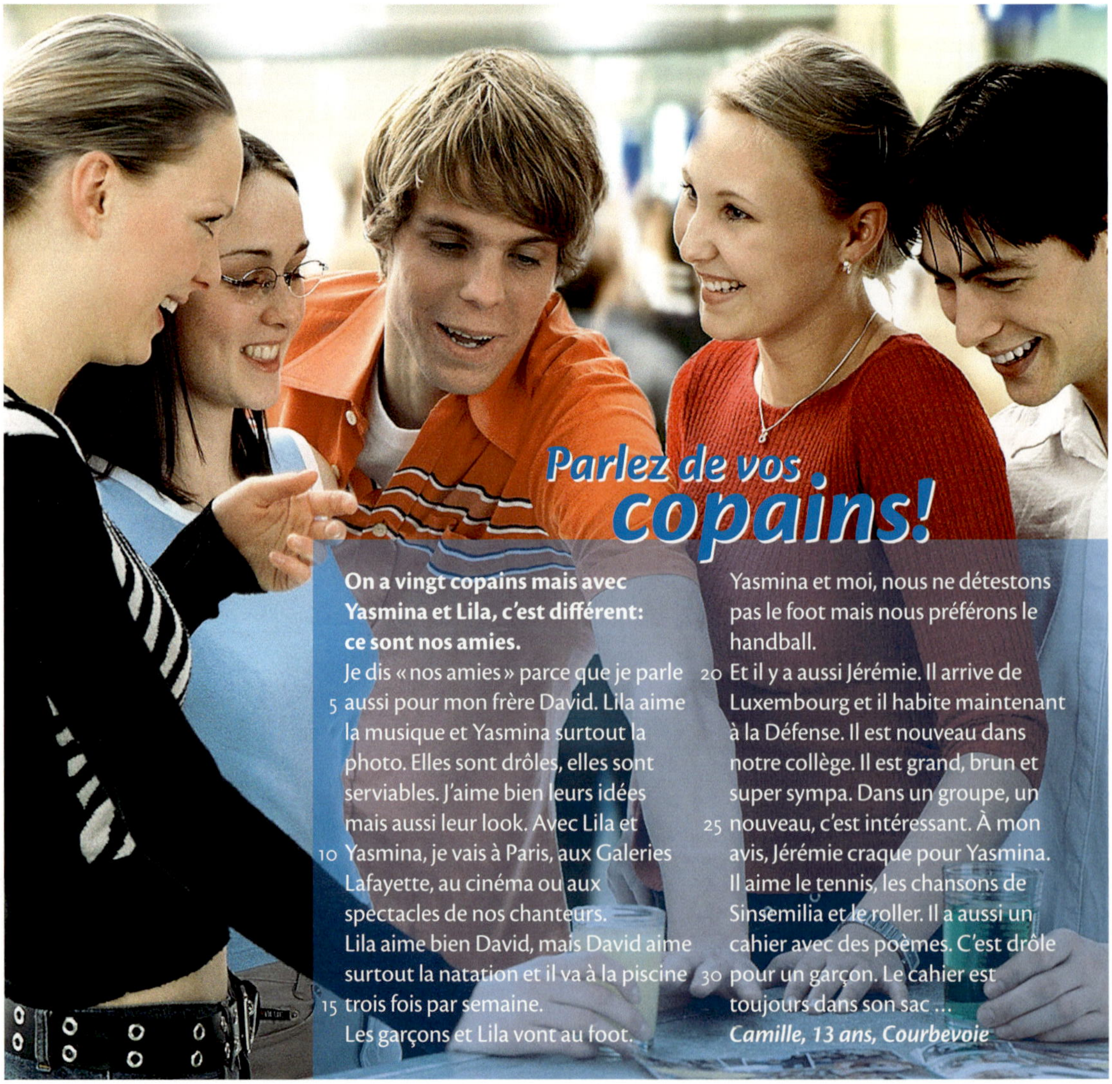

**Parlez de vos copains!**

**On a vingt copains mais avec Yasmina et Lila, c'est différent: ce sont nos amies.**
Je dis « nos amies » parce que je parle
5 aussi pour mon frère David. Lila aime
la musique et Yasmina surtout la
photo. Elles sont drôles, elles sont
serviables. J'aime bien leurs idées
mais aussi leur look. Avec Lila et
10 Yasmina, je vais à Paris, aux Galeries
Lafayette, au cinéma ou aux
spectacles de nos chanteurs.
Lila aime bien David, mais David aime
surtout la natation et il va à la piscine
15 trois fois par semaine.
Les garçons et Lila vont au foot.

Yasmina et moi, nous ne détestons
pas le foot mais nous préférons le
handball.
20 Et il y a aussi Jérémie. Il arrive de
Luxembourg et il habite maintenant
à la Défense. Il est nouveau dans
notre collège. Il est grand, brun et
super sympa. Dans un groupe, un
25 nouveau, c'est intéressant. À mon
avis, Jérémie craque pour Yasmina.
Il aime le tennis, les chansons de
Sinsemilia et le roller. Il a aussi un
cahier avec des poèmes. C'est drôle
30 pour un garçon. Le cahier est
toujours dans son sac …
*Camille, 13 ans, Courbevoie*

Inviter  Envoyer des fichiers  Vidéo  Voix  Activités  Jeux

À : Marie, Maxime, Fabien

**Jérémie dit:**

*Bonjour! Merci de votre mail. Oui, j'ai des copines et des copains: Yasmina, Lila, David et sa sœur Camille. Yasmina, Camille et Lila ont treize ans. Les filles sont dans ma classe. David a quatorze ans et demi. Les filles aiment la musique, David préfère le sport. Nous allons au ciné ou au foot*
5 *ensemble. Yasmina adore la photo, elle photographie tout le monde. Lila a une guitare et elle chante très bien. Elle est un peu curieuse, elle pose des questions, regarde dans mes affaires … Elle est sympa mais je préfère Yasmina. Voilà une photo. On est à l'école.*
10 *À droite, c'est Lila, à gauche, David. Yasmina n'est pas sur la photo.*

**Marie dit:**

*Elle est comment, Yasmina?*

**Jérémie dit:**

15 *Heu, je ne sais pas … grande, brune, serviable …*

A  🙂 ▾   🔊 Message vocal   😜 Clins d'œil ▾   🖼 Arrière-plans ▾   🎁 Packs ▾   (👹)

Envoyer

Rechercher

Dernier message reçu à 14:23 le 28/10/2007.

## Comprendre

C 23/1  **2**  **a** 🕮 *Notez les informations sur Camille et Jérémie.* Notiert alle Informationen zu Camille und Jérémie.
(→ Méthodes, p. 154)

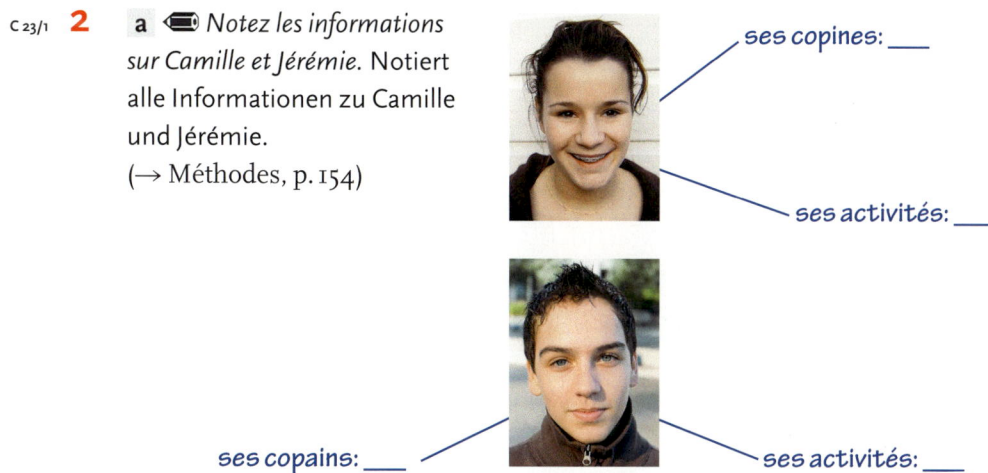

ses copines: ___

ses activités: ___

ses copains: ___

ses activités: ___

**b** *Qu'est-ce qu'on apprend sur Lila, Yasmina et David?* Was erfährt man über Lila, Yasmina und David?

## Découvrir

**3** **a** Sucht im Text die fehlenden Formen.

Il est serviable.
Il est grand et brun.
Ils sont drôles et serviables.

Elle est ? .
Elle est ? et ? .
Elles sont ? et ? .

Beschreibt die Formen der Adjektive.

**b** *Traduisez les phrases de* **a** *et comparez avec l'allemand.* Übersetzt die Sätze aus **a** und vergleicht mit dem Deutschen. Was fällt euch auf?

**c** *Complétez par* grand/brun.
Ils sont ? et ? .
Elles sont ? et ? .

## Écouter

C 24/5 **4** 🎧 34 *C'est un garçon ou une fille? Écoutez et répondez.* Findet heraus, ob von einem Jungen oder einem Mädchen die Rede ist. Den Vornamen kann man dies nicht anhören.

## S'entraîner

**5** *Complétez. Accordez les adjectifs.* Gleicht die Adjektive an. (→ Repères, p. 45/5)

1. Yasmina est ? et ? . (grand/brun)
2. Camille et son frère sont très ? . (différent)
3. Jérémie est très ? . (serviable)
4. Les idées de Yasmina sont toujours ? . (intéressant)
5. La chambre de Lila n'est pas très ? . (grand)
6. David et Lila sont ? mais ? . Ce n'est pas toujours ? . (sympa/curieux/drôle)

**6** ►◄ *Posez des questions. Votre voisin/e répond.* (→ Repères, p. 45/7)

*Exemple:*
– Est-ce que tu aimes le foot?
– Oui, j'aime bien / j'adore ___ . /
Non, je préfère ___ . /
Non, je déteste ___ mais j'adore ___ .

la musique   la photo   les spectacles de ___
le cinéma   les films de ___   la natation
le foot   le handball   les chansons de ___
le roller   les poèmes   les livres
les ordinateurs   les chiens   les maths
le sport   le tennis   ___

C 25/7 **7** *Complétez par les formes du verbe* aller. (→ Les verbes, p. 164)

*David:* Tu ? où?
*Jérémie:* Je ? chez Yasmina. On prépare un exposé ensemble.
*David:* On ? à la piscine demain?
*Jérémie:* Ça ne ? pas. Mes grands-parents sont là et nous ? à Versailles demain.
*David:* Ah, vous ? à Versailles. Je n'aime pas trop Versailles. Ce n'est pas très intéressant.

C 24/6 **8** *Complétez par* à la, à l' *ou* au(x). (→ Repères, p. 44/3)

1. C'est la rentrée, mais Sébastien est encore ? lit.
2. Il va ? toilettes et dans la salle de bains.
3. Il prépare son sac et va ? collège.
4. Dans la rue, il y a Tarik et Céline. Ils sont dans la même classe. Ils vont ? école ensemble.
5. ? CDI, Sébastien ne travaille pas, il rêve: il va ? handball avec ses copains ...
6. Maintenant, Sébastien et ses copains sont ? cantine. Ils parlent de leurs profs. Une prof est nouvelle et assez sympa.

## Écouter et répéter

C 23/3 **9** **a** 🎧 35 [ʃ] *ou* [ʒ]? *Écoutez et répétez.*

**b** 🎧 36 *Classez les mots dans un tableau. Puis écoutez et corrigez.*

> le chien    nous rangeons    le chanteur
>
> bonjour    il cherche    à gauche    la Chine
>
> le collège    le jour    je range

| [ʃ] | [ʒ] |
|---|---|
| le <u>ch</u>ien | |

**c** Wie werden die Laute [ʃ] und [ʒ] geschrieben?

## Activité

**10** **a** ►◄ *C'est qui? Pensez à un personnage du livre. Votre voisin/e pose des questions et devine.* Denkt an eine Person aus dem Buch. Euer/Eure Nachbar/in stellt euch Fragen, um die Person zu erraten.

Exemple:
– C'est un garçon ou une fille?
– C'est une fille.
– Elle habite où?
– À Courbevoie.
– Est-ce qu'elle aime le sport?
– Oui, elle aime le foot.
– Qu'est-ce qu'elle aime encore?
– La musique. Elle chante très bien.
– Alors, c'est ? .

**b** *À vous. Présentez un/e camarade.*

## Repères

C 24/4

### Qu'est-ce qu'on dit?

**1**

**jemanden willkommen heißen**
Bienvenue (à Paris).

**nach dem Alter fragen**
Tu as quel âge?

**jemandem etwas zeigen**
Regarde! / Regardez!
À gauche / À droite, vous avez
(la cuisine).
Là, c'est (ma chambre).
Voilà (la salle de séjour).

**über sich sprechen**
J'ai (13) ans.
J'ai un frère / une sœur.
J'aime (bien/aussi) ___ .
J'adore (la musique).
Je préfère ___ .
Je n'aime pas ___ .
Je déteste ___ .

**sagen, wie oft man etwas tut**
(Je range ma chambre) une fois
par semaine/souvent/toujours.

**fragen, wo jemand/etwas ist**
Où est (mon livre)?
Où sont (mes copains)?

**sich im Unterricht
verständigen**
Je ne comprends pas la
question.
Qu'est-ce que ça veut dire?
C'est clair?

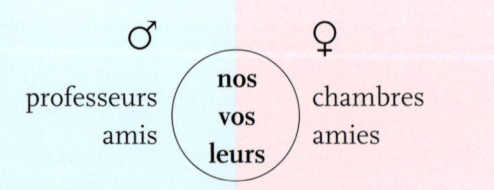 37 *Écoute et réponds.*

### Grammaire

**2**  **Die Verben**  Les verbes (→ GH, p. 15)

**aller** → p. 164    **préférer** → p. 163    **ranger** → p. 163

**3**  📖 **Der zusammengezogene Artikel mit der Präposition „à"** (→ GH, p. 13)
L'article contracté avec la préposition «à»

Jérémie est **à l'**école.        (l'école)
Il va      **à la** cantine.     (la cantine)
David est  **au** CDI.          (le CDI)
Lila va    **aux** Galeries Lafayette.  (les Galeries Lafayette)

**a** Mit welchen bestimmten
Artikeln ziehst du die
Präposition „à" zusammen?
Mit welchen nicht?

**b** Übersetze:  1. Lila geht zum Fußball.
　　　　　　　2. David geht ins Schwimmbad.
　　　　　　　3. Sie gehen ins Kino.

**4**  📖 **Der Possessivbegleiter**  Le déterminant possessif (→ GH, p. 13)

singulier

| ♂ | | ♀ |
|---|---|---|
| professeur | **notre** | chambre |
| ami | **votre** **leur** | amie |

pluriel

| ♂ | | ♀ |
|---|---|---|
| professeurs | **nos** | chambres |
| amis | **vos** **leurs** | amies |

Vor welchen Nomen stehen „notre, votre, leur"? Vor welchen „nos, vos, leurs"?

## 5 📖 Das Adjektiv  L'adjectif (→ GH, p. 14)

singulier

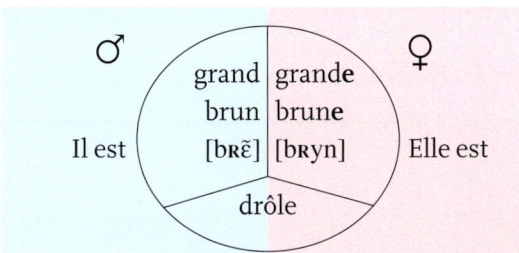

pluriel

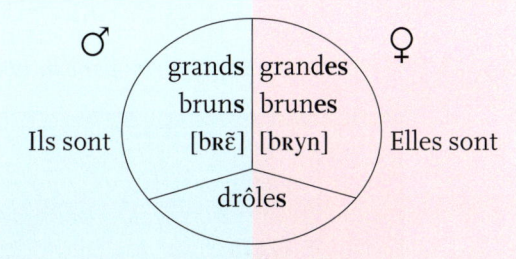

Beschreibe die Bildung der femininen Form und der Pluralform der oben angeführten Adjektive.

⚠ Il est nouv**eau**.  Elle est nouv**elle**.
Il est curi**eux**. [kyʀjø]  Elle est curi**euse**. [kyʀjøz]
Ils sont super et sympa.  Elles sont super et sympa.

## 6 📖 Der Imperativ  L'impératif (→ GH, p. 16)

**Regarde**, Jérémie. Tes copines arrivent.
**Allons** au cinéma.
Lou et Jérémie, **préparez** vos affaires pour demain.
**Regardez**, Madame. Voilà l'hôtel de ville.

Übersetze die Beispielsätze.

## 7 📖 Das direkte Objekt nach „aimer", „adorer", „préférer" und „détester" (→ GH, p. 17)

L'objet direct après «aimer», «adorer», «préférer» et «détester»

Lila **aime** la musique et David **adore** le foot.
Camille ne **déteste** pas le foot mais elle **préfère** le handball.
Jérémie **aime** le roller.

Übersetze. Welcher Unterschied zum Deutschen fällt dir auf?

## 8 📖 Die Frage mit „est-ce que"  L'interrogation avec «est-ce que» (→ GH, p. 18)

Aussagesatz  Fragesatz

Tu ranges ta chambre.  **Est-ce que** tu ranges ta chambre?
Vous travaillez ensemble.  **Est-ce que** vous travaillez ensemble?

Vergleiche die Elemente des Satzes und ihre Stellung im Satz: Aussagesatz / «Est-ce que»-Frage.

## 9 📖 Die Verneinung  La négation (→ GH, p. 17)

Tu travailles?
Tu aimes le sport?
Entrez.

Non, je **ne** travaille **pas**.
Non, je **n**'aime **pas** le sport.
**N**'entrez **pas**.

Camille und ihr Bruder sind sehr verschieden. Sage das Gegenteil und verwende „ne ___ pas":

1. Camille range sa chambre. David ___ .
2. David aime la natation. Camille ___ .
3. David va souvent à la piscine. Camille ___ .

### Écouter

DELF **1**  🎧38 *Écoutez. Est-ce qu'on parle de la chambre de Lila ou de Yasmina?*

La chambre de Lila

La chambre de Yasmina

### S'entraîner

**2** *Complétez par un déterminant possessif puis imaginez la suite.* Ergänzt mit dem passenden Possessivbegleiter und denkt euch eine Fortsetzung des Satzes aus. (→ Repères, p. 26/4 et p. 44/4)

1. Jérémie et ⟨?⟩ amis sont devant la tour Gambetta. Ils vont ensemble ___ .
2. La mère de David parle avec ⟨?⟩ fils. Il a des problèmes ___ .
3. *Lou:* ⟨?⟩ frère et ⟨?⟩ copines! ⟨?⟩ grands-parents arrivent et il ___ .
4. David entre dans ⟨?⟩ chambre, il ___ .
5. Yasmina et Lila cherchent ⟨?⟩ copine Camille. Elle ___ .
6. Jérémie et ⟨?⟩ sœur Lou rangent ⟨?⟩ chambres. Ils cherchent ___ .
7. C'est la rentrée et les élèves préparent ⟨?⟩ sac. Demain, ils ___ .
8. *Jérémie:* J'adore ⟨?⟩ grands-parents. Mais j'aime bien aussi ___ .
9. *Les parents:* ⟨?⟩ enfants n'aiment pas trop l'école. Ils préfèrent ___ .
10. *Yasmina et Camille:* ⟨?⟩ chanteurs préférés[1]? Nous aimons ___ .

1 **préféré/e** Lieblings-

C 21/2 **3** *Sébastien raconte. Retrouvez l'ordre.* Bringt die Wörter in die richtige Reihenfolge. Der Satzanfang ist vorgegeben.

1. J'aime bien – par – regarder – fenêtre – la – rêver – et
2. Je suis – nuages – les – dans – souvent
3. À – je – école – toujours – professeurs – écoute – les – l' – n' – pas
4. Nos – ne – drôles – professeurs – très – sont – pas
5. Une fois – piscine – semaine – vais – avec – par – la – copain – je – un – à
6. Je – au – aussi – vais – cinéma
7. J' – les – avec – aime – films – Depardieu

**4**  **a** ►► *Révisez les verbes. Travaillez à trois.* (→ Les verbes, p. 163)

| | |
|---|---|
| *avoir   être   arriver*<br>*ranger   aller   préférer*<br>*détester   habiter* | un chien   une sœur   au collège   *ses* livres<br>à la piscine   *ses* affaires   *sa* chambre   le sport   le foot<br>le handball   à Paris   en Allemagne |

*Exemple:*

A

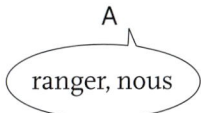
( ranger, nous )

B

( Nous rangeons. )

C

( Nous rangeons notre chambre. )

**b** 🖭 Erstellt eine Verbkartei für die Verben „avoir", „être", „arriver", „aller" und „ranger".
(→ Carnet, p. 90)

C 19/9  **5**  **a** *Complétez par les questions. Utilisez* est-ce que, qu'est-ce que *et* où. Findet passende Fragen zu den Antworten.

1. – [?] ?
   – Non, je ne suis pas en vacances, je suis d'ici.

2. – [?] ?
   – À Courbevoie.

3. – [?] ?
   – Oui, surtout le tennis et le foot!

4. – [?] encore?
   – La musique, le cinéma, la mode.

5. – [?] ?
   – Oui, une sœur: elle a douze ans et elle s'appelle Léa.

6. – [?] ?
   – Oui, elle regarde toujours dans mes affaires et pose souvent des questions.

7. – [?] ?
   – Oui, il s'appelle Jazz!

8. – [?] ?
   – Non, pas souvent. Je n'aime pas la natation. Je préfère le foot.

**b** ►◄ *Posez des questions comme en* **a** *à votre voisin/e.*

## Vocabulaire

C 23/2  **6**  **a** *Cherchez l'intrus.* Sucht das Wort, das nicht in die Reihe passt, setzt den Artikel davor und erklärt dann auf Deutsch, warum es nicht passt.

1. table – armoire – chaise – cahier – canapé – lit
2. sœur – frère – mère – chien – père – grands-parents
3. salle de séjour – cuisine – cantine – salle de bains – toilettes
4. à gauche – à droite – en face – à mon avis – derrière – devant
5. tennis – foot – handball – piscine – natation – roller

**b** *À vous. Faites une liste de quatre ou cinq mots avec des intrus pour vos camarades.*
(→ Liste chronologique, p. 171)

**7** ►► *Jouez à quatre ou cinq et faites une chaîne.* Spielt zu viert oder fünft. Der/Die Erste nennt ein Nomen mit Artikel, der/die Nächste wiederholt es und fügt ein zweites hinzu usw. Jeder, der die Reihe aus dem Gedächtnis nicht mehr richtig aufzählen kann, scheidet aus, bis am Ende ein/e Gewinner/in feststeht.

*Exemple:*

---

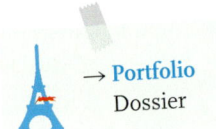

### Activité

**8** ✎ *Écrivez un article pour un magazine de jeunes. Parlez de vos amis, de leurs hobbies, etc.* Schreibt einen Artikel für ein Jugendmagazin. Sprecht über eure Freunde und ihre Hobbys. (→ Méthodes, p. 156)
Ihr könnt eure Artikel auch mit Zeichnungen und Fotos illustrieren.

→ **Portfolio**
Dossier

---

### La France en direct

DELF
C 25/8

**9** **a** *Ils cherchent des correspondants[1]. Lisez les annonces.* Was könnt ihr alles verstehen?

1 **le/la correspondant/e** der/die Brieffreund/in

**b** *Allez sur http://forum.momes.net (→ correspondants).* Aus welchen Ländern kommen die Jugendlichen, die Brieffreunde suchen?

**c** ✎ *À vous. Écrivez une annonce pour momes.net.*

## 🎧39 Les haïkus de Jérémie

1. *Lisez les haïkus.* Lest die Haikus. Achtet auf das Silbenmuster!
   Règle: 5/7/5 syllabes sans rime
2. *Trois haïkus ne sont pas complets. Complétez-les.*
3. *Choisissez «votre» haïku.* Wählt euren Haiku aus. Schreibt ihn auf. Illustriert ihn und lernt ihn auswendig. Ihr könnt auch einen eigenen Haiku schreiben.

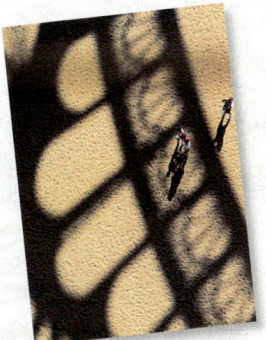

*J'aime les bouquinistes*
*L'île avec sa cathédrale*
*La Seine avec ___*

*Le gardien, les rues*
*Tout le monde est très petit*
*J'habite dans ___*

*Les vacances passent*
*Les nuages font une manif*
*J'adore le spectacle*

*Les idées travaillent*
*Dans les rues dans les maisons*
*À l'école aussi*

*Ma sœur est curieuse*
*Comment comprendre les grands?*
*Elle est une enfant*

*Musique et métro*
*Le train file. Qui écoute*
*La chanson? Passons*

*Elle photographie*
*Elle s'appelle Yasmina*
*Une fille comme ___*

*Entrons, toi et moi,*
*Dans le monde de demain*
*Comme dans un jardin*

*Attention à droite*
*Attention à gauche. Les mots*
*Jouent au foot, c'est fou*

**la syllabe** die Silbe **la rime** der Reim **le bouquiniste** Buchverkäufer an der Seine **petit/e** klein **faire une manif** *hier:* demonstrieren **la maison** das Haus **comprendre qc** etw. verstehen **attention** Achtung **le mot** das Wort **jouer au foot** Fußball spielen **c'est fou** es ist verrückt

■ **Approches**

■ 🎧 40 **Il est quelle heure?**

*Il est quelle heure?*

*Je ne sais pas, regarde l'horloge …*

*Oh! Il est midi et demi …*

*Le film passe à quelle heure?*

*À sept heures et quart. On a le temps!*

**CINÉMA LE GRAND PAVOIS**
(4 salles)

**364, rue Lecourbe 75015 Paris**
Ⓜ ⑧ Balard – 🚌 39, 42, 88, 169, PC1

Tél: 01 45 54 46 85 (répondeur)
info@grandpavois.com
http://www.grandpavois.com

IMAGINEZ UN NOUVEAU MONDE…

WALT DISNEY PICTURES et WALDEN MEDIA présentent
LE MONDE DE
**NARNIA**

| | |
|---|---|
| **Le Monde de Narnia** ➤ 10 h (samedi) – 13 h 15 – 16 h 15 – 19 h 15 – 22 h 30 | |
| **Le Tigre et la neige** ➤ 13 h 45 – 16 h 45 – 19 h 45 – 22 h 30 | |
| **Le Cactus** ➤ 22 h 15 | |
| **Harry Potter et la coupe de feu** ➤ 10 h – 13 h 15 – 13 h 45 – 16 h 15 – 16 h 45 – 19 h 15 – 19 h 45 – 22 h 15 – 22 h 30 | |
| **Palais royal** ➤ 14 h 15 – 19 h 45 – 22 h 15 | |

*La librairie est encore ouverte?*

*Mais non, elle ferme à six heures et demie.*

## Écouter

C 29/1
C 29/3

**1** 🎧 41 *Écoutez et retrouvez l'ordre. Notez les lettres dans votre cahier et trouvez le mot caché.* Schreibt die Buchstaben in der richtigen Reihenfolge in euer Heft. Findet das Lösungswort.

    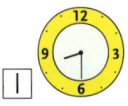  

**2** 🎧 42 *Notez les nombres.*

## S'entraîner

C 29/2

**3** 🎧 43 ►◄ *Écoutez les dialogues et regardez les horaires[1] de train, p. 51. Posez des questions à votre voisin/e.*

À quelle heure est-ce que le train numéro[2] 1510 est à Châlons-en-Champagne?

Et à quelle heure est-ce qu'il arrive à Paris?

1 **l'horaire** *m.* der Fahrplan   2 **le numéro** die Nummer

**4** *Regardez les documents et la photo, p. 50–51. Qu'est-ce que vous comprenez encore?*

### Préparer la lecture / Découvrir

**1**  **a**  *Voici les questions de Camille. Trouvez des réponses.*

> Pourquoi est-ce que Jonathan n'est pas sympa?

> Comment est-ce que je rentre aujourd'hui?

> Jusqu'à quelle heure est-ce que j'ai cours aujourd'hui?

> À quelle heure est-ce que David rentre aujourd'hui?

> Quand est-ce que je vais au ciné avec Lila?

en bus¹   demain
jusqu'à quatre heures
à quatre heures et demie
parce qu'il a des problèmes

1 **en bus** mit dem Bus

**b**  Beschreibt, wie die Fragen aus **a** gebildet werden.

**c**  ►◄ *À vous.* Fragt eure/n Partner/in,
– wann er/sie ins Kino geht.
– um wie viel Uhr er/sie in die Schule geht.
– um wie viel Uhr er/sie ins Bett geht.
– bis wie viel Uhr er/sie heute Unterricht hat.
– warum er/sie den/die Sänger/in ___ (nicht) mag.

🎧 44 **Un lundi**

Lundi, six heures et demie, la radio s'allume. Camille est encore dans son lit.

Un, deux, trois, je me lève et toi?
Un, deux, trois, je me lève avec toi ...

Elle se lève, elle va dans la salle de bains et se douche.

Encore deux boutons! Et vendredi, c'est mon anniversaire ...

Alors David, tu te lèves ou non?

Hé, Camille ... Sept heures moins le quart! On a le temps!

Vous vous préparez les enfants? C'est l'heure!

Camille et David prennent leur petit-déjeuner avec leur mère, Madame Dubonnet.

Jusqu'à quelle heure est-ce que tu travailles aujourd'hui, maman?

À midi, ils mangent à la cantine.

Qu'est-ce que vous prenez, les filles?

Je prends le poisson.

Camille et David prennent le bus et vont au collège. Ils arrivent à huit heures moins cinq. Leurs copains sont déjà là. Ils ont cours de huit heures à midi et de deux heures à quatre heures.

À la cantine, Camille se dispute avec Jonathan, un garçon de sa classe. Ils se disputent souvent, se disent n'importe quoi ...

Pourquoi est-ce que je suis comme ça avec Jonathan? Il dit n'importe quoi mais il n'est pas méchant.

Camille a cours jusqu'à quatre heures. Après, elle rentre à la maison.

Comment est-ce que vous rentrez?

On prend le bus.

À la maison, Camille allume la télé et cherche des biscuits dans la cuisine. David n'est pas encore là. Il est à la piscine.

Mais où est-ce qu'ils sont?

Six heures moins le quart: Camille est au téléphone. Elle parle avec Yasmina. Les deux filles parlent de Jonathan. Yasmina pense que Jonathan a des problèmes avec ses parents et avec les profs.

Disons que vous vous provoquez! Mais je pense qu'il n'est pas méchant.

Mais qu'est-ce que vous vous dites pendant des heures?

Six heures: Camille et David vont dans leurs chambres. Ils travaillent. Sept heures et demie: leur mère arrive. Ils mangent et parlent de leur journée. Ensuite, David va dans sa chambre et travaille encore. Camille écoute des CD.

Au lit. Vous vous levez à six heures et demie demain!

Neuf heures et demie: ils sont au lit avec un livre. À dix heures, Camille rêve qu'elle embrasse Jonathan ...

## Comprendre

C 30/1 **2** **a** *Retrouvez l'ordre chronologique.*
(→ Texte, p. 52–53)

**b** *Faites un résumé. Utilisez les phrases de* **a** *et à ___ heures / après / ensuite.*

1. Camille se lève, elle se douche.
2. Elle rentre à la maison.
3. Camille et David vont au collège.
4. Camille rêve.
5. Ils vont au lit.
6. Camille et David travaillent dans leurs chambres.
7. Ils mangent à la cantine avec leurs copains.
8. Camille et son frère prennent le petit-déjeuner avec leur mère.
9. Camille est au téléphone avec Yasmina.
10. À la cantine, Camille se dispute avec Jonathan.

## Écouter

DELF **3** 🎧 45 *Sandrine habite maintenant à Paris. Elle est au téléphone avec Céline, une copine de Luxembourg. Écoutez le texte et complétez le tableau.* (→ Méthodes, p. 153)

| heure | activité |
| --- | --- |
| 6 h 30 | elle se lève |

## S'entraîner

**4** 📼 *Complétez par les formes de* prendre.
(→ Les verbes, p. 165)

1. Camille et David ⟦?⟧ le bus et ils vont au collège.
2. Yasmina ⟦?⟧ aussi le bus.
3. Nous ⟦?⟧ le train à 8 heures 45.

4. Lila ⟦?⟧ ses livres et elle va au collège.
5. – Lila, est-ce que tu ⟦?⟧ le métro?
   – Non, je ⟦?⟧ le bus.
6. – Qu'est-ce que vous ⟦?⟧, Madame?
   – Je ⟦?⟧ le poisson.
7. Où est-ce que vous ⟦?⟧ votre petit-déjeuner?
8. «Toujours» ⟦?⟧ toujours un «s».

C 32/4
C 32/5 **5** ►◄ *A regarde les dessins pendant une minute, puis il/elle ferme le livre. B pose des questions, A répond.* (→ Repères, p. 66/8)

*Exemple:*
– Où est David à huit heures et quart?
– Il est dans la rue.
– Où est-ce qu'il va à quatre heures et demie?
– Il va ___ .

*Pour vos questions, utilisez:*

> Où est ___?   Où est-ce que ___?
> Comment est-ce que ___?
> À quelle heure est-ce que ___?
> Jusqu'à quelle heure est-ce que ___?
> Quand est-ce que ___?

C 30/2 **6** 🎧 46 *Qu'est-ce que vous enten-dez? Utilisez des verbes prono-minaux.* Was hört ihr? Verwen-det reflexive Verben.

> 🎯 Du kannst aus einigen Verben, die du kennst, auch reflexive Verben bilden. (→ Méthodes, p. 151)
> parler → se parler
> détester → se détester

**7** *Qu'est-ce qu'ils disent? Formez les phrases.* (→ Repères, p. 66/5)

1. vous / *se lever* maintenant?

2. alors / tu / *se doucher*?

3. ils / *se disputer* toujours

4. je / *s'appeler* Éva

5. tu / *se préparer* encore?

6. ils / *se détester*

**8** ►◄ *Lou, la sœur de Jérémie, pose toujours des questions. Faites les dialogues. Utilisez* pourquoi *et* parce que.

*Exemple:*
Lou: Pourquoi est-ce que tu te lèves déjà?
Jérémie: Parce que c'est l'heure.

1. *se lever* déjà – *être* l'heure
2. *chercher son* sac – *aller* à la bibliothèque
3. ne pas *rentrer* – *aller* chez David
4. *fermer* la porte – *écouter* des CD
5. *écouter* des CD – *adorer* la musique
6. ne pas *allumer* la radio – *travailler* pour l'école
7. *travailler* pour l'école – *préparer son* exposé
8. ne pas *manger* le poisson – *détester* le poisson
9. *aller* dans *sa* chambre – *aller* au lit
10. *se disputer* toujours – *être* trop curieuse

**9** *Après les cours, les copains sont devant le collège. Qu'est-ce qu'ils répondent à Camille? Was antworten sie? Utilisez le discours indirect. (→ Repères, p. 66/7)*

On rentre ensemble?

1. Non, je vais à la piscine aujourd'hui.

2. Moi, je ne rentre pas encore. J'ai mon cours de guitare.

3. Et moi, je vais encore à la bibliothèque. J'emprunte des livres pour mon exposé.

4. Moi aussi, je vais à la bibliothèque …

Et toi, Sébastien?

5. Désolé. Je vais au foot.

David
Lila
Jérémie ∣ dit qu'___ .
Yasmina
Sébastien

## Activités

C 33/7 **10** *Racontez votre journée. Wie ist euer Tagesablauf? Erzählt und gebt die Uhrzeiten an.*

*aller* au collège à pied* / en bus / ___   *aller* au lit
*avoir* cours de ___ à ___
*prendre* le petit-déjeuner    *rentrer*    *se lever*
*travailler* pour l'école    *regarder* la télé
*allumer* l'ordinateur    *écouter* la radio    ___

> Wenn du sagen willst, wie du zur Schule kommst, verwende:
>
> aller ∣ à pied*/vélo*
> **en** bus/train/voiture*/ tram*/rollers/métro
>
> * (→ Liste chronologique, p. 187)

**11** ✦ *Un groupe de deux à trois élèves prépare un questionnaire[1]. Tout le monde répond. Ensuite le groupe présente les résultats.*

**Questionnaire**
À quelle heure est-ce que tu te lèves?
Est-ce que tu prends le petit-déjeuner à la maison?

*Exemple:*
Seize élèves de notre classe se lèvent à sept heures, ___ .

1 **le questionnaire** der Fragebogen

### 🎧 47 Un mercredi

C'est mercredi après-midi. Yasmina prend son appareil photo. Elle aime bien se balader dans un quartier de Paris avec Lila. Aujourd'hui, Lila et Yasmina ne se retrouvent pas devant le col-
5 lège, mais à la station de métro.

On va à Saint Germain?

La Défense, Hotspot WiFi

Non, je préfère aller à Montmartre aujourd'hui.

Elles prennent le métro, ligne 1 pour aller jusqu'à la station Étoile. Là, elles changent. À «Étoile», elles écoutent un chanteur d'opéra. En général, elles n'écoutent pas d'opéra, c'est
10 trop ringard, mais le jeune homme chante très bien. Lila aussi aime chanter: pas d'opéra et pas de rap, mais des chansons de Céline Dion, de Nolwenn Leroy, de Raphaël.

Je trouve qu'il chante très bien …

ÉTOILE

Eh bien, achetons le CD!

Lila parle un peu avec le jeune homme. Il
15 s'appelle Fabian Schmidt. Il dit qu'il a vingt-deux ans et qu'il est allemand.
«Est-ce qu'on peut prendre une photo? demande Yasmina.
– Vous pouvez, bien sûr! dit le jeune homme.

20 – Est-ce qu'on gagne beaucoup d'argent dans le métro? demande Lila.
– Pas toujours, dit le jeune homme, mais ça peut arriver.
– Vendredi, c'est l'anniversaire de Camille, dit
25 Yasmina. La fête est samedi. On achète un CD? Un peu de musique, ce n'est pas mal, non?
– Oui, pourquoi pas? dit Lila. L'opéra pour Camille … elle n'aime pas trop, mais des chansons … «Lieder», ça veut dire «chansons»,
30 non? …
– C'est combien le CD?
– Onze euros.
– Ah, ce n'est pas trop cher!
– Est-ce qu'on a assez d'argent?
35 – Je ne sais pas. Je regarde …»
Les deux filles achètent le CD et prennent le métro, direction «Nation» jusqu'à «Place de Clichy». Ensuite, elles vont jusqu'au Sacré-Cœur. Elles aiment regarder les maisons, les
40 jardins et les rues de Montmartre.

Je peux?

Mais oui, tu peux.

Tu ne prends pas trop de photos?

À quatre heures et demie, elles prennent le métro pour rentrer, le chanteur n'est plus là. «Chanter dans le métro, c'est super! dit Lila. J'ai une idée, je peux …
45 – Non, non, non! dit Yasmina.
– Pourquoi? Tu trouves que je chante mal? C'est ça?
– Non, mais on ne peut pas chanter comme ça dans le métro. Tu n'as pas d'autorisation … Et
50 tu es trop jeune, tu n'as pas encore dix-huit ans!
– Oh Yasmina, tu parles comme ma mère!»

## Comprendre

C 34/1  **1**  🔊 *Regardez le texte, p. 57 et racontez.*

À Étoile,    est allemand    Les filles    un chanteur d'opéra.    Yasmina et Lila    et changent    pour l'anniversaire de Camille.    Ensuite, elles se baladent    Le chanteur d'opéra    achètent un CD    à Montmartre.    elles écoutent    prennent le métro    à la station Étoile.    et il a vingt-deux ans.

## Découvrir

**2**  **a** *Regardez le texte, p. 57 et complétez.*

1. Est-ce qu'on gagne ⟨?⟩ argent dans le métro?
2. «⟨?⟩ musique, ce n'est pas mal, non?» dit Lila.
3. Est-ce qu'on a ⟨?⟩ argent?
4. Tu ne prends pas ⟨?⟩ photos?

**b** *Traduisez les phrases de* **a** *et comparez avec l'allemand.*

**c** *Complétez par* beaucoup de *(2x),* un peu de, trop de.

Lila n'a pas ⟨?⟩ argent, mais elle a ⟨?⟩ idées. L'après-midi, après l'école, elle écoute ⟨?⟩ musique dans sa chambre. Elle est sympa, mais assez curieuse. Ses copains pensent qu'elle pose ⟨?⟩ questions.

## S'entraîner

C 34/3  **3**  *Formez les phrases. Utilisez* beaucoup de *et ne* ___ pas de. *(→ Repères, p. 65/2)*

**4**  🔊 *Complétez par les formes de* pouvoir.
*(→ Les verbes, p. 165)*

1. – Qu'est-ce qu'on ⟨?⟩ acheter pour l'anniversaire de ta sœur?
   – Moi, j'achète un DVD. Alors, vous ⟨?⟩ acheter un livre ou un CD.
2. – Sébastien, tu ⟨?⟩ ranger ta chambre?
   – Non, je ne ⟨?⟩ pas. Je travaille pour l'école.
3. – Quand est-ce que nous ⟨?⟩ aller au cinéma?
   – On ⟨?⟩ aller au ciné demain, non?

**5** ►◄ *Continuez le dialogue.*

> Est-ce que tu es encore à la maison?

> Non, je ne suis plus à la maison, je suis à la piscine.

> Est-ce que tu es encore à la piscine?

> Non, je ___ .

1. *être* à la maison
2. *être* à la piscine
3. *être* dans le métro
4. *être* dans le bus
5. *ranger* sa chambre
6. *écouter* la radio
7. *regarder* la télé
8. *manger*
9. *être* au lit

**3**

C 35/7 **6** ►◄ *Posez des questions à vos voisins.* (→ Repères, p. 66/5)

> *se lever* à ___ heures    *se disputer* souvent avec *ses* parents / *ses* frères et sœurs / ___
> *se balader* avec *ses* copains / *ses* parents / ___    *s'acheter* souvent des livres / des CD / ___

*Exemple:*
– Jana, est-ce que tu te lèves à cinq heures?
– **Non**, je **ne** me lève **pas** à cinq heures, je me lève à sept heures. Et toi, est-ce que tu te lèves à ___?

## Écouter et répéter

**7**   **a** 🎧 48 [ø] *ou* [œ]? *Écoutez et répétez.*

**b** *Écoutez encore une fois et faites un tableau dans votre cahier.*

| [ø] | [œ] |
| --- | --- |
| deux | le chanteur |

## Vocabulaire et expression

**8**   💬 *Relevez dans le texte, p. 57 le vocabulaire du métro et structurez-le.* Sammelt das Vokabular zum Thema Metrofahren und ordnet es so, dass ihr euch die Wörter gut merken könnt.

🎯 Du kannst neuen Wortschatz nach unterschiedlichen Gesichtspunkten ordnen.
(→ Méthodes, p. 152)

**9** *Qu'est-ce qui va ensemble? Was passt zusammen? Es gibt mehrere Möglichkeiten.*

| | |
|---|---|
| C'est    On a<br>Il dit    On prend<br>Il est    On mange | l'heure    le temps    n'importe quoi    le bus<br>le métro    au téléphone    à la cantine    17 heures<br>le petit-déjeuner à la maison    chez son copain<br>combien?    cours de 8 heures à 16 heures 30    trop cher |

---

**Écouter**

DELF **10**    **a** 🎧 49 *Lisez les questions. Puis écoutez les trois dialogues et répondez.*

1. Où sont les touristes?
2. Qu'est-ce qu'ils cherchent?
3. Comment est-ce qu'ils peuvent aller là-bas?

◎ Du kannst einen Hörtext besser verstehen, wenn du weißt, worauf du achten sollst. (→ Méthodes, p. 153)

**b** ►◄ *Imaginez des dialogues. Vous êtes à la station La Défense et vous allez à «Hôtel de ville» / «Opéra» / ___ . Utilisez: Pour aller à ___ ? / Comment est-ce que je peux aller à ___ ? / Pardon, ___ ? / ___ , s'il vous plaît? / ___ . (→ Plan de métro, p. 232; → p. 59/8)*

HÔTEL DE VILLE — Ligne 1    OPÉRA — Lignes 3, 7, 8    CITÉ — Ligne 4    LOUVRE — Ligne 1

TROCADÉRO — Lignes 6, 9    PYRAMIDES — Lignes 7, 14    GAMBETTA — Ligne 3    TRINITÉ — Ligne 12

---

**Activité**

C 36/9 **11**    ►◄ *Vous cherchez un cadeau[1] pour un copain / une copine. Préparez le dialogue et jouez la scène.* (→ Méthodes, p. 155)

On achète ___ pour ___ ?
Je ne sais pas. Est-ce qu'il/elle aime ___ ?
Non, ce n'est pas intéressant.
Pourquoi pas?
C'est combien?
C'est trop cher.
Est-ce qu'on a assez d'argent?
On peut aussi acheter ___ .
Il/Elle n'aime pas trop ___ .
Il/Elle préfère ___ .
___

1 **le cadeau** das Geschenk

### Préparer la lecture

**1**  **a**  *Lisez le dialogue. Quelle expression va avec quelle photo?*

*Camille:* Je prends un litre de lait, un pot de crème et un kilo de farine.
*David:* Est-ce qu'on achète aussi des bouteilles de jus d'orange?
*Camille:* Bien sûr. Et on n'a pas de biscuits. Je prends un paquet ou deux?
*David:* Deux. Et encore un bocal de cerises.
*Camille:* On a tout?
*David:* Oui ... heu non ... encore des œufs.

6

4

5

7

1

2

3

> Wörter erschließen
> (→ Méthodes, p. 150)

**b**  Beschreibt, wie ihr die Bedeutung der unbekannten Wörter erschlossen habt.

### 🎧 50 Bon anniversaire, Camille!

On n'a plus d'œufs ...
Et on prend une
bouteille de coca,
Lila n'aime pas les jus.

Jonathan ... 06.97.33.74.82.

2 bouteilles de jus d'orange
1 litre de lait
1 pot de crème
2 paquets de biscuits
1 kilo de farine
1 bouteille de coca
6 œufs

**Samedi matin**
Camille et David
font les courses
pour la fête
5 d'anniversaire de
Camille.

**Samedi, 13 heures**
Camille prépare un clafoutis. Elle est dans
les nuages. Elle hésite un peu ... et cherche
10 le numéro de téléphone de Jonathan.

«Allô?
– Allô, Jonathan?
Heu ... c'est Camille.
On fait une fête, ...
15 – Vous faites une
quoi?» dit Jonathan.
Il est sourd ou quoi?
«NOUS FAISONS UNE FÊTE, c'est mon
anniversaire. La fête est à quatre heures ...,
20 dit Camille.

> In Frankreich
> meldet man sich
> am Telefon nicht mit
> seinem Namen,
> sondern mit «Allô».

▶

– Aujourd'hui? demande Jonathan. Ah bon.
Mais, je ... je ne peux pas. J'ai ... mon cours de
judo.
– Bon, ben, alors ... salut.»

Mais qu'est-ce qu'ils font? Il est
déjà quatre heures et quart!

25 **16 heures 20**
Dringgggggg!!!
Les copains
de Camille
arrivent.
30 Yasmina et
Lila offrent
un CD.
Camille ouvre
son cadeau.

35 «C'est le CD d'un chanteur d'opéra, dit
Lila. Mais il fait aussi des chansons. Il
chante super bien ... Écoute ça ...»
Ils écoutent le CD. Tout le monde rigole.
«Des chansons? dit une fille. Ce sont des
40 chants! «Lieder» ça veut aussi dire
«chants»!
– Schubert, ce n'est pas Sinsemilia», dit
David.
Yasmina et Lila sont vexées.
45 «Bonjour l'ambiance!» dit un garçon.
On sonne.
«Ouvrez! dit Camille. Je suis dans la
cuisine!»
Yasmina et David ouvrent la porte.
50 «Camille, c'est Jonathan!»
Camille arrive avec son clafoutis. Elle est
rouge comme une cerise. Jonathan
regarde Camille. Camille regarde
Jonathan. On ne parle plus dans la pièce.
55 Fabian Schmidt chante ...
«Bon anniversaire, Camille! dit Jonathan, mon cours de judo ... je ne vais pas
au judo aujourd'hui.»

## Comprendre

DELF **2**
C 37/1

**a** *Quelles informations sont dans le texte? Où? Quelles informations ne sont pas dans le texte?*

1. Camille et ses copains écoutent le CD de Fabian Schmidt.
2. Lila préfère le coca.
3. Jonathan a un cadeau pour Camille.
4. Camille prépare un clafoutis.
5. Camille aime les chants de Schubert.
6. Il y a quatre filles et trois garçons à la fête de Camille.
7. La fête est à 16 heures.
8. David adore le clafoutis.
9. Jonathan n'a pas son cours de judo aujourd'hui.
10. Yasmina et Lila offrent un CD.

C'est à la ligne[1] ___ .

Ce n'est pas dans le texte.

[1] **la ligne** *hier:* die Zeile

**b** *Répondez.*

1. Les copains écoutent le CD et rigolent. Pourquoi?
2. Pourquoi est-ce que Camille est rouge comme une cerise?

## Écouter

C 38/7 **3** 🎧 51 *Quatre nombres ne sont pas sur le CD. Trouvez-les.*

32 – 65 – 29 – 76 – 80 – 84 – 19 – 90 – 57 – 48 – 95 – 12 – 98 – 39 – 13 – 51 – 26 – 88 – 77 – 18 – 73 – 45 – 69 – 91

## Découvrir l'orthographe

**4** 💬 In den Texten der Unité 3 (→ p. 50 – 51, p. 52 – 53, p. 57, p. 61 – 62) gibt es mehrere Wörter, die den Laut [ã] enthalten. Schreibt sie auf und unterstreicht die Buchstabenfolgen, die wie [ã] ausgesprochen werden.

## S'entraîner

C 38/6 **5** ✷ *Posez des questions et répondez.*

*Utilisez:*

| je/j' | *écouter* un CD |
| on | *regarder* la télé / un DVD |
| | *photographier* ___ |
| | *acheter* ___ |
| | *aller* à ___ / *se balader* à ___ |
| | *travailler* / ___ |
| | ___ |

Sarah, qu'est-ce que **tu fais** aujourd'hui/ demain?

Felix et Fabian, qu'est-ce que **vous faites** lundi/ samedi/___?

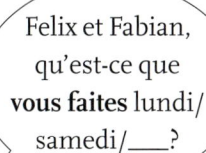

**6** ►◄ *Qu'est-ce qu'ils n'ont plus? Faites les dialogues.* (→ Repères, p. 65/2)

*Exemple:*
– Tu prépares ton exposé?
– Non, je ne peux pas parce que je n'ai plus d'idées.

1. *préparer son* exposé

2. *faire* un clafoutis

3. *faire ses* maths

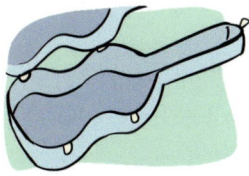

4. *faire* un peu de musique

5. *acheter* un cadeau pour *sa* copine

6. *chanter* encore dans le métro

7. *prendre* des photos

**7** ►► *Jouez au domino:* «3**2**», «2**5**», «5**7**», «7**1**» … *Continuez!*

C 37/3
C 38/5

**8** ►◄ *Imaginez les dialogues.* (→ Repères, p. 65/2)

jus d'orange / de cerise
crème   œufs   farine
poisson   coca   biscuits
lait   cerises

paquet   bouteille
pot   litre   bocal   kilo

On n'a plus de lait …

Alors, on achète
deux litres de lait …

---

## Écouter et répéter

C 37/4

**9**   **a** 🎧 52 *[s] ou [z]? Écoutez et répétez.*

1. Il hésite un peu.
2. David a une sœur.
3. L'horloge sonne.
4. Il est treize heures.

5. On achète un kilo
   de cerises.
6. Les biscuits sont
   dans la cuisine.

7. Samedi, nous faisons les courses.
8. C'est combien, la veste?
9. C'est six euros.
10. Ton exposé est très intéressant.

**b** 🎧 53 *Lisez, puis écoutez.* Ihr findet die Übersetzung auf S. 162.

> Seize jacinthes sèchent dans seize sachets secs.

**c** ◑ *Écrivez une phrase avec le maximum de sons [s] ou [z]. Qui fait la phrase la plus longue?* Wer schreibt den längsten Satz mit Wörtern, die die Laute [s] und [z] enthalten? (→ Liste chronologique, p. 171)

---

## Activité

C 39/9

**10**   **a** ►◄ *Lisez le dialogue.*

– Allô?
– Allô, Jérémie? C'est Camille. On va à la piscine aujourd'hui avec David et Lila.
– Ah, c'est super! Et à quelle heure est-ce que vous vous retrouvez?
– À trois heures devant la piscine Charles de Gaulle.

– La piscine Charles de Gaulle? C'est où?
– Place Charles de Gaulle à Courbevoie. Tu prends le bus 75 direction «Pont de Levallois» jusqu'à «Place Charras». Ensuite, tu vas à pied* jusqu'à la Place Charles de Gaulle.
– Bon ben, à plus alors!
– À plus!

\* (→ Liste chronologique, p. 187)

**b** ►◄ *Vous vous retrouvez avec des copains après l'école. Faites des dialogues comme en* **a** *et jouez la scène.* (→ Méthodes, p. 155)

*aller* au cinéma / au spectacle de ___ / au cours de ___ / chez ___
*aller* à pied* / à vélo* / ___
*prendre* le bus / le métro jusqu'à ___
*changer* à ___

C'est où?
À quelle heure ___ ?
Comment est-ce
qu'on va ___ ?

# Repères

## Qu'est-ce qu'on dit?

**1**

### Uhrzeiten erfragen und angeben
Il est quelle heure?
À quelle heure est-ce que ___ ?
Il est (une heure).
À (huit heures moins le quart).
De (dix) à (dix-huit) heures.

### über Preise sprechen
C'est combien, (le CD)?
C'est (onze) euros.
C'est (trop) cher.
Ce n'est pas (trop) cher.

### seine Meinung äußern
Je trouve que ___ .
Je pense que ___ .

### nach dem Weg fragen und darauf antworten
S'il vous plaît, pour aller (à la station Louvre)?
Comment est-ce que je peux aller à ___ ?
Tu prends le métro (ligne 2) jusqu'à ___ .
Tu changes (à la station Étoile) et tu prends
(la ligne 1 direction «La Défense»).
Tu prends (le bus).
Tu vas à pied* / à vélo* / en rollers / en bus /
en métro / en train / en voiture* / en tram*.      * (→ p. 187)

### sich im Unterricht verständigen
Comment est-ce qu'on dit «___» en français / en allemand?
Est-ce que «après» prend un «s»?

🎧 54 *Du dolmetschst für deine/n Freund/in, der/die kein Französisch spricht.*

## Grammaire

**2**

📖 **Die Mengenangaben** Les quantifiants (→ GH, p. 20)

| | | |
|---|---|---|
| Camille achète | **un kilo de** | farine, |
| | **un litre de** | lait, |
| | **une bouteille de** | coca, |
| | **un pot de** | crème |
| et | **un bocal de** | cerises. |
| Ils | **n'ont pas de** | coca |
| et ils | **n'ont plus d'** | œufs. |
| David a | **peu d'** | argent. |
| Jérémie a | **assez de** | cahiers. |
| Camille a | **beaucoup de** | cadeaux. |
| Yasmina prend | **trop de** | photos. |

**a** Übersetze und vergleiche mit dem Deutschen.

**b** Übersetze:

1. Camille kauft drei Liter Milch.
2. Wir haben keinen Orangensaft mehr.
3. David hat kein Geschenk für Camille.
4. Wie immer macht Yasmina zu viele Fotos.
5. Fabian verdient nicht viel Geld in der U-Bahn.

⚠ Je n'ai pas <u>le</u> temps.
Je n'ai pas cours.

**3**

### Die Uhrzeit  L'heure

⚠ Il est midi et demi.
Il est quatre heures et demi**e**.

Il est trois heures **et quart.**

Il est quatre heures **et demie.**

Il est cinq heures **moins vingt-cinq.**

Il est une heure.

Il est deux heures **cinq.**

Il est six heures **moins le quart.**

Il est sept heures **quarante-sept.**

Il est midi.

Il est minuit.

**4** **Die Verben** Les verbes (→ GH, p. 21)

| | | |
|---|---|---|
| acheter → p.163 | offrir, ouvrir → p.164 | Erstelle Karteikarten für diese Verben. (→ Carnet, p. 90) |
| dire → p.164 | prendre → p.165 | |
| faire → p.164 | pouvoir → p.165 | |

**Merke** vous êtes
vous dites
vous faites

**5** 📖 **Die reflexiven Verben** Les verbes pronominaux (→ GH, p. 23)

| se lever | | s' appeler | |
|---|---|---|---|
| je | **me** lève | je | **m'** appelle |
| tu | **te** lèves | tu | **t'** appelles |
| il/elle/on | **se** lève | il/elle/on | **s'** appelle |
| nous | **nous** levons | nous | **nous** appelons |
| vous | **vous** levez | vous | **vous** appelez |
| ils/elles | **se** lèvent | ils/elles | **s'** appellent |

**a** Wann benutzt du „m', t', s'"?

**b** Wo stehen die Verneinungswörter?

David **ne** se lève **pas**.
Camille et Jonathan **ne** se disputent **plus**.

**c** Übersetze:
1. David steht nicht um 6 Uhr auf.
2. Camille duscht sich schnell und macht sich für die Schule fertig.
3. Heute gehen Lila und Yasmina nicht spazieren.

**6** 📖 **„Aimer", „préférer", „adorer" und „détester" mit Infinitiv** (→ GH, p. 24)
«Aimer», «préférer», «adorer» et «détester» avec l'infinitif

Carole et sa copine **adorent** <u>prendre</u> des photos.
Elles n'**aiment** pas <u>se balader</u>, elles **préfèrent** <u>aller</u> au cinéma.
Elles **détestent** <u>regarder</u> le foot.

**7** 📖 **Die indirekte Rede** Le discours indirect (→ GH, p. 25)

*Jérémie:* «Je cherche mes rollers.»
*Camille:* «Je me dispute souvent avec Jonathan.»
*Lila:* «Je peux chanter dans le métro.»

Jérémie **dit qu'**il cherche ses rollers.
Camille **trouve qu'**elle se dispute souvent avec Jonathan.
Lila **pense qu'**elle peut chanter dans le métro.

Beschreibe die Umwandlung von direkter in indirekte Rede. Welche Veränderungen fallen dir auf?

**8** **Die Frage mit Fragewort und „est-ce que"** L'interrogation avec pronom interrogatif et «est-ce que» (→ GH, p. 26)

| | | |
|---|---|---|
| **Qu'** | est-ce que | vous prenez? |
| **Où** | est-ce qu' | ils travaillent? |
| **Comment** | est-ce que | vous rentrez? |
| **Pourquoi** | est-ce que | Camille se dispute avec Jonathan? |
| **Quand** | est-ce que | vous allez au cinéma? |
| **À quelle heure** | est-ce qu' | ils ont cours? |
| **Jusqu'à quelle heure** | est-ce que | Mme Dubonnet travaille aujourd'hui? |

## Comprendre et écouter

**1** **a** 🎧55 *Écoutez le dialogue. Notez les numéros de téléphone, puis lisez-les.*

> In Frankreich werden die Telefonnummern in Zweiergruppen genannt: 01 97 33 74 82. Handynummern beginnen mit 06.

**b** ►◄ *Dictez votre numéro de téléphone à votre voisin/e.* Diktiert eurem/-r Nachbarn/-in eure Telefonnummer auf Französisch.

**c** *Regardez la carte. Par quels chiffres commencent les numéros de téléphone à Paris, Strasbourg, Lyon, Bordeaux et Rennes?* Mit welchen Ziffern beginnen die Telefonnummern in Paris, Strasbourg, Lyon, Bordeaux und Rennes?

*Exemple:*
Paris, c'est le 01.

**2** **a** *Regardez l'affiche[1] et les horaires[2] de cinéma, p. 50 et répondez aux questions.*

1. Où est le cinéma?
2. Donnez l'adresse internet et le numéro de téléphone du cinéma.
3. À quelle heure est-ce qu'on passe le film «Le Monde de Narnia»?
4. Et le film «Le Tigre et la neige»?

1 **l'affiche** *f.* das Plakat
2 **l'horaire** *m. hier:* das Programm

*À vous. Posez des questions sur le programme et répondez.*

DELF **b** 🎧56 *Regardez le programme, écoutez et corrigez les dialogues.*

**c** ◐►◄ *Jouez les scènes de* **b** . Spielt die Dialoge von **b** mit anderen Filmen, Uhrzeiten usw. nach. *Vous pouvez aussi chercher le programme du cinéma sur Internet.*

## S'entraîner

**3** ►◄ *Conjuguez. A dit un chiffre entre 11 et 99, B conjugue le verbe et fait une phrase. Changez de rôle.* Nach jedem Durchgang wechselt ihr.

*Exemple:* A: **31**. B: Il fait un clafoutis.

| | |
|---|---|
| 1 je | 1 faire |
| 2 tu | 2 prendre |
| 3 il | 3 se lever |
| 4 elle | 4 aller |
| 5 on | 5 offrir |
| 6 nous | 6 dire |
| 7 vous | 7 ouvrir |
| 8 ils | 8 acheter |
| 9 elles | 9 être |

le bus   le petit-déjeuner   à huit heures   n'importe quoi
la porte   à la piscine   un cadeau   merci   un clafoutis   une fête
une veste   au collège   des photos   au cinéma   un livre   ___

**4** *Choisissez le verbe et complétez les phrases.*

1. C'[?] *(avoir/être/aller)* mercredi après-midi. Il n'y [?] *(être/avoir/arriver)* pas cours. Qu'est-ce que les élèves [?] *(dire/faire/travailler)*? Ils [?] *(se lever / préférer / se balader)*, ils [?] *(faire/aller/demander)* au sport, ... mais souvent, ils [?] *(avoir/travailler/chercher)* aussi pour l'école.

2. Jérémie [?] *(aimer/gagner/faire)* ses maths: «Je ne comprends pas! Et Yasmina [?] *(dire/rigoler/continuer)* qu'elle [?] *(travailler/adorer/être)* les maths ...»

3. Camille [?] *(préparer/chercher/trouver)* des livres pour son exposé à la bibliothèque.
 – Ils [?] *(pouvoir/changer/être)* où, les livres sur Napoléon?
 – Les livres sur Napoléon? Tu [?] *(préparer/travailler/prendre)* un exposé? Ils [?] *(acheter/être/hésiter)* là-bas: [?] *(regarder/gagner/dire)* à droite.

4. David [?] *(avoir/être/rentrer)* à la piscine avec ses copains.
 – Qu'est-ce que vous [?] *(dire/rigoler/chanter)*?
 – Julien dit que c'est l'anniversaire de sa mère ...
 – Et tu [?] *(demander/emprunter/avoir)* déjà un cadeau?
 – Oui, avec ma sœur, on [?] *(ouvrir/offrir/ranger)* un CD.

5. Fabian Schmidt, le chanteur d'opéra, [?] *(parler/frapper/porter)* avec Yasmina et Lila:
 – Où est-ce que vous [?] *(habiter/aller/faire)*?
 – On [?] *(aller/rêver/préférer)* à Montmartre. Je [?] *(adorer/prendre/continuer)* des photos!

6. Lou et sa mère [?] *(aimer/faire/poser)* les courses:
 – On n'[?] *(être/manger/avoir)* plus de jus. On [?] *(acheter/continuer/détester)* une bouteille de jus d'orange?
 – Non, maman, je [?] *(préférer/provoquer/demander)* une bouteille de coca.

**5** ►◄ *A regarde le dessin A, B regarde le dessin B. Parlez avec votre partenaire et trouvez les différences.* *Utilisez* beaucoup de, ne ___ pas de, un peu de, ___ bouteille/s de ___ , ___ . Findet die Unterschiede zwischen den beiden Bildern.

*Exemple:*
A: Sur ma table, il y a beaucoup de / cinq bouteilles de jus d'orange.

B: Sur ma table, il y a ____

dessin A

dessin B

## Méthodes et stratégies

**6** *Avoir peu d'amis ou beaucoup de copains. Qui pense quoi? Pourquoi?* Gib den Inhalt der Leserbriefe auf Deutsch wieder.

**Vive les potes!**
« C'est sympa d'avoir quelques amis, mais je pense que c'est mieux d'avoir une bande de copains. Et quand il n'y a pas d'école, on trouve quelqu'un pour s'amuser. »
*Xavier, 13 ans et demi*

**La bande, c'est la prison**
« Je préfère avoir un petit groupe d'amis parce qu'en bande, on doit toujours être ensemble et faire les mêmes choses: on est comme prisonnier de la bande. »
*Eva, 13 ans*

D'après Okapi, n° 695

Wenn du den Sinn eines Textes wiedergeben möchtest, brauchst du nicht wörtlich zu übersetzen.
(→ Méthodes, p. 156)

**3**

## La France en direct

C 39/10 **7** **a** Schaut euch das „Clafoutis"-Rezept an und beantwortet folgende Fragen:

1. Welche Zutaten braucht ihr für den „Clafoutis"?
2. Welche sind die wichtigsten Arbeitsschritte?
3. Wie lange muss der „Clafoutis" im Ofen backen?

**b** Was habt ihr darüber hinaus noch verstanden?

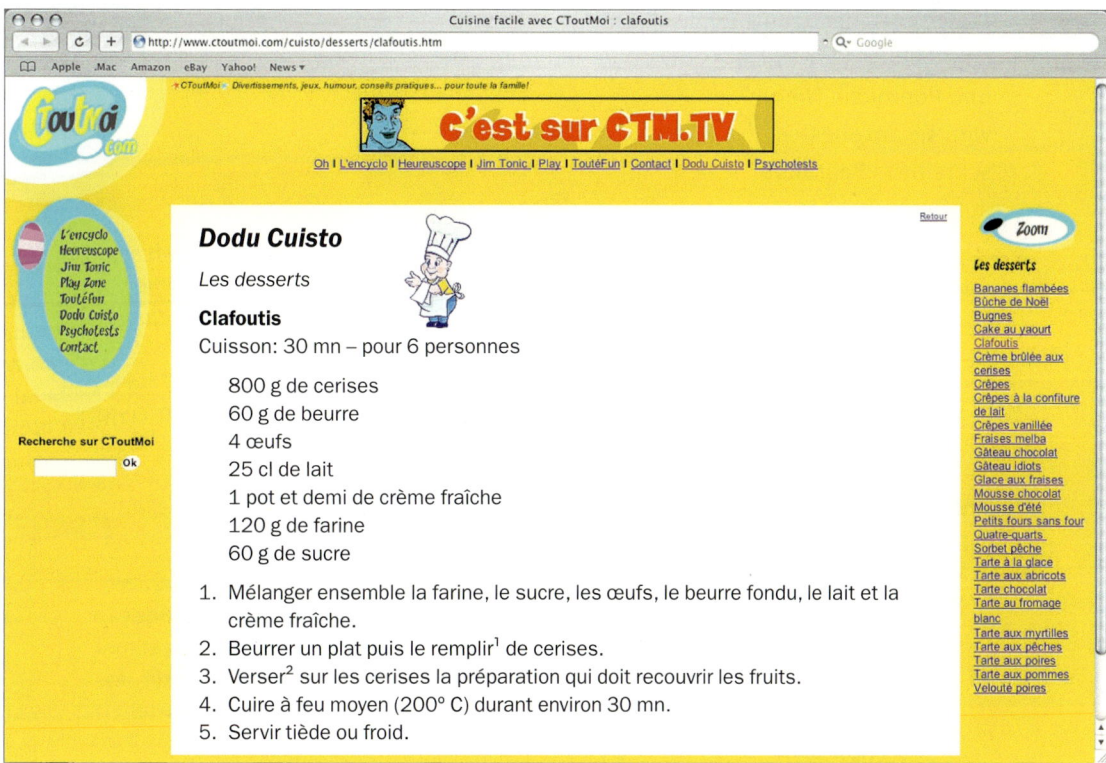

Cuisine facile avec CToutMoi : clafoutis
http://www.ctoutmoi.com/cuisto/desserts/clafoutis.htm

Apple .Mac Amazon eBay Yahoo! News

*CToutMoi › Divertissements, jeux, humour, conseils pratiques... pour toute la famille!*

**C'est sur CTM.TV**

Oh | L'encyclo | Heureuscope | Jim Tonic | Play | ToutéFun | Contact | Dodu Cuisto | Psychotests

L'encyclo
Heureuscope
Jim Tonic
Play Zone
ToutéFun
Dodu Cuisto
Psychotests
Contact

Recherche sur CToutMoi
Ok

**Dodu Cuisto**

*Les desserts*

**Clafoutis**
Cuisson: 30 mn – pour 6 personnes

800 g de cerises
60 g de beurre
4 œufs
25 cl de lait
1 pot et demi de crème fraîche
120 g de farine
60 g de sucre

1. Mélanger ensemble la farine, le sucre, les œufs, le beurre fondu, le lait et la crème fraîche.
2. Beurrer un plat puis le remplir[1] de cerises.
3. Verser[2] sur les cerises la préparation qui doit recouvrir les fruits.
4. Cuire à feu moyen (200° C) durant environ 30 mn.
5. Servir tiède ou froid.

Retour
Zoom
*Les desserts*
Bananes flambées
Bûche de Noël
Bugnes
Cake au yaourt
Clafoutis
Crème brûlée aux cerises
Crêpes
Crêpes à la confiture de lait
Crêpes vanillée
Fraises melba
Gâteau chocolat
Gâteau idiots
Glace aux fraises
Mousse chocolat
Mousse d'été
Petits fours sans four
Quatre-quarts
Sorbet pêche
Tarte à la glace
Tarte aux abricots
Tarte chocolat
Tarte au fromage blanc
Tarte aux myrtilles
Tarte aux pêches
Tarte aux poires
Tarte aux pommes
Velouté poires

1 **remplir qc** *hier:* etw. einfüllen  2 **verser qc** *hier:* etw. gießen

# BILAN 1

Hier kannst du überprüfen, was du in den Unités 1–3 gelernt hast.

🎯 Tipps, wie du deine Fehler selber korrigieren kannst, findest du auf S. 156. (→ Méthodes)

## Compréhension orale

**1** 🎧 57 *Julie se présente. Écoute et réponds aux questions.*

1. L'anniversaire de Julie. C'est quand?
2. Elle a quel âge?
3. Elle habite où?
4. Ses frères et sœurs ont quel âge?
5. Qu'est-ce qu'elle aime?

**2** 🎧 58 *Où sont les personnes[1]? Écoute et réponds.*   1 **la personne** die Person

## Compréhension écrite

**3** Lisa lernt in der Schule Englisch und Französisch. Sie ist nicht sehr sportlich, spielt gerne am Computer und mag Science-Fiction-Filme und Popmusik. Wem wird sie am ehesten schreiben? Begründe auf Deutsch warum.

**Correspondants**

**Annonce n° 08-07 / janvier**
Bonjour! J'aimerais correspondre avec des ados qui, comme moi, aiment bien le sport, communiquer sur Internet, les pays étrangers et les voyages. Moi, j'adore par dessus tout le Canada! Bisous et merci de m'écrire bientôt!
▶ Réponds à Manon, 14 ans, Strasbourg

**Annonce n° 07-07 / janvier**
Salut! Je voudrais trouver des correspondants (filles et garçons) de mon âge à peu près. J'habite à Toulouse et j'apprends l'anglais et l'allemand. J'adore la natation, j'aime le cinéma, la musique (Robbie Williams), voyager et les jeux vidéo. Je m'intéresse aussi à l'histoire! Je vous répondrai très vite!
▶ Réponds à Maxime, 13 ans, Toulouse

**Annonce n° 06-07 / janvier**
Coucou! Je voudrais correspondre avec une Anglaise de préférence, comme ça, elle pourrait m'écrire en français et moi en anglais. J'aime surtout le basket, les chiens et le rock. Répondez-moi vite!
▶ Réponds à Élodie, 13 ans, Lyon

**4** Auf dem Foto siehst du die Bedienungsanleitung einer öffentlichen Toilette in Paris.

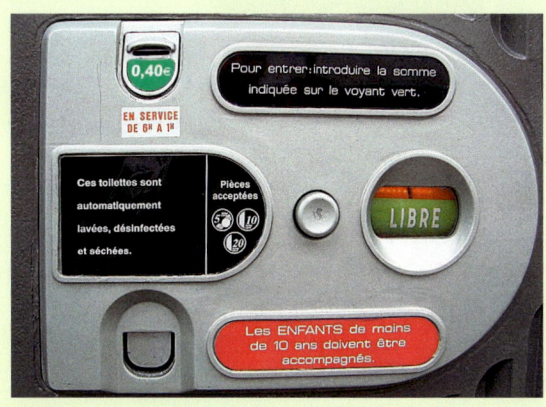

1. Du hast ein 50-Cent-Stück. Kannst du die Toilette benutzen?
2. Du bestehst auf Hygiene und Sauberkeit. Wirst du die Toilette benutzen?
3. Es ist Mitternacht. Kannst du die Toilette jetzt benutzen?
4. Ist sie im Augenblick frei oder besetzt?

## Production orale

**5** *Présente-toi en français.*

– Nenne deinen Namen und deine Adresse.
– Stelle deine Familie vor.
– Sprich von deinen Hobbys und Vorlieben.
– Schildere den typischen Ablauf eines Schultages.

**6** ►◄ *A fait une interview avec un/e camarade de sa classe (B). B répond.*

A fragt B,
– ob er/sie Geschwister hat,
– was er/sie gerne macht und was er/sie nicht mag,
– wann er/sie morgens frühstückt,
– wie er/sie morgens zur Schule kommt,
– was er/sie am (nächsten) Sonntag macht.

## Production écrite

**7** 🖊 *Tu es en France et tu prépares une fête avec ton/ta correspondant/e.* Notiere, was du kaufen musst!

**8** 🖊 Du erhältst folgende E-Mail. Beantworte sie kurz, indem du dich bedankst und mitteilst, dass du nicht kannst. Du hast Gitarrenstunde.

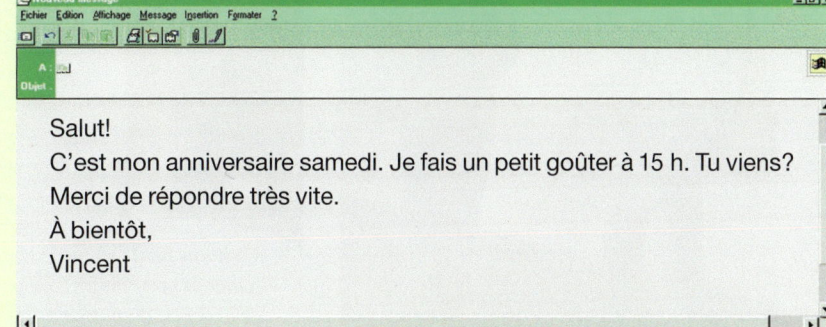

Salut!
C'est mon anniversaire samedi. Je fais un petit goûter à 15 h. Tu viens?
Merci de répondre très vite.
À bientôt,
Vincent

*On a français, mercredi?*

*On a toujours français le mercredi!*

### Approches

🎧 59 **L'emploi du temps de la quatrième C**

| | LUNDI | MARDI | MERCREDI | JEUDI | VENDREDI |
|---|---|---|---|---|---|
| 8⁰⁰–8⁵⁵ h | E.P.S. | Physique-Chimie | Allemand/Espagnol | I.D.D. | |
| 8⁵⁵–9⁵⁰ h | E.P.S. | Anglais | Musique | I.D.D. | E.P.S. |
| Récréation | | | | | |
| 10⁰⁵–11⁰⁰ h | Physique-Chimie | Français | Français | Éducation civique | Technologie |
| 11⁰⁰–11⁵⁵ h | Anglais | Maths | Français | Maths | Technologie |
| | Cantine | Cantine | | Cantine | Cantine |
| 13³⁰–14²⁵ h | Histoire-Géo | S.V.T. | | Français | Club-vidéo |
| 14²⁵–15²⁰ h | Allemand/Espagnol | Allemand/Espagnol | | | S.V.T. / Maths |
| Récréation | | | | | |
| 15³⁵–16³⁰ h | Maths | Histoire-Géo | | Vie du collège | Anglais |
| 16³⁵–17³⁰ h | | Arts plastiques | | | |

**1** *Aujourd'hui, c'est l'horreur: on a cours de 8 heures à 17 heures 30!*

**2** *Ouais, le mardi, c'est dur, mais demain, c'est cool. On a musique … C'est ma matière préférée!*

**2** *S.V.T., c'est «Sciences de la vie et de la terre» et I.D.D., c'est «Itinéraire de découverte».*

**1** *Qu'est-ce que ça veut dire, S.V.T.? Et I.D.D.?*

**4** *C'est une heure où on peut discuter de notre vie au collège, de la classe, d'un voyage …*

**3** *Je suppose qu'E.P.S. c'est «Éducation physique et sportive» mais «Vie du collège»?*

## Comprendre

**1**   **a** *Regardez l'emploi du temps et lisez les dialogues, p. 72. Répondez aux questions.*

1. Jusqu'à quelle heure est-ce que les élèves ont cours le lundi? Et le mercredi?
2. Une heure de cours a combien de minutes[1]?
3. Combien d'heures de français / d'anglais / d'allemand est-ce qu'ils ont?
4. Le mardi est dur. Pourquoi?
5. Les matières «Kunst», «Biologie» et «Sport». Qu'est-ce que c'est en français?

[1] **la minute** die Minute

**b** ►◄ *Posez des questions sur l'emploi du temps de la quatrième C. Vos camarades répondent.*

> À quelle heure est-ce qu'ils ont français, le jeudi?

## Écouter

DELF   **2**   🎧 60 *Voici l'emploi du temps de David le mercredi et le jeudi. Notez-le dans votre cahier.*

## Découvrir

C 44/2   **3**   **a** *Traduisez.*   1. Demain, c'est **mercredi**.
2. On a toujours français **le mercredi**.

**b** Wann verwendet man den Wochentag mit dem bestimmten Artikel?

## S'entraîner

**4**   ✖ *Posez des questions à vos camarades et répondez.*

*Exemple:*
– Qu'est-ce que tu fais le samedi, Felix?
– Le samedi, je fais toujours les courses avec mes parents.

> *aller* au cinéma / au parc / à la piscine / au foot / au CDI / ___
> *aller* chez ___   *se balader* avec ___ à ___
> *faire* les courses   *ranger sa* chambre
> *travailler* pour l'école   ___

## Activité

C 43/1   **5**   *Comparez l'emploi du temps de la quatrième C à votre emploi du temps.*

religion[1]   latin[2]

> Religion ist in Frankreich kein Unterrichtsfach in der Schule.

Nous avons ___ , le ___ .   Nous avons ___ heures de ___ par semaine.
Nous n'avons pas de ___ .   Dans notre collège, il n'y a pas de ___ .

[1] **la religion** Religion
[2] **le latin** Latein

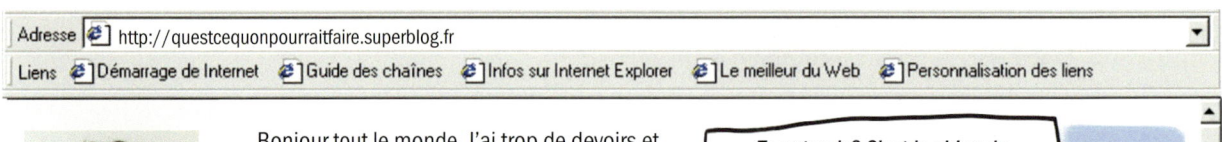

## 🎧 61 Qu'est-ce qu'on pourrait faire? – Le blog de Jérémie

Adresse 🔷 http://questcequonpourraitfaire.superblog.fr

Liens 🔷 Démarrage de Internet 🔷 Guide des chaînes 🔷 Infos sur Internet Explorer 🔷 Le meilleur du Web 🔷 Personnalisation des liens

**Nom du Superblog:**
Qu'est-ce qu'on
pourrait faire?

**Pseudo:** Jéblog

**Date de création:**
Vendredi, 5 janvier
2007

**Dernière mise à jour:**
Samedi, 24 février
2007

**Autres infos:**
7 articles
13 commentaires

Bonjour tout le monde. J'ai trop de devoirs et j'écris mon blog entre deux exercices de maths.

### 1. Le problème du chien

Notre quartier est grand mais le monde est
5 petit. Je rencontre Monsieur Diouf deux ou trois fois par jour! Devant la tour bien sûr, dans la rue, sur la place …
*M. Diouf:* Alors, mon garçon, vous avez une solution? Les chiens sont interdits dans la
10 tour. Moi, je peux fermer les yeux, mais tout le monde n'est pas d'accord, Monsieur et Madame Menas entendent ton chien et ils disent que …
*Moi:* On cherche une solution, Monsieur Diouf.
15 *M. Diouf:* Chercher, c'est très bien, mon garçon, mais trouver, c'est mieux.

### 2. Les cours

**Français:** Là, ça va. Je suis assez bon en français. C'est ma matière préférée. On lit
20 «L'Avare» de Molière et on parle de la poésie de Victor Hugo.
**Allemand:** Le prof, Monsieur Dupont, pose une question: quinze mains se lèvent. Vous pensez qu'il est content? Non, non, non! Herr von der
25 Brücke attend la réponse des élèves qui ne lèvent pas la main.
**Technologie:** Je n'aime pas trop la technologie mais la prof est super sympa. Elle dit toujours «Bon, ben …», alors, c'est Madame Bonbin pour tout le monde.
**Arts plastiques:** On dessine des choses qui sont un peu nulles. J'ai souvent une mauvaise note.
30 **S.V.T.:** On parle des volcans en Auvergne. Monsieur Giraud explique bien et c'est intéressant. Il écrit vite et comme un chat. Il a des traces de craie sur les mains et sur sa veste, c'est un prof qui adore sa matière. Et on apprend beaucoup. Il y a deux ou trois filles qui sont amoureuses de Giraud.
**Maths:** Trop de devoirs, trop d'exercices.
35 Madame Pasquier n'est pas méchante mais elle ne fait pas de cadeaux! Tu n'as pas tes exercices? «Zéro!» Ma copine Yasmina est très bonne en maths, alors, elle n'a pas de problèmes. Moi, ça va, je suis moyen, mais pour
40 Lila et Sébastien qui sont nuls, c'est l'horreur.

À plus! Les maths de Pasquier attendent …
C'est à vous! Écrivez!

> *Tu entends? C'est le chien du garçon de l'appartement d'en face!*

> *On entend.*

> *Qu'est-ce qu'on pourrait faire?*

> *Dire que je suis un chat.*

> *Wir warten!*

> *Qu'est-ce que nous attendons?*

> *Le problème est clair? Alors, j'attends la solution.*

## Comprendre

C 45/1 **1** **a** *Dans la tour. Qui a des problèmes avec qui? Expliquez.*

**b** 🎧 *Quelles informations est-ce que Jérémie donne sur ses matières, ses professeurs et sur les problèmes qu'il y a? Faites un tableau dans votre cahier.* (→ Méthodes, p. 154)

**c** ►◄ *Présentez les informations de votre tableau à votre voisin/e.*

## Découvrir

**2** **a** Erklärt die Bildung von „du" und „des".

I. C'est le gardien **de la** tour Ève.

2. C'est le chien **du** garçon **de l'**appartement d'en face.

3. Voilà le blog **des** élèves **de la** quatrième C.

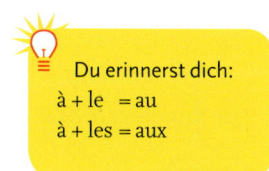

Du erinnerst dich:
à + le = au
à + les = aux

4

**b** Findet weitere Beispiele mit „du", „de la", „de l'", „des" in Jérémies Blog, S. 74.

## S'entraîner

C 46/5 **3** *Imaginez des noms de rues. Utilisez du, de la, de l', des.* (→ Repères, p. 84/3)

| rue place | volcan/s musique chat/s |
| avenue | fête école horloge/s |
| boulevard quai¹ | cerise/s enfant/s opéra ___ |

Paris ist in 20 Bezirke aufgeteilt, die „arrondissements" heißen.

1 **le quai** der Quai, die Uferstraße

**4** ►◄ *Faites des devinettes sur les personnages de votre livre. Utilisez le pronom relatif qui.*
(→ Repères, p. 85/8)

*Exemples:*
C'est un garçon **qui** a un chien **qui** s'appelle Chaipas. → C'est Jérémie.
C'est un prof **qui** adore sa matière. → C'est ___ .

C 45/2
C 47/7

**5** ►◄ *A dit un chiffre entre 11 et 66, B conjugue le verbe et fait une phrase. Puis, A et B changent de rôle.* (→ Les verbes, p. 163)

**1** je
**2** tu
**3** il/elle/on
**4** nous
**5** vous
**6** ils/elles

**1** entendre
**2** attendre
**3** apprendre
**4** écrire
**5** faire
**6** lire

42

Nous attendons le bus.

une revue
un chien    une radio
les verbes en «-dre»
un livre    un mail
un poème    *ses* copains
le bus    *ses* devoirs
le français    un blog
le train    un exercice    ___

C 45/3
C 46/4

**6** 💬 *Décrivez les personnes. Utilisez* nul, mauvais, moyen, bon, content. *Accordez les adjectifs.* (→ Repères, p. 85/5)

*Exemple:*
1. Elle est contente parce qu'elle ___ .

In Frankreich werden die schulischen Leistungen mit Punkten von 0 bis 20 bewertet. 0 ist die schlechteste Note. Mit 16 Punkten hat man schon eine sehr gute Note.

1

3

2

4

5

6

---

**Activité**

**7** 💬 *Répondez au blog de Jérémie et parlez de vos cours.* (→ Méthodes, p. 156)

→ **Portfolio**
Dossier

| (ne pas) *aimer* *adorer* *détester* *préférer* | les maths / le français / ___ . le lundi / ___ . les cours de ___ . | | | |
|---|---|---|---|---|
| *avoir* | une bonne/mauvaise note des problèmes trop de devoirs | en ___ . | *être* | bon/ne moyen/ne mauvais/e nul/le |
| | | | | en ___ . |
| On lit ___ . | | | | l'horreur. |
| On parle On discute | de ___ . | | C'est | intéressant. ma matière préférée. ___ . |

### 🎧 62 Une chose que je peux faire …

Monsieur Laval est le prof principal de la quatrième C. Aujourd'hui, il rencontre sa classe pour l'heure «vie du collège». C'est une heure que les élèves aiment bien et qui a lieu
5 une semaine sur deux. Aujourd'hui, Monsieur Laval veut parler de la classe de neige: c'est dans un mois. Mais les élèves veulent d'abord parler des maths et de leur travail à la maison.

«On a trop
10 de devoirs, dit Lila qui est déléguée de classe. Quatre, cinq
15 exercices de maths pour un cours, c'est trop!

On travaille le samedi, le dimanche, ce n'est pas
20 une vie, Monsieur.

– Tu n'exagères pas un peu? dit Monsieur Laval.
– Non, Monsieur, c'est vrai, dit Élias, délégué aussi. On a huit heures de cours le mardi! Le lundi, je rentre à 17 heures et je travaille encore
25 deux ou trois heures. Je suis désolé mais ce n'est pas humain.
– Nos parents travaillent jusqu'à 18 ou 19 heures, dit Lila. Mais nous, on travaille encore après le dîner. Vous trouvez ça juste?
30 – Regardez notre emploi du temps, dit Camille. On a par exemple maths, le lundi et le mardi … C'est pareil pour la physique-chimie, l'allemand, l'anglais et l'histoire-géo! Alors, on a des devoirs qu'il faut faire le lundi soir pour le
35 mardi.»

Monsieur Laval regarde l'emploi du temps. «Hm …, dit Monsieur Laval. C'est vrai … Il y a un problème … Écoutez, il y a une chose que je peux faire tout de suite: je peux parler à Ma-
40 dame Pasquier et aux professeurs du lundi. Et pour l'emploi du temps, je veux bien parler au directeur, mais là, ce n'est pas facile. Les histoires d'emploi du temps, c'est toujours très compliqué … Bon. Est-ce que vous voulez parler
45 de la classe de neige?
– OUIII!!
– Alors, voilà des dépliants sur Serre Chevalier et un formulaire pour vos parents.»

Les élèves
50 regardent les photos du dépliant. On rêve, on oublie les
55 maths, les devoirs, les cours …

*Ah, regarde, Serre Chevalier, c'est près de Briançon!*

---

### Comprendre

C 48/1  **1**  *Les élèves discutent avec leur professeur. Répondez.*

1. Quels sont leurs problèmes?
2. Qu'est-ce que M. Laval peut faire?

## Écouter

DELF **2** 🎧 63 *Louise discute de ses notes avec son père. Écoutez et répondez.*

1. Quel est le problème de Louise?
2. Qu'est-ce que son père peut faire?
3. Qu'est-ce que Louise peut faire?

## Découvrir

**3** **a** *Quelle phrase va avec quel dessin? Pourquoi?*
(→ Repères, p. 85/8)

1. M. Laval est un prof que les élèves écoutent.
2. M. Laval est un prof qui écoute les élèves.

**b** Bestimmt die Satzglieder im Nebensatz mit „que" und im Nebensatz mit „qui".

## S'entraîner

**4** *Complétez par* qui, que/qu'. (→ Repères, p. 85/8)

1. Miammiam, les biscuits [?] on mange à la récréation.

2. 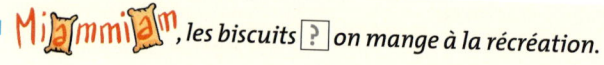, le train [?] va vite.

3. , le cinéma [?] n'est pas trop cher.

4. Dringdring, le téléphone [?] sonne souvent.

5. , le CD [?] on écoute le soir.

6. Cliccelac, l'appareil photo [?] tout le monde veut acheter.

C 48/4
C 49/5
C 49/6

**5** **a** ✦✦ *Formez deux équipes¹ et faites le quiz. Complétez par* qui, que/qu', où *et répondez.*
(→ Repères, p. 85/8)

**b** ✦✦ *Préparez encore deux questions pour l'autre équipe.*

¹ **l'équipe** *f.* die Mannschaft

(→ Solutions, p. 162)

1. Le quartier [?] il y a le Sacré-Cœur, c'est ___ .
   *(2 points)*
2. Le sport [?] David préfère, c'est ___ .
   *(1 point)*
3. La documentaliste [?] travaille au CDI s'appelle ___ .
   *(2 points)*
4. La fille [?] prend des cours de guitare, c'est ___ .
   *(1 point)*
5. Le cadeau [?] Lila et Yasmina offrent à Camille, c'est ___ .
   *(1 point)*
6. La matière [?] on parle des volcans en Auvergne, c'est ___ .
   *(1 point)*

**6** ►◄ *Qu'est-ce qu'il faut faire pour apprendre une langue?*

lire des revues / des livres   écrire   parler   écouter la radio
apprendre les verbes   regarder la télé   faire des exercices   ___

## Méthodes et stratégies

**7** **a** *Trouvez les mots.*   1. C'est **une pièce où** on se douche.
2. C'est **une personne**[1] **qui** travaille au CDI.
3. C'est **une chose qu'**on peut acheter dans une librairie.

**b** *À vous. Expliquez les mots suivants. Les autres devinent.*

le chanteur d'opéra
le CDI   la cuisine
le mercredi
Montmartre
arts plastiques
la piscine
le cinéma ___

C'est

une personne
une chose
un endroit[2]
un quartier
une pièce
un jour
une matière
___

qui ___ .
que ___ .
où ___ .

> ◎ Wenn euch ein Wort nicht einfällt, könnt ihr es, zum Beispiel mit Hilfe eines Relativsatzes, umschreiben.
> (→ Méthodes, p. 152)

**4**

1 **la personne** die Person
2 **l'endroit** *m.* der Ort

## Activité

**8** ✵ *Avoir cours du lundi au vendredi le matin et l'après-midi ou avoir cours du lundi au samedi de 8 heures à 13 heures. Qu'est-ce que vous préférez? Discutez.* (→ Méthodes, p. 154)

Moi, je trouve que / je pense que ___ .
À mon avis, ___ .

Il faut ___ .
On pourrait ___ .

D'accord, mais ___ .
Bien sûr, mais ___ .
C'est clair/vrai.
C'est cool/bien/sympa/super.
C'est mieux parce que ___ .

Ce n'est pas mal, mais ___ .
Ce n'est pas une solution.
Tu exagères.

On n'a pas assez de temps pour ___ .
C'est l'horreur!
C'est (trop) dur.
Ce n'est pas humain/juste.
Ce n'est pas une vie parce que ___ .

## Préparer la lecture / Découvrir

Quel est votre sport préféré?

Je fais de l'escalade.

Le ski, je fais du ski.

Je fais du vélo et du basket.

Moi, je fais de la natation.

Nous faisons du surf.

**1** **a** *Trouvez les expressions françaises pour:*
schwimmen – klettern – surfen – Rad fahren – Ski fahren – Basketball spielen

**b** Wie werden diese Ausdrücke gebildet? Vergleicht mit dem Deutschen.

**c** *Traduisez:* Fußball spielen – Musik machen – Sport treiben – Judo machen

## 🎧 ₂ La classe de neige

Jérémie, Lila et Élias sont au club-vidéo du collège. Ils filment leurs camarades pendant le voyage et pendant leur classe de neige à Serre Chevalier.

Quel stress!

Et alors??? On vous attend!

Tu peux m'aider?

«Lundi, 29 mars. Il est 10 heures 40 et nous sommes à la gare de Lyon. Vous voyez le TGV
5 Paris-Valence de 10 heures 45. Nous attendons deux élèves … Lila et Jonathan. Ah! Les voilà! Je les vois. Les profs ne sont pas très contents …»

«10 heures 55. Il y a beaucoup d'ambiance
10 dans le train! Là, nous voyons Lila qui écoute un CD, elle est à côté de Colin. Là, on voit Yasmina qui photographie Jonathan qui cherche Camille. Il ne la voit pas … Mais si, il la trouve. Son sac est lourd mais notre
15 Jonathan est serviable et très fort. Il aide les filles, surtout Camille …»

«Il est 18 heures. Nous arrivons au centre Léon Bourgeois. Il y a beaucoup de neige. C'est magnifique! Les moniteurs du centre nous
20 attendent.»

«Mardi, 30 mars, 10 heures 30. Voilà les pistes de Serre Chevalier. C'est magnifique! Je filme les camarades qui font du ski. Et là-bas, quelle est la fille qui fait de l'acrobatie sur un ski? C'est
25 Yasmina!»

«Mercredi, 31 mars, 14 heures 30. Nous marchons dans la montagne avec un moniteur du Parc des Écrins. Nous voyons des traces de chamois ... Regardez là-bas! Mais oui, c'est un
30 chamois, dans la neige, on le voit bien ... Je vois deux, trois, quatre chamois! Yasmina, tu veux les photographier?»

«Jeudi, 1er avril, 9 heures. Qui a un poisson dans le dos? C'est Monsieur Laval!»

In Frankreich schickt man jemanden in den April, indem man ihm unbemerkt einen Papierfisch (le poisson d'avril) an den Rücken heftet.

35 «Quel jour sommes-nous? Déjà vendredi, c'est l'horreur. Nous rentrons demain. Le temps passe trop vite ici. Les soirées aussi sont super sympa. On fait de la musique, on discute. Ici, Madame Pasquier est différente. Elle
40 a des idées de jeux de maths super. Là, vous voyez la soirée du vendredi, 2 avril. On voit Lila avec sa guitare: elle chante une chanson de Carla Bruni, Lila chante très bien! ...»

## Comprendre

DELF<br>C 51/1 **2** **a** 🎧 3 *Écoutez et dites quelle photo, p. 80–81 va avec quel dialogue.*

**b** 📼 *Écrivez une légende¹ pour chaque photo.*    ¹ **la légende** *hier:* die Bildunterschrift

## Découvrir

**3** **a** *C'est qui?*
(→ Texte, p. 80–81)

1. Je **les** vois. → Ce sont **les élèves**.
2. Il ne **la** voit pas. Mais si, il **la** trouve.
3. On **le** voit bien dans la neige.
4. Tu veux **les** photographier?

**b** Vergleicht die Stellung der Objektpronomen im Französischen und im Deutschen.

## S'entraîner

C 52/3 **4** **a** ►◄ *Qu'est-ce que c'est?* (→ Repères, p. 85/7)

*Exemple:* On peut les écrire dans un cahier.
→ Ce sont les exercices.

1. On peut les écrire dans un cahier.
2. On le prend le matin.
3. On le fait avec des oranges.
4. On peut les voir dans la montagne.
5. Il faut l'ouvrir pour entrer dans la maison.
6. On le prépare avec des cerises.
7. On peut l'emprunter au CDI ou à la bibliothèque.

**b** *À vous. Faites des devinettes pour vos camarades.*

C 52/4<br>C 53/5 **5** *Complétez les dialogues. Utilisez* me/m', te/t', nous, vous. (→ Repères, p. 85/7)

C 54/7 **6**   **a** 🔊 *Préparez des questions et posez-les à vos camarades. Utilisez quel, quelle, quels, quelles.* (→ Repères, p. 84/4)

1. *préférer* / matière
2. *écouter* / musique
3. *aimer* / animaux
4. *regarder* / films
5. *aimer* / chanteur
6. *détester* / sport
7. *lire* / livres

> Quelle matière est-ce que tu préfères?

**b** *Posez des questions à vos correspondants.*

> Quelle est ton adresse?

Ihr wollt wissen,
– welche Adresse euer/eure Brieffreund/in hat.
– was ihr/sein Lieblingssport ist.
– was ihr/sein Lieblingsfach ist.
– wie ihre/seine Telefonnummer lautet.
– wie ihre/seine E-Mail-Adresse lautet.

## Écouter

DELF  **7**   🎧 4 🔊 *Qu'est-ce qui est différent à Paris? Écoutez et prenez des notes.*

> ◎ Wenn du einen Text hörst, achte auf die Fragestellung. Konzentriere dich auf die gesuchten Informationen. Notiere, während du zuhörst, nur Stichwörter und keine ganzen Sätze. (→ Méthodes, p. 153)

## Écouter et répéter

C 54/8  **8**   **a** 🎧 5 🔊 *[ɥ] ou [w]? Écoutez et répétez. Puis complétez le tableau.*

| [ɥ] | [w] |
|---|---|
| je s<u>ui</u>s | tr<u>oi</u>s |

**b** *Voilà des mots que vous ne connaissez pas encore. Mais vous pouvez les prononcer.*

la pluie   l'oiseau   boire
la nuit   le roi   le bruit   étroit
noir   fuir   le fruit   la croix

**c** *Que veulent dire ces mots en allemand? Devinez ou regardez dans un dictionnaire.* (→ Méthodes, p. 157)

## Recherche

C 54/9  **9**   *Allez sur le site internet de Serre Chevalier et trouvez les informations suivantes:*

1. Wie viel Schnee liegt heute?
2. Wie viele Skipisten gibt es? Wie viele sind zur Zeit geöffnet?
3. Wie viel kostet ein Tagesskipass für Erwachsene? Und für Kinder?

www.serre-chevalier.com/fr/hiver/hiver.html

### ▬▬▬ Qu'est-ce qu'on dit?

**1** **über die Schule sprechen**
On a (anglais).
On a cours de ___ heures à ___ heures.
Le (lundi/mardi/___ ), on a (français).
C'est ma matière préférée.
Il/Elle est nul(le) / mauvais(e) / moyen(ne) /
bon(ne) (en musique).
Il/Elle a une bonne/mauvaise note
en ___ .

**etwas gut finden**
C'est magnifique/cool.

**etwas schwer/anstrengend finden**
Ce n'est pas facile.
C'est dur / très compliqué / l'horreur.
Ce n'est pas humain/juste.

**eine Vermutung äußern**
Je suppose que ___ .

**Lösungen suchen – Vorschläge machen**
Tu as / Vous avez une solution?
Qu'est-ce qu'on pourrait faire?
On pourrait ___ .
Je veux bien (parler au directeur).

**Tag/Datum nennen**
Quel jour sommes-nous?
Aujourd'hui, nous sommes (le 24 avril / lundi).

**die Häufigkeit angeben**
(Je le vois) deux fois par jour / par semaine.
(C'est une heure qui a lieu) une semaine sur deux.

**über Sport sprechen**
Je fais (de la natation / du basket / de l'escalade).

**sich im Unterricht verständigen**
Tu peux m'aider?

🎧 6 *Écoute et réponds.*

### ▬▬▬ Grammaire

**2** **Die Verben** Les verbes

Les verbes en «-dre»: `attendre` , `entendre` → p. 163
`apprendre` wie **prendre** → p. 165
`écrire` → p. 164, `exagérer` wie **préférer** → p. 163, `lire` → p. 164, `voir` → p. 165, `vouloir` → p. 165

**3** **Der zusammengezogene Artikel mit der Präposition „de"** (→ GH, p. 28)
L'article contracté avec la préposition «de»

Le gardien **de la** tour Ève s'appelle M. Diouf.
Le cahier **de l'**élève est sur la table.

La cantine **du** collège ouvre à midi.
Les réponses **des** élèves sont intéressantes.

**4** **Der Fragebegleiter „quel"** Le déterminant «quel» (→ GH, p. 27)

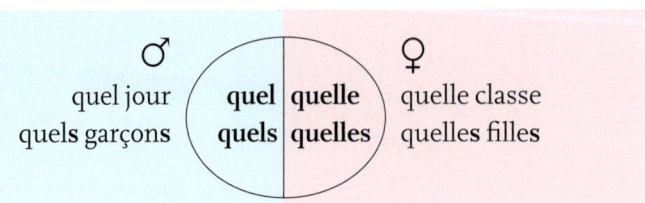

| ♂ | quel | quelle | ♀ |
|---|------|--------|---|
| quel jour | quels | quelles | quelle classe |
| quels garçons | | | quelles filles |

Beachte die Bindung:
Quels‿ordinateurs?
Quelles‿affaires?

**5** **Die Adjektive „bon", „moyen" und „nul"** Les adjectifs «bon», «moyen» et «nul» (→ GH, p. 31)

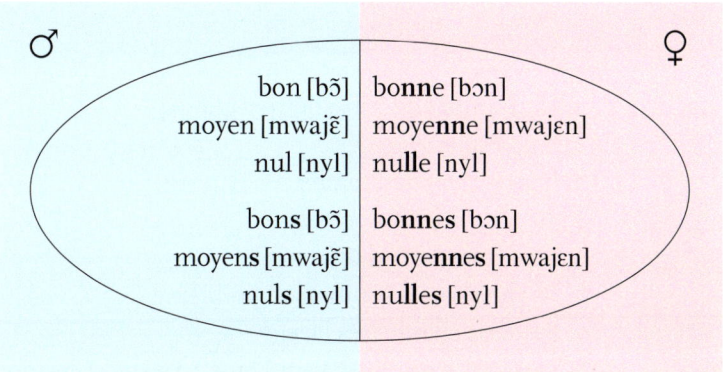

♂ | ♀
--- | ---
bon [bɔ̃] | bonne [bɔn]
moyen [mwajɛ̃] | moyenne [mwajɛn]
nul [nyl] | nulle [nyl]
bons [bɔ̃] | bonnes [bɔn]
moyens [mwajɛ̃] | moyennes [mwajɛn]
nuls [nyl] | nulles [nyl]

**6** 📖 **„Il faut" mit Infinitiv** «Il faut» avec l'infinitif (→ GH, p. 32)

**Il faut** <u>parler</u> de la classe de neige.
Après les cours, **il faut** encore <u>faire</u> des devoirs.

Wie übersetzt du „il faut" in den Beispielsätzen?

**7** **Das direkte Objektpronomen** Le pronom d'objet direct (→ GH, p. 29)

direktes Objekt | | | | direktes Objektpronomen
--- | --- | --- | --- | ---
| | Tu | **me** | vois?
| | Oui, je | **te** | vois.
Camille cherche Jonathan. | | Elle ne | **le** | trouve pas.
Je cherche Camille. | | Je ne | **la** | vois plus.
On attend Élias? | Mais oui, il faut | **l'** | attendre.
On attend Camille? | Oui, on | **l'** | attend aussi.
| | Lila, tu | **nous** | écoutes?
| | Oui, je | **vous** | écoute.
Lila aime les chansons? | | Oui, elle | **les** | aime.

**8** 📖 **Die Relativpronomen** Les pronoms relatifs (→ GH, p. 30)

**qui** | M. Giraud est un prof | **qui** aime sa matière. | Übersetze die Beispielsätze
| Il y a des élèves | **qui** n'ont pas de réponse. | mit „qui" und „que". Was
| Yasmina est la fille | **qui** est bonne en maths. | sind die deutschen Entspre-
| On fait des choses | **qui** sont nulles. | chungen für „qui" und „que"?

**que** | Voilà le livre | **que** Jérémie cherche.
| Ce sont les devoirs | **qu'**il faut faire pour mardi.
| Il y a une chose | **que** le prof peut faire.
| Voilà les questions | **qu'**elle veut poser.

**où** | La piste | **où** on fait du ski est super.
| C'est une heure | **où** on discute de notre vie au collège.

## Vocabulaire

**1** *Trouvez les contraires.* Findet die Gegenteile.

🎯 Du kannst dir Wörter leichter merken, wenn du sie in Wortpaaren lernst.
grand – petit
(→ Méthodes, p. 152)

1. La chambre de Sébastien est *grande*.
2. J'*aime* aller au cinéma.
3. Lila est *bonne* en maths.
4. Tu peux *ouvrir* la porte?
5. L'armoire est *à gauche*.
6. Ils *cherchent* la solution au problème.
7. Frédéric chante très *bien*.
8. *Le matin*, Corinne et Jean-Louis arrivent à Clermont-Ferrand.
9. L'exercice de maths est très *compliqué*.
10. Les Menas prennent *le petit-déjeuner* à 8 heures.

**2 a** ►◄ *Qu'est-ce qui va ensemble? Retrouvez les mots composés.* Es gibt mehrere Möglichkeiten.
(→ Méthodes, p. 151)

*Exemple:* le jus d'orange

| | | |
|---|---|---|
| le jus | | quatrième |
| le chanteur | | opéra |
| le livre | | téléphone |
| le numéro | de | neige |
| la classe | d' | bains |
| la salle | | orange |
| le prof | | anglais |
| | | séjour |
| | | maths |

💡 Aber: la vie **du** collège
l'emploi **du** temps

**b** *Jouez. Trouvez d'autres mots composés avec les mots de* **a** *.* Ihr könnt euch auch verrückte Wörter ausdenken.

## S'entraîner

**3 a** *Qu'est-ce qu'ils font?* Utilisez du, de la, de l'.

**b** À vous. Posez des questions à vos camarades.

Quel sport est-ce que tu fais?

le kayak   le V.T.T.[1]   la boxe   le volley   la voile[2]
l'athlétisme[3]   la danse   l'acrobatie   le tennis de table
l'équitation[4]   la gymnastique   le badminton   le rugby   ___

1 le V.T.T. **(le vélo tout terrain)** Mountainbike
2 **la voile** Segeln   3 **l'athlétisme** *m.* Leichtathletik
4 **l'équitation** *f.* Reiten

**4** ►◄ *Posez des questions et répondez.*

*faire ses* devoirs   *regarder* la télé
*travailler* pour l'école
*avoir* cours   *faire* les courses
*écouter* des CD
*aller* au cinéma   *manger* le soir
*ranger sa* chambre
*aller* au collège   *rentrer* du collège
*travailler* sur *son* ordinateur ___

*Exemple:*
– Quand est-ce que tu fais tes devoirs?
– L'après-midi, après les cours.

après ___
le matin   l'après-midi   le soir
aujourd'hui   demain
de ___ heures à ___ heures
à ___ heures   jusqu'à ___ heures
le lundi / le mardi / ___

---

## La France en direct

**5** *Regardez le bulletin et comparez-le avec un bulletin allemand.* Was fällt euch auf?

| Matières Professeurs | Moy. Élève | Résultats Classe | | | Appréciations et conseils des enseignants |
|---|---|---|---|---|---|
| | | Moy. | Mini | Maxi | |
| Français | 13,5 | 13,2 | 6,8 | 17 | Bons résultats. |
| Études de la langue | 12 | 13,2 | 6,3 | 18,4 | |
| Expression | 14,3 | 13,3 | 7 | 16,8 | |
| M. HUGRON | | | | | |
| Allemand LV1 | 12,9 | 13,7 | 7,8 | 18,7 | Travaille bien! S. Malivet |
| Écrit | 11 | 12,2 | 6,8 | 18,8 | |
| Oral | 16,8 | 14,4 | 8 | 18,5 | |
| Mme MALIVET | | | | | |
| Musique | 18,5 | 14,7 | 10 | 19 | C'est très bien!! J. Pecou |
| Mme PECOU | | | | | |
| Hist-Géo | 8,9 | 12,2 | 6,6 | 18,7 | Peut mieux faire. Morin |
| Mme MORIN | | | | | |
| Maths | 10 | 11,7 | 5,4 | 19,5 | C'est très moyen. N. le Bourhis |
| Mme LE BOURHIS | | | | | |
| SVT | 13,3 | 14,3 | 9,3 | 18,5 | |

---

## Jeu de rôle

DELF **6** ►◄ *Julien et sa correspondante[1] allemande Paula parlent de leurs cours. Jouez la scène.*

Julien sagt, dass er drei Stunden Deutsch in der Woche hat. → Paula sagt, dass sie vier Stunden Französisch hat.

Julien fragt, ob Paula Französisch mag. → Paula antwortet, dass sie Französisch gerne mag.

Julien fragt, warum. → Paula sagt, dass sie gerne Französisch spricht, und möchte wissen, ob er Deutsch gerne mag.

Julien sagt, dass er Deutsch nicht mag, weil es schwierig ist und er eine 3 hat. → Paula wundert sich und sagt, dass eine 3 aber keine schlechte Note ist.

Julien sagt, dass eine 3 in Frankreich sehr schlecht ist. → Paula fragt, warum.

Julien erklärt Paula, welche Noten schlecht sind, welche mittelmäßig und welche gut.

[1] le/la **correspondant**/e der/die Brieffreund/in

## 🎧₂ ₇ **Les fêtes en France**

1. *Comparez les fêtes en Allemagne et en France.*
2. *Le 14 Juillet est la fête nationale en France. Retrouvez les fêtes nationales de la Belgique, du Luxembourg et de la Suisse.*

Le 1er Avril, on met des poissons dans le dos des gens.

Le 1er Mai, on offre du muguet[9] et on ne travaille pas: c'est la fête du Travail.

À la Chandeleur[5], on fait des crêpes et on les mange.

Le carnaval de Nice est très célèbre.

Le jour de la fête des Rois[1], on mange la galette des Rois[2]. Dans la galette, il y a une fève[3]. Tu la trouves? Alors tu es le roi ou la reine[4]!

À Pâques[6], on offre des œufs, des poules[7] et des poissons en chocolat[8].

**Janvier**
1 S Jour de l'an
2 D
3 L
4 M
5 M
6 J Fête des Rois
7 V
8 S
9 D
10 L
11 M
12
...
26 M
27 J
28 V
29 S
30 D
31 L

**Février**
M
M Chandeleur
J
V
M
J
V
S
D
L Saint Valentin
M
M
J
V
S
D Printemps
L
M
M
J
V
S
D
L

**Mars**
M
M
J
V
L
M
M
J
D
L
M
M
J
V
S
D Printemps
L
M
M
J
V
S
D Pâques

**Avril**
1er Avril
L
M
M
S
D
L
M
M
J
D
L
M
M
J
V
S
D
L

**Mai**
D Fête du Travail
M
J
V
S
D
V
S
S
D
M
S
M
J
V
D Fête des Pères
L
M
V
D
L Fête de la Musique – Été
M
V
D
M
J
D Fête des Mères
L
M

**Juin**
M
J
V
S
D

1 **la fête des Rois** Heilige Drei Könige  2 **la galette des Rois** der Dreikönigskuchen  3 **la fève** eine Bohne oder eine kleine Figur  4 **le roi / la reine** der/die König/in  5 **la Chandeleur** (Mariä) Lichtmess  6 **Pâques** Ostern  7 **la poule** das Huhn  8 **en chocolat** aus Schokolade  9 **le muguet** Maiglöckchen  10 **la fête nationale** der Nationalfeiertag  11 **en souvenir de** zur Erinnerung an  12 **la Révolution française** die Französische Revolution  13 **danser** tanzen  14 **le feu d'artifice** das Feuerwerk  15 **la citrouille** der Kürbis  16 **partout** überall  17 **Noël** Weihnachten  18 **le sapin** die Tanne / der Weihnachtsbaum

Juillet   Août   Septembre   Octobre   Novembre   Décembre

*14 Juillet*

*Automne*

*Halloween*

*Noël*

**4**

Le 14 Juillet est le jour de la fête nationale[10] en souvenir de[11] la Révolution française[12] en 1789. Le soir, tout le monde danse[13] dans les rues et il y a un feu d'artifice[14].

À Noël[17], on met un sapin[18] dans la salle de séjour. On ouvre les cadeaux le 25 décembre.

En France, Halloween est une fête depuis 1992. On trouve des citrouilles[15] partout[16].

Fête de la MUSIQUE 21 JUIN

## Approches

🎧 2 8 Les vêtements

la casquette
rouge
**8**€**99**

le tee-shirt blanc
**12**€**99**

la chemise
à carreaux
**9**€**99**

les lunettes
noires
**45**€**99**

le pull gris
**29**€**99**

la veste marron
**110**€

la jupe verte
**59**€

la robe blanche
**89**€

les bottes grises
**49**€**99**

le blouson noir
**125**€

le pantalon
rouge
**69**€

les chaussures
marron
**45**€**99**

l'anorak bleu
**65**€**99**

la chemise
jaune
**19**€

le tee-shirt noir
**19**€**99**

le pantalon vert
**89**€

les baskets
blanches
**100**€

les baskets bleues
**95**€

## Découvrir

**1**  **a**  *Traduisez:* un pantalon **rouge** – des baskets **bleues** – un pull **gris**

**b**  *Comparez la place de l'adjectif en français et en allemand.* Vergleicht die Stellung der Farbadjektive im Deutschen und im Französischen. Wie sieht es in anderen Sprachen aus?

## S'entraîner

C 58/1
C 58/2

**2**  *Qu'est-ce qu'ils achètent?* (→ Repères, p. 106/7)

| 1 | 2 | 3 | 4 | 5 | 6 | 7 | 8 | 9 | 10 |
|---|---|---|---|---|---|---|---|---|---|

Jérémie   David   M. Gloesener   Lou   Lila   Sébastien   Jonathan   Élias   Yasmina   Camille

## Écouter

DELF
C 58/4

**3**  **a**  🎧 2 9 *Écoutez et trouvez la star*[1].

Juliette Binoche

Raphaël

Diam's

Sinsemilia

Ricky Martin

Gérard Depardieu

**b**  *Choisissez «votre» star. Votre voisin/e pose des questions et devine.*

*Exemple:* Est-ce que ta star porte des lunettes?

1 **la star** *der* Star

## Activité

**4**  *Faites des devinettes dans la classe. Décrivez les vêtements d'un/e camarade. Vos camarades devinent qui c'est.*

🎧 10 **Je rêve d'un piercing**

C'est le printemps. Camille et David essaient
leurs vêtements de l'année dernière: mais les
jupes sont trop courtes, les petites robes ne
sont plus à la mode, les jeans sont trop étroits.
5 David ne peut plus mettre ses pantalons! Alors,
Camille et son frère font les magasins. Avec
Lila et Yasmina, bien sûr.

Les jeunes entrent dans un grand magasin.
*Camille:* Moi, je prends une jupe longue, toi,
10 une jupe courte et on échange, d'accord?
*Lila:* Moi, j'achète un tee-shirt qui va avec vos
jupes.
David essaie un jean mais il est trop court et il
n'a pas assez de poches.

15 Ensuite, il trouve des pantalons avec six poches,
qui ne sont pas mal.
*La vendeuse:* Tu essaies ces deux pantalons?
*David:* Hm ... ils coûtent combien?
*La vendeuse:* 60 euros.

Tu veux ce blouson pour cet été?

Je préfère cette veste.

20 *Yasmina:* Regarde ces jolies jupes, Camille!
*La vendeuse:* Vous voulez les essayer?
*Camille:* Hm ... elles sont trop chères: 70 euros!

David et Camille ont cent euros pour les
deux vêtements. Le pantalon coûte 60 euros.
25 Avec la jupe, ça fait cent trente euros.
*David:* Tu sais, Camille, je peux trouver un
autre pantalon. On regarde dans un autre
magasin.
*Camille:* Pas question! Ce pantalon est super,
30 on le prend.
*La vendeuse:* Vous payez à la caisse, là-bas ...

Lila trouve une mini-jupe jaune pour Yasmina. Mais Yasmina n'aime pas la couleur. Le jaune, ce n'est pas sa couleur préférée …

35 *Lila:* Mets cette jupe.

*Yasmina:* J'ai l'air d'un canari avec ça!

Lila, elle, se décide assez vite. Deux tee-shirts pour le prix d'un seul. C'est une affaire.

*Lila:* Il n'est pas trop long?

*Camille:* Non, non, ça va.

45 Ils vont à la caisse. Lila paie ses tee-shirts et voit une publicité pour des piercings.

La jupe existe aussi en noir. Mais ce n'est pas la bonne taille.

*Lila:* Quelle est ta taille?

40 *Yasmina:* Comme toi, 36!

Je rêve d'un piercing …

---

DELF
C 59/1

## ▭ Comprendre

**1** *Quel est le bon résumé? Justifiez votre réponse.*

1. Camille, David, Lila et Yasmina font les magasins pour acheter des vêtements. David essaie un jean, mais il est trop étroit. Alors, ils vont dans un autre magasin où ils trouvent un pantalon avec six poches pour David et une mini-jupe pour Lila.

2. Le printemps arrive. Camille, David, Lila et Yasmina essaient les vêtements de l'année dernière. Ils sont trop courts ou trop étroits. Alors, ils font les magasins. David essaie un jean, mais il est très cher. Camille trouve que le pantalon est très bien, mais Yasmina n'aime pas la couleur.

3. David, Camille, Lila et Yasmina font les magasins. Ils veulent acheter des vêtements pour l'été. David trouve un pantalon avec six poches. Il est cher, mais sa sœur le trouve super. Yasmina veut acheter une mini-jupe. Lila prend deux tee-shirts.

## Découvrir

**2**  **a** *Cherchez d'autres exemples dans le texte et complétez ce tableau dans votre cahier.*

| ce | cet | cette | ces |
|----|-----|-------|------------------|
|    |     |       | deux pantalons   |

**b** *Complétez votre tableau avec* vêtements, photo, animal, affaires, ordinateur, emploi du temps, semaine, prof, enfant, élève, âge, exposé, année, orange.

## S'entraîner

C 59/2
C 59/3
C 60/4

**3**  **a**  ►◄ *Échangez les déterminants possessifs contre[1] des déterminants démonstratifs.*
(→ Repères, p. 105/3)

J'échange ma jupe rouge contre ton pantalon bleu.

J'échange mes skis contre ton vélo.

J'échange mon anorak contre ton blouson.

J'échange ma guitare contre ton ordinateur.

J'échange mes CD contre tes livres.

J'échange mes poissons rouges[2] contre ton chien.

1 **contre** gegen   2 **le poisson rouge** der Goldfisch

**b**  ►► *À vous. Continuez dans la classe.*

**4**  *Regardez p. 90. Vous avez 130 euros. Qu'est-ce que vous achetez? A sagt, was er kauft. B addiert die Preise, dann wechselt ihr die Rollen.* (→ Repères, p. 105/3)

A: Moi, j'achète cet anorak, ce tee-shirt noir et cette casquette.
B: Ça fait 94,97 euros. Tu peux encore acheter autre chose.
A: Alors, j'achète encore ce tee-shirt blanc à 12,99 euros.

**C 61/7** **5** *Vous gagnez[1] au loto. Voilà des idées de cadeaux. Qu'est-ce que vous achetez pour vos parents, vos amis, votre grand-mère, votre grand-père, votre frère, votre sœur, ___ ?*

Pour mes parents,
j'achète une grande maison,
pour ma mère une jolie robe rouge,
pour mon père ___ .

[1] **gagner** gewinnen

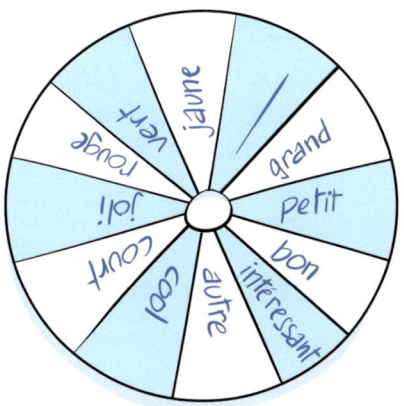

(Roue : jaune, grand, petit, bon, intéressant, autre, cool, court, joli, rouge, vert)

sac   veste
livre   rollers
DVD   baskets
canapé
ordinateur
guitare
vélo   maison
appareil photo
jeu   tapis
robe   chaussures

**C 60/5**
**C 60/6** **6** ►◄ *Choisissez le verbe et complétez le texte.*

Lila et Camille adorent faire les magasins. Elles regardent et ? (payer/essayer) des vêtements pendant des heures. Elles ne les ? (mettre/acheter) pas toujours parce qu'elles n'ont pas toujours assez d'argent.
Mais aujourd'hui, Camille a un problème.
*Camille:* «Qu'est-ce que je ? (mettre/essayer) pour la fête de Jonathan?
*Lila:* Eh bien, ? (acheter/mettre) ta jupe noire et ta veste rouge. Ça va bien ensemble.
*Camille:* Oui, mais la jupe est trop étroite …»
Camille et Lila vont dans un grand magasin.

*Camille:* «J' ? (acheter/essayer) une jupe et toi, une veste, comme ça, on peut échanger, d'accord?»
Camille ? (payer/essayer) trois jupes, une robe, un jean … Lila ? (essayer/préférer) une veste noire, une veste bleue, une veste marron …
Enfin, la vendeuse arrive avec un pantalon et une veste jaune: « ? (acheter/essayer) ça.»
*Camille:* «Je n'aime pas trop le jaune. Je ? (préférer/essayer) le rouge ou le noir.
*Lila:* On peut toujours essayer. Le pantalon est joli et la veste aussi. Et ils ne sont pas chers.»
Les deux filles ? (mettre/payer) les vêtements.
*Camille:* «C'est super … on les ? (payer/prendre), Lila?»
Lila est d'accord.
*La vendeuse:* «Vous ? (payer/acheter) là-bas.»
Lila regarde dans son sac: «Oh! Je n'ai pas mon argent sur moi[1] …»
*Camille:* «Je ? (payer/acheter) pour toi.
*Lila:* Merci, c'est sympa.»

[1] **sur moi** *hier:* bei mir

## Vocabulaire

**C 61/8** **7** **a** *Trouvez les intrus.*
1. étroit – long – joli – court
2. pull – robe – pantalon – bottes
3. lunettes – mini-jupe – tee-shirt – anorak
4. ringard – à la mode – cher – compliqué
5. baskets – blouson – bottes – chaussures

**b** *Formez des paires de mots sur le vocabulaire de la mode et des vêtements.* Bildet Wortpaare. Welches waren eure Kriterien und Ordnungsprinzipien?

> petit – joli

long   noir   veste   poche   caisse
grand   affaire   prix   ringard
jupe   essayer   payer   robe   petit
court   cher   joli   pantalon
marron   à la mode   anorak ____

🎯 Wortschatz lässt sich nach unterschiedlichen Kriterien anordnen: Gegenteile, Wortarten, Sachgruppen, Klang ...
(→ Méthodes, p. 152)

## Écouter

DELF **8** 🎧 11 *Notez le prix de ces vêtements.*
(→ Méthodes, p. 153)

DELF **9** 🎧 12 *Oscar et Zoé parlent de la mode. Regardez les dessins, écoutez et notez les erreurs.*

## Activité

C 61/9 **10** ✦ *Vous êtes dans un magasin de vêtements. Préparez le dialogue et jouez-le en classe.* (→ Repères, p. 105/1)

Die Kleidergröße 36 in Frankreich entspricht der Kleidergröße 34 in Deutschland.

**Le client / La cliente**[1]

*Tu as 75 euros et tu cherches deux choses:* ____ .
*Ta taille est* ____ .
Du findest, was du suchst, aber die Farbe gefällt dir nicht.
Du sprichst mit dem Verkäufer / der Verkäuferin.
Du möchtest ein Teil anprobieren.
Du kommst aus der Kabine zurück, aber das Teil passt nicht
(zu eng, zu lang, zu groß ...).
Wenn du dich entschieden hast, fragst du nach dem Preis.

**Le vendeur / La vendeuse**

Die Farben schwarz, rot und grau sind ausverkauft.
Auch die Größe 36 ist ausverkauft.
Das erste Teil kostet 50 Euro, das zweite 35 Euro.
Du versuchst, den Kunden / die Kundin auf ein Sonderangebot aufmerksam zu machen.

[1] **le/la client**/e der Kunde/die Kundin

### Préparer la lecture / Découvrir

1

le sel    le jambon    l'eau

le beurre        les cornichons    le vin    le pain

2

Il y a de la soupe, des pommes de terre, du jambon, de la salade verte, et de la mousse au chocolat.

Il n'y a pas de viande, ce soir?

**1**  **a** *Qu'est-ce que M. Mercier dit? Traduisez et comparez à l'allemand.*

   **b** *Qu'est-ce qu'il y a sur la table?* (→ Photo 1)

Il y a du pain, ___ .

5

### 🎧 13 Tu veux de la mousse au chocolat?

Reste cool et trouve des bons arguments.

Je peux toujours essayer ...

Pour les Mercier le dîner est un bon moment, le moment où la famille se retrouve. Lila, Antoine et leurs parents parlent de leur journée.
5 «Tout le monde veut de la soupe? Tu en prends aussi, Antoine? demande Monsieur Mercier à son fils.
– Oui, mais pas trop.

– Elles sont jolies, tes boucles d'oreilles,
10 maman, dit Lila.
– Merci. C'est un cadeau de ton père ...»
Madame et Monsieur Mercier se regardent avec un petit sourire. Mes parents s'aiment encore, pense Lila, il y a une bonne ambiance, c'est le
15 moment.
«Papa, tu ne veux pas faire un cadeau à ta fille?
– Tu veux aussi des boucles d'oreilles? Mais tu en as déjà trois ou quatre paires, non?

– Oui, j'en ai. En fait, je voudrais ...

20 – Eh bien, dis toujours, ma puce.»

Quand papa l'appelle «ma puce», c'est bon signe.

«Je voudrais une petite boucle mais ...

– Pourquoi est-ce que vous buvez du vin et pas

25 moi? demande Antoine.

– On n'en boit pas avant 18 ans, dit sa mère.
Et c'est ta sœur qui parle. Alors, Lila, qu'est-ce que tu veux?

– Je voudrais un piercing dans la ...

30 – Un piercing??» Le père avale de travers. «Une boucle dans le nez? Je ... je ... Qui prend des pommes de terre?

– C'est comme les vaches, dit Antoine. Elles ont aussi des boucles. Elles en ont dans le nez

35 ou dans l'oreille. Maman, je voudrais du pain, s'il te plaît.

– Lila, tu passes le pain à ton frère?»

Lila passe le pain et reste calme. On ne répond pas à un garçon de huit ans qui dit n'importe

40 quoi.

«Je ne veux pas de boucle dans le nez mais dans la lèvre, dit Lila. Papa, je voudrais une petite boucle, là, au coin de la lèvre, là.

– Quelle horreur! dit Madame Mercier. Bon.

45 Vous voulez du beurre ou des cornichons avec le jambon?

– Des cornichons, dit Antoine, berk. Je n'en veux pas.

– Et tu veux notre autorisation, c'est ça? dit

50 Monsieur Mercier à Lila. Non, mais je rêve!
Un piercing, ma fille, c'est une mutilation!

– Meuh, rigole Antoine, Lila, qu'est-ce que tu veux comme dessert? De la mousse au chocolat ou de l'herbe?»

55 Cet enfant est un pauvre petit cornichon de huit ans, se dit Lila. À cet âge, ils sont comme ça. Il faut rester calme. Il faut donner aux parents des bons arguments.

«Papa, maman, dit-Lila, je pense que ...

60 – Meueueuh! fait Antoine.»

Lila, vexée, quitte la table.

C'est raté pour le piercing ...

## Comprendre

C 62/1 **2**  *Répondez.*

1. «Trouve des bons arguments», dit Yasmina à Lila. Quel est le problème de Lila?

2. «Le dîner est un bon moment.» (l. 1) Pourquoi?

3. «Il y a une bonne ambiance.» (l. 14) Donnez des exemples.

4. Quelle est la réaction des parents quand Lila parle du piercing?

5. Antoine provoque sa sœur. Donnez des exemples.

6. À votre avis, est-ce que Lila reste cool? Justifiez votre réponse.

## Découvrir

**3**  **a** *Retrouvez ces phrases dans le texte, p. 97–98.*
*De quoi est-ce que les personnes parlent?*
Wovon reden die Personen?

1. Tu **en** prends aussi, Antoine?
2. Tu **en** as déjà trois ou quatre paires, non?
3. Elles **en** ont dans le nez.

**b** *Traduisez ces phrases et comparez à l'allemand.*

## S'entraîner

C 63/5  **4**  ►◄ *Posez des questions. Vos camarades répondent.* (→ Repères, p. 106/5)

*Pour les questions, utilisez:*

> un chien   un chat   un ordinateur   des frères et sœurs   un appareil photo
> de l'argent   un vélo   des skis   une adresse e-mail   des DVD/CD de ___   une guitare
> un piercing   des boucles d'oreilles   des copains/copines qui ___

*Pour les réponses, utilisez:*

Oui, j'en ai | un(e)/deux/trois/___ .
| beaucoup.
| trop.

Non, je n'en ai | pas.
| plus.

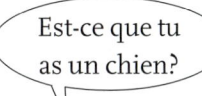

Est-ce que tu as un chien?

Oui, j'en ai un. / Non, je n'en ai pas.

C 62/3  **5**  ►◄ *Qu'est-ce qu'il faut pour ___? Utilisez:* Il faut du / de la / de l' / des. (→ Repères, p. 105/4)

*Exemple:* Pour rigoler, il faut des copains.

1. rigoler
2. faire du ski
3. écrire des poèmes
4. faire une fête
5. faire un grand voyage
6. être élégant
7. faire un clafoutis

C 64/7 **6**

**a** *Qu'est-ce qu'il y a à la cantine aujourd'hui? Utilisez du, de la, des.*

**b** ►◄ *Posez des questions. Vos camarades répondent.*

| LE MENU D'AUJOURD'HUI | | | |
|---|---|---|---|
| Soupe | Poisson | Mousse au chocolat | Eau |
| Salade verte | Viande | Cerises | Coca |
| Jambon – cornichons | Pommes de terre | Clafoutis | Jus |
| | | | Lait |

*Exemple:*
– Est-ce que tu manges du poisson?
– Oui, j'en mange deux fois par semaine. / Non, pas trop, j'en mange une fois par an maximum.

**7**

**a** *Comparez le dîner chez David et chez son correspondant Thomas.*

la baguette     la salade

le fromage

Chez David, il y a ___ .
Chez Thomas, il y a aussi ___ / il n'y pas de ___ ,
mais il y a ___ .

In Frankreich isst man Brot zu allen Mahlzeiten.

**b** *Et vous, qu'est-ce que vous mangez au dîner? Racontez.*

## Écouter

**8** 🎧 14 *Qu'est-ce que Jérémie fait? Utilisez ces verbes:*
(→ Méthodes, p. 153;
→ Repères, p. 106/8)

*donner* qc à    *demander* à    *faire* un cadeau à
*offrir* qc à qn    *passer* qc à qn
*répondre* à qn    *téléphoner* à qn

*Exemple:*
Jérémie fait un cadeau à Camille.

## Activité

**9** �֎ *Formez des groupes. Relisez le texte jusqu'à la ligne 30 et imaginez un autre dialogue entre Lila et ses parents. Préparez ce dialogue et jouez-le.*

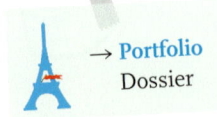

→ **Portfolio**
Dossier

■■ **Préparer la lecture**

**1** *Regardez le texte, son titre et la caricature. Um welche Textsorte handelt es sich? Worum geht es?*

◎ Titel, Gestaltung und Fotos eines Textes helfen dir, erste Vermutungen über den Inhalt des Textes anzustellen. (→ Méthodes, p. 153)

■■ 🎧₁₅ **Parlez de vos problèmes**

# Pour ou contre le *piercing?*

Bonjour, tout le monde. J'ai 13 ans. Je voudrais un piercing au coin de la lèvre. Mes parents ne veulent pas. Ils disent que c'est moche, sale et dangereux. Je suis assez malheureuse et je ne sais plus ce qu'il faut penser. Je voudrais avoir votre avis.

*Lila*

*Oh, le bel enfant!*

*Quelle horreur!*

❝Tes parents sont contre. C'est normal. Les parents sont presque toujours contre le piercing. Ils ne comprennent pas ce qui ne fait pas partie de leur monde, de leur jeunesse. Ils trouvent beau ce que nous trouvons moche et ils trouvent nul ce que nous trouvons beau et intéressant. On n'a pas les mêmes goûts. À mon avis, il faut attendre d'avoir 18 ans …

*Max, 15 ans*

❝Est-ce que tu sais pourquoi tu veux avoir un piercing? Il faut se poser les bonnes questions. Est-ce que tu n'es pas belle sans piercing? Est-ce que tu penses qu'on ne te regarde pas assez? Est-ce que c'est parce que tes copains ont des piercings? Est-ce que c'est pour provoquer tes parents ou tes profs? Est-ce que c'est pour faire partie d'un groupe? Il y a toi et il y a les autres. Il faut savoir ce que tu veux, toi. *Élise, 15 ans*

❝Il y a des piercings qui sont beaux, je trouve que c'est sexy. J'aime surtout les petites pierres dans le nombril. Ça, tes parents peuvent peut-être l'accepter?

*Jeannine, 14 ans*

❝Les parents ne savent pas ce qui est beau. Moi, je veux porter ce qu'ils ne peuvent plus porter. Ma vie n'est pas la vie de mon père. Je suis différent. Alors, aie le courage d'insister, Lila! *Yann, 13 ans*

❝Ne sois pas malheureuse. Tes parents ont raison. Beaucoup de piercings provoquent des infections. Il faut que tu fasses très attention. Pourquoi est-ce que tu n'achètes pas des belles boucles d'oreilles? C'est aussi un piercing, mais c'est un piercing que les parents acceptent. *Nina, 14 ans*

## Comprendre

DELF **2** **a** *Qui pourrait dire ces phrases?* (→ Texte, p. 101)

1. Un piercing est dangereux.
2. Il y a peut-être une autre solution. Parle encore une fois à tes parents.
3. Le goût des parents et le goût des jeunes ne sont pas pareils.
4. Fais ce que tu veux!
5. Il ne faut pas toujours faire ce que les copains font.

**b** *Quel est l'avis des jeunes*
*– sur le goût des parents?*
*– sur les piercings?*
*– sur le rôle des copains?*
*Vous pouvez utiliser:*

___ pense/nt que ___     ___ trouve/nt que ___

___ écrit/écrivent que ___     À son avis, ___

## Écouter

DELF
C 67/4
C 67/5 **3** **a** 🎧 16 *Est-ce qu'ils sont pour ou contre les piercings? Faites un tableau.* (→ Méthodes, p. 153)

**b** *Et vous? Est-ce que vous êtes pour ou contre les piercings? Discutez.*

Je trouve que ___ .
Je pense que ___ .
À mon avis, ___ .
Je (ne) suis (pas) d'accord parce que ___ .
Tu as raison mais ___ .
C'est vrai. / Ce n'est pas vrai.

## S'entraîner

**4** *Complétez par les formes du verbe* savoir. (→ Les verbes, p. 165)

Qui ? combien de planètes il y a?

Je ne ? pas, moi, et toi?

Est-ce que tu le ? ?

Non, bien sûr, elle ne le ? pas!

Et vous, vous le ? ?

Non, on ne le ? pas.

Et les profs, et les parents,

ils sont comme les enfants.

Ils ne le ? pas non plus.

**5** 🔊 *Qu'est ce qu'ils (ne) peuvent (pas) faire? Qu'est-ce qu'ils (ne) savent (pas) faire?* Achtung: Manchmal müsst ihr nur eines der beiden Verben verwenden.

1. le chat / le monsieur / *écrire*    2. David / *acheter*

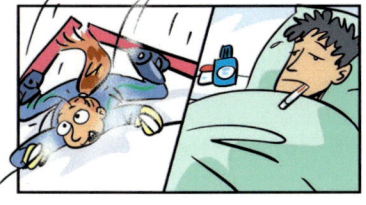

3. Yasmina / Jonathan / *faire du ski*    4. Mme Pasquier / Mme Bonbin / *travailler*    5. Lila / Jérémie / *chanter*

C 66/2

**6**

**a** ►◄ *Votre correspondant/e français/e est chez vous. Un copain qui ne parle pas français pose des questions.* (→ Repères, p. 106/9)
*Vous traduisez.* (→ Méthodes, p. 156)

Il veut savoir ce que tu aimes regarder à la télé.

1. Was siehst du gerne im Fernsehen?
2. Was denkst du von den deutschen Lehrern?
3. Was tragen die französischen Jugendlichen in der Schule?
4. Was machen die französischen Jugendlichen[1] am Nachmittag/Wochenende?
5. Was magst du nicht in Deutschland[2]?
6. Was essen die Franzosen morgens / am Abend?
7. Was weißt du über Deutschland?

1 **die Jugendlichen** les jeunes  2 **Deutschland** l'Allemagne *f.*

**b** ►◄ *Prenez les rôles. A pose les questions de* **a** *. B répond.*

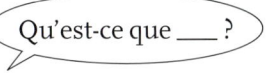

Qu'est-ce que ___ ?

**7** *Parlez de vos parents ou de vos copains. Utilisez ce qui ou ce que.* (→ Repères, p. 106/9)

| Mes parents Mes copains | demandent souvent veulent toujours savoir savent ne savent pas toujours ne comprennent pas aiment bien trouvent bien trouvent beau trouvent moche trouvent nul ___ | ce qui ce que | je fais. est dangereux. j'aime. je déteste. je trouve beau. je trouve moche. peut provoquer les autres. il faut faire. est cool. est juste. ___ |

C 67/3 **8**  *Comment est-ce qu'ils sont? Utilisez des adjectifs. Faites attention à l'accord.*

1. Fais attention à ces chiens! Ils sont ___ et ___ .
2. Tu as un problème en maths? Demande à Yasmina, elle est ___ .
3. Lou regarde toujours dans mes affaires. Elle ___ .
4. Camille rêve qu'elle embrasse Jonathan. Elle ___ .
5. Yasmina et Jérémie ont un 18 en maths. Ils ___ .
6. Ne parle pas à ces filles. Elles ___ .
7. Sébastien a un 3 en anglais. Il ___ .
8. Tu n'es pas très bonne en ski? Alors, ne va pas sur cette piste. Elle ___ .

dangereux
amoureux
curieux
bon
malheureux
méchant
content

**9**  *Qu'est-ce qui va ensemble? Accordez les adjectifs et faites attention à leur place.*
*(→ Repères, p. 106/7)*

| idées écriteau ambiance jupes ordinateur mode porte fenêtres jeux élève blouson anoraks semaine adresse lunettes | long bon beau nouveau ouvert intéressant moyen dernier marron |

> Welche Formen
> hat das Adjektiv
> „nouveau"?

*Exemple:* des bon**nes** idées, des idées intéressant**es**, des nou**velles** idées

## Méthodes et stratégies

**10**  **a** *Vous ne connaissez pas ces mots mais vous connaissez un mot de la même famille. Quel est le mot que vous connaissez déjà?*

> Wörter erschließen
> (→ Méthodes, p. 150)

le malheur    l'entrée    la discussion    l'arrivée    la décision    l'amour    courageux    le danger

**b** *Complétez.*
*Utilisez un mot*
*de* **a** .

1. L'[?] du train est à 16 h 30.
2. Je t'attends à l'[?] de la gare.
3. Une mauvaise note, ce n'est pas un [?] .
4. Écouter les parents? Écouter les copains? Ce n'est pas une [?] facile.
5. Lila a une longue [?] avec ses parents: elle veut un piercing, ses parents ne veulent pas.

## Activité

DELF **11**  🔊 *Répondez en une ou deux phrases à ces personnes.*
*Vous pouvez utiliser:*

Il faut que tu fasses ___ .
Pourquoi est-ce que ___?
Aie le courage de + *inf.*
Ne sois pas ___ .
À cet âge, ___ .

« On ne m'accepte pas dans ma classe parce que je porte des vêtements pas chers. » *Tim, 13 ans*

« J'ai 13 ans et j'ai des boutons. » *Yann*

« Je suis très bonne élève. Les profs sont contents mais mes camarades ne m'acceptent pas. » *Lisa, 13 ans et demi*

« J'ai une adresse où les piercings ne coûtent pas chers. Est-ce que je peux aller là-bas? » *Patrice*

## Qu'est-ce qu'on dit?

**1 über Kleider sprechen**

(Les robes) (ne) sont (plus) à la mode.
(Le tee-shirt) va bien avec (vos jupes).
Est-ce que je peux essayer (ce jean)?
Quelle est ta taille?
C'est / Ce n'est pas la bonne taille.
C'est trop long/court/étroit/___ .
Ce n'est pas mal.
Ça coûte combien?
C'est trop cher. / C'est une affaire.
J'ai l'air de ___ .
(Cette jupe) existe aussi en (noir).
C'est ma couleur préférée.
C'est beau/moche/joli.

**einen Wunsch äußern**

Je voudrais (avoir un piercing / du pain).

**Ablehnung äußern**

Je suis contre.
Pas question!
Quelle horreur!

**jemandem zustimmen**

Tu as raison.

**etwas klappt nicht**

C'est raté pour (le piercing).

**jemanden ermutigen**

Aie le courage de ___ .
Dis toujours.

**jemanden warnen**

Il faut que tu fasses / vous fassiez attention.
C'est dangereux.

**sich im Unterricht verständigen**

Tu me passes (le livre), s'il te plaît?

🎧 17 *Tu es en France avec une copine qui ne parle pas français. Écoute et fais l'interprète[1].*

1 **l'interprète** *m./f.* der/die Dolmetscher/in

## Grammaire

**2 Die Verben** Les verbes

**boire** → p. 164; **comprendre** wie **prendre** → p. 165; **essayer, payer** → p. 163;
**mettre** → p. 164; **répondre** wie **entendre** → p. 163; **savoir** → p. 165

**3 📖 Der Demonstrativbegleiter** Le déterminant démonstratif (→ GH, p. 34)

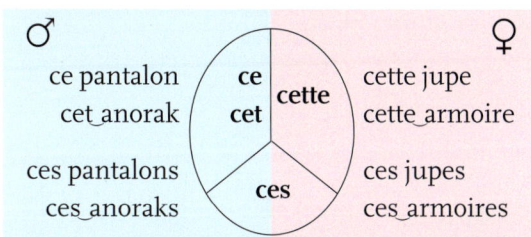

| ♂ | | |
|---|---|---|
| ce pantalon | | cette jupe |
| cet_anorak | ce / cet / cette | cette_armoire |
| ces pantalons | | ces jupes |
| ces_anoraks | ces | ces_armoires |

„Cet" steht nur vor ___ .

⚠ **cet**_anorak
aber: **ce** joli anorak

**Merke** **ce** matin – heute Morgen
**ce** soir – heute Abend

**4 📖 Der Teilungsartikel** L'article partitif (→ GH, p. 35)

Unbestimmte Mengen

Ils achètent | **du** pain.
| **de la** farine.
| **de l'**eau.

Übersetze die Beispielsätze und vergleiche mit dem Deutschen.

⚠ Unterscheide:
Il achète **de la** farine. Il achète un kilo **de** farine.
(→ Repères, p. 65/2)

**5** **Das Pronomen „en"** Le pronom «en» (→ GH, p. 37)

– Qui prend **de la soupe**?  – Tu **en** prends combien, Lila?
– Je voudrais **des boucles d'oreilles**.  – Mais tu **en** as déjà.
– Il faut **du lait**?  – Oui, il **en** faut deux litres.
– Tu as **un chien**?  – Non, j'**en** ai deux.

**6** 📖 **Das Adjektiv** L'adjectif (→ GH, p. 38)

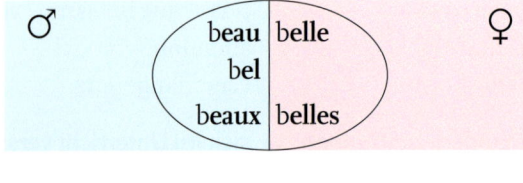

**Merke**

un **beau** pull – un **bel** anorak

ebenso: nouveau

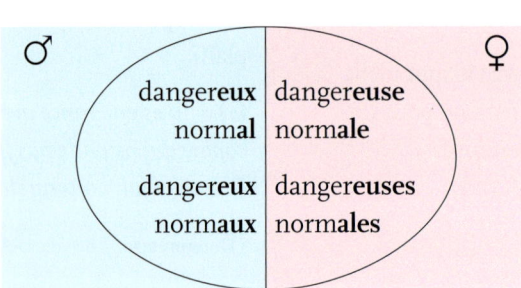

Welche Adjektive, die auf „-eux" enden, kennst du noch?

Weitere Adjektive mit Besonderheiten:
blanc  – blan**che**
dernier – dern**ière**
cher  – ch**ère**
long  – long**ue**

**7** **Die Stellung des Adjektivs** La place de l'adjectif (→ GH, p. 39)

| Elle porte une jupe | **bleue/verte/rouge/courte/___ .** |
| C'est une idée | **intéressante/magnifique/___ .** |
| Les vêtements de l'année **dernière**. | |

Die meisten französischen Adjektive stehen hinter dem Nomen, zu dem sie gehören.

| Elle a une | **petite** | chambre. | Ils ont une | **jolie** | maison. |
| Mais elle a un | **grand** | balcon. | C'est une | **bonne** | idée. |
| C'est la | **nouvelle** | mode. | C'est un | **jeune** | prof. |
| Il a un | **beau** | pull. | Tu as une | **autre** | idée? |

Diese Adjektive stehen meist vor dem Nomen. Lerne sie auswendig.

**8** **Das indirekte Objekt** Le complément d'objet indirect (→ GH, p. 41)

|  | indirektes Objekt | |
| Lila parle | **à ses parents**. | parler à qn |
| M. Mercier répond | **à sa fille**. | répondre à qn |
| Lila donne le pain | **à son frère**. | donner qc à qn |

**9** 📖 **Die Relativpronomen „ce qui" und „ce que"** Les pronoms relatifs «ce qui» et «ce que» (→ GH, p. 36)

Les parents ne savent pas **ce qui** est beau.
Mais ils n'aiment pas **ce qui** est dangereux.

Je ne sais pas **ce que** les parents trouvent beau.
Je ne sais plus **ce qu'**il faut faire.

**Merke**
ce qui + Verb
ce que + Subjekt + Verb

„Ce qui" ist ___ des Nebensatzes.
„Ce que" ist ___ des Nebensatzes.

## Écouter

DELF  **1**  🎧 18 *Retrouvez sur le dessin la chanteuse Aurélie, le footballeur Maximo, le chanteur d'opéra Antonini et la journaliste Denise Grandet.*

DELF  **2**  **a** 🎧 19 *Écoutez et faites la liste des courses.*

**b** *Regardez le dessin et comparez avec votre liste. Qu'est-ce qui n'est pas sur le dessin?*

## Vocabulaire et expression

**3** **a** *Qu'est-ce que c'est? Trouvez les mots.*

🎯 Wörter umschreiben (→ Méthodes, p. 152)

1. C'est un vêtement de fille.
2. C'est le contraire[1] de long.
3. Ce mot veut dire «pas beau».
4. Quelle est la couleur de l'herbe?
5. Un verbe qui veut dire «faire un cadeau à qn».
6. C'est petit et vert et c'est une chose qu'on mange avec le jambon.

**b** ►◄ *À vous. Révisez le vocabulaire de cette unité et formulez des phrases comme en* **a** *pour vos camarades.*

[1] **le contraire** das Gegenteil

## Découvrir l'orthographe

**4** **a** [sə] – [sɛ] – [sɛt] – [se]. *Welche Schreibweisen für diese Lautfolgen kennt ihr?*

**b** 💬 *Complétez ce texte avec les «mots» de* **a** *.*

?⃞ fille a ?⃞ sœurs. Elle ?⃞ que ?⃞ l'horreur, surtout ?⃞ matin quand tout le monde veut aller dans la salle de bains. Le matin, quand elle veut ?⃞ lever à ?⃞ heures, ?⃞ sœurs et ?⃞ parents veulent aussi ?⃞ préparer! Alors, elle ?⃞ lève déjà à ?⃞ heures moins ?⃞ . ?⃞ une bonne idée, mais ?⃞ sœurs ont aussi ?⃞ idée. ?⃞ la vie! Pas facile, ?⃞ exercice, non?

## S'entraîner

**5** **a** ►◄ *Posez des questions. Vos camarades répondent.*

– Qu'est-ce qu'on dit/fait quand on répond au téléphone?
– On dit: «Allô».

**b** *À vous. Posez d'autres questions.*

1. On répond au téléphone.
2. On ne comprend pas un mot.
3. On cherche une rue.
4. On entre dans un magasin.
5. On retrouve un copain.
6. On a des problèmes dans une matière.

**6**  *Complétez par du / de la / de l' / des ou pas de.* (→ Repères, p. 105/4)

1. Tes pantalons sont trop étroits? Alors, ne bois pas ⸉?⸊ coca, bois ⸉?⸊ eau.
2. Pour faire de l'escalade il faut avoir ⸉?⸊ courage.
3. Je ne peux pas acheter cette robe. Je n'ai ⸉?⸊ argent.
4. Qu'est-ce qu'on mange ce soir? ⸉?⸊ poisson ou ⸉?⸊ viande?
5. On veut faire ⸉?⸊ crêpes, mais d'abord, il faut faire les courses: il faut ⸉?⸊ œufs, ⸉?⸊ eau, ⸉?⸊ sel ou ⸉?⸊ sucre, ⸉?⸊ beurre et ⸉?⸊ farine.

C 64/8
C 64/9

**7** ✤ *Jouez à trois.* (→ Repères, p. 106/8)

*Exemple:*
– Elle donne
– Elle donne <mark>un cornichon</mark>
– Elle donne <mark>un cornichon</mark> <mark>à son frère.</mark>

| | | |
|---|---|---|
| acheter | réponse | mère |
| **donner** | sel | sœur |
| passer | sucre | professeur |
| poser | autorisation | <mark>frère</mark> |
| demander | lettre | copain/copine |
| dire | cadeau | grand-mère |
| écrire | <mark>cornichon</mark> | chien |
| offrir | mail | chat |
| | DVD | |
| | boucles d'oreilles | |
| | poisson | |
| | bonjour | |
| | merci | |
| | question | |

## La France en direct

**8** *Expliquez à un/e copain/copine qui ne comprend pas le français: quel est le problème de ce garçon? Résumez les réponses en allemand.* (→ Méthodes, p. 156)

DELF

### Sans marque, on ne m'aime pas!

ÉCRIVEZ À FRÉDÉRIC

Je ne porte pas de vêtements de marque et au collège, on me trouve moche, petit ... On m'appelle le «sans ami» et je suis toujours seul. Qu'est-ce que je peux faire pour changer ça?
*Axel, 14 ans*

**Tu fais partie des 7 % des collégiens qu'on n'accepte pas parce qu'ils ne portent pas de marques.**

Entre dix et quinze ans, on veut souvent être comme tout le monde, et faire partie d'un groupe. Mais échange le rôle de victime contre le rôle d'accusateur! Voilà ce que tu peux dire à tes camarades: acheter des marques coûte très cher, entre 255 et 578 euros par an! Et les logos ne sont pas toujours gage de qualité.

**«C'est vrai, au collège, les marques sont importantes.** Mais dans ma classe, il y a aussi une fille qui ne porte pas de marques. Et elle a beaucoup d'amis. Elle est très serviable mais elle sait aussi se défendre.» *Lucie (13), Amiens*

**«Tu n'as pas de copains au collège?** Alors, fais une activité en dehors du collège. Va dans un club, fais du sport.» *Adrien (14), Toulouse*

D'après Okapi

## 🎧 20 Les marchés de Paris

Vous cherchez des vêtements pas chers? Des bédés ou des CD qu'on ne trouve plus en librairie? Un cadeau d'anniversaire original? Des fruits exotiques pour votre dessert du dimanche? Un magnifique bouquet de fleurs pour votre grand-mère?
5 Alors faites un tour sur un des nombreux marchés de Paris …

À Paris, il y a 100 marchés de fruits et légumes. Certains sont même ouverts le dimanche comme le marché des 10 Enfants rouges. Notre tuyau: le coin bio avec ses jus de fruits et ses plats végétariens.
MÉTRO: République

Le marché aux pu15 ces de Saint-Ouen existe depuis 1870. Avec ses 2000 stands et boutiques, il est très 20 grand – mais aussi très touristique.
MÉTRO: Porte de Clignancourt

Il y a trois marchés aux 25 fleurs à Paris. Le marché de la place Lépine est ouvert tous les jours, et le dimanche matin, vous pouvez admirer là des magnifiques oiseaux 30 du monde entier.
MÉTRO: Cité

le marché der Markt  1 la bédé der Comic  2 original/e originell  3 les fruits *m.* das Obst  4 le bouquet de fleurs der Blumenstrauß  5 faire un tour se balader  5 nombreux/-euse zahlreich  7 les légumes *m.* das Gemüse  7 certain/e *hier:* einige  10 le tuyau der Tipp  11 le coin die Ecke  14 le marché aux puces der Flohmarkt  16 depuis seit  29 l'oiseau *m.* der Vogel  30 du monde entier aus der ganzen Welt

1. 🎧 21 *Écoutez. C'est sur quel marché? Justifiez votre réponse.*
2. *Retrouvez les stations de métro de ces marchés sur le plan de métro.*
3. *Vous êtes à «Cité» et vous voulez aller à «République». Décrivez le chemin en métro.*
4. *Faites vos courses sur le marché des Enfants rouges:* http://marais.evous.fr
   *Où est-ce que vous allez? Qu'est-ce que vous achetez? Racontez.*

## Approches

🎧 22 **On peut toujours faire quelque chose!**

*Voilà la pyramide de chaussures de l'action «Handicap». Viens et ajoute tes chaussures.*

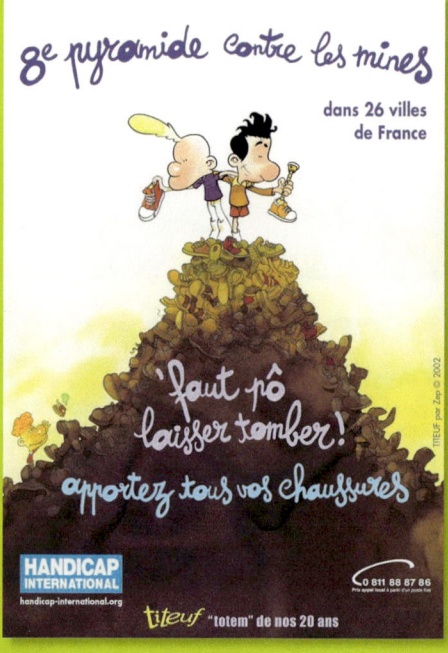

*Tu aimes partir dans la nature? Alors, sors de ton école pour nettoyer avec tes copains les jardins et les parcs de ta ville.*

*«Standup. Speakup», l'action contre le racisme de Thierry Henry.*

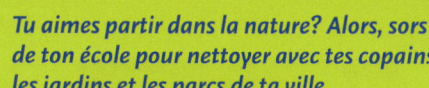

*L'association «Un regard, un enfant» s'engage pour les enfants défavorisés en France et dans le monde. Aidez ces enfants. Achetez un stylo pour un euro.*

*Courir contre la faim avec «Action contre la faim». Les élèves de 78 collèges courent 100 000 kilomètres et donnent 300 000 euros à cette association.*

## La faim tue
### toutes les 4 secondes

Mourir de malnutrition n'est pas une fatalité. Partout où **Action contre la Faim** intervient et installe des centres de nutrition thérapeutique, des enfants sont sauvés. Vous aussi, aidez-nous à combattre la faim, aidez-nous à sauver des enfants dans les 40 pays où nous sommes présents.

**AVEC NOUS, COMBATTEZ LA FAIM :**
ENVOYEZ VOS DONS
ACF-4, rue Niepce 75014 Paris · www.acf-fr.org

**ACTION CONTRE LA FAIM**

## POUR QUE L'ENFANCE
### NE SOIT PLUS JAMAIS
## UN COMMERCE[1]

www.planete-enfants.org – *Planète Enfants, B.P. 33, 24190 Neuvic* · 05 53 81 62 77

L'ENFANCE N'A PAS DE PRIX

*250 millions d'enfants dans le monde travaillent et ne vont pas à l'école. Beaucoup dorment dans la rue. Aidez l'association «Planète enfants» qui s'engage contre le travail des enfants. Venez par exemple à nos concerts.*

1 *sinngemäß:*
Damit mit
Kindern nie mehr
Geschäfte
gemacht werden.

6

(→ Petit dictionnaire de civilisation, p. 170)

## Comprendre et écouter

DELF **1** 🎧 2 23 *Qui s'engage pour quelle association?*

## Vocabulaire

**2**  **a** *Trouvez les mots.*

1. Quand on va très vite, on ?.
2. On va au lit pour ?.
3. C'est quelque chose qu'on prend pour écrire.
4. C'est le contraire d'«entrer».
5. Qu'est-ce qu'on dit pour «mille mètres[1]»?

6. C'est un autre mot[2] pour «pauvre».
7. C'est un mot de la même famille que «regarder».
8. C'est un spectacle où on va pour écouter de la musique.

1 **le mètre** der Meter  2 **le mot** das Wort

**b**  *À vous. Expliquez trois à quatre mots de l'unité 5 à vos camarades.* Verwendet möglichst verschiedene Arten von Umschreibungen. (→ Méthodes, p. 152)

C 70/1–3 **3** 📼 *Choisissez le verbe et complétez.* (→ Les verbes, p. 164)

1. Vous ?（*partir/sortir*) en Allemagne pendant les vacances? C'est sympa!
2. Julien, s'il te plaît, tu ? (*partir/sortir*) de la salle de bains! Je veux me doucher.
3. Pourquoi est-ce que tu ? (*courir/venir*)? On a encore un quart d'heure pour arriver à la gare.
4. À mon avis, il faut aider les enfants qui travaillent et qui ? (*dormir/sortir*) dans la rue.
5. Tu ? (*courir/venir*) chez moi ce soir? On peut regarder un DVD ensemble.
6. Le matin, je ? (*dormir/partir*) à sept heures et demie pour aller à l'école.
7. Hé, les enfants. Vous ? (*dormir/venir*) encore? Il faut vous lever! C'est l'heure!
8. – Est-ce que vous ? (*sortir/venir*) à la piscine demain après-midi?
   – Désolé, on ne peut pas. Nos grands-parents de Genève ? (*courir/venir*) demain pour quatre jours.

## Recherche

**4**   **a** *Allez sur* www.mouvement-leclerc. com → Missions → Nettoyons la nature.
Welche Informationen könnt ihr dieser Seite entnehmen?

**b** Schaut euch die Abbildung an. Findet die französischen Bezeichnungen für die Inhalte der blauen, grünen und gelben Tonne heraus.

**c** Findet mit Hilfe der Internetseite und der Abbildung aus **b** sowie dem zweisprachigen Wörterbuch die französischen Entsprechungen für „Umweltschutz", „Mülleimer" und „Abfall". (→ Méthodes, p. 157)

## Activité

**5**   *Imaginez un dépliant[1], une affiche[2] ou un spot[3] (radio/télé) pour une association de votre choix. Présentez votre travail à vos camarades. Vous pouvez trouver des idées et des photos sur Internet.*

z.B.: www.google.fr → un regard un enfant

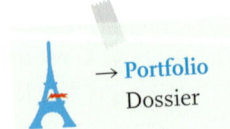
→ **Portfolio**
Dossier

1 **le dépliant** das Faltblatt  2 **l'affiche** *f.* das Plakat  3 **le spot** der Werbespot

## 🎧 24 Nos héros

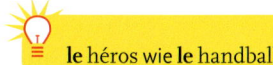

le héros wie le handball

Vous avez eu des bonnes idées!

Merci Monsieur, vous n'avez pas été mauvais non plus.

Jeudi, 24 mai, 16 heures 30. Lila et Jérémie sortent du collège. Aujourd'hui, pendant le
5 cours, ils n'ont pas beaucoup travaillé, ils ont surtout discuté avec Monsieur Laval de la fête et du concert qu'ils organisent pour une école de Bamako. Yasmina sort de la salle de classe. Dans la poche de son blouson, elle trouve un
10 petit papier. Elle le lit et devient très pâle. Elle voit Jérémie et Lila qui ont attendu. Ils parlent des champions qu'ils admirent. Le héros de Jérémie, c'est Yannick Noah.

15 *Jérémie:* Tu sais, il a été un grand champion de tennis …
*Lila:* Oui, je sais, mais pour moi, c'est surtout
20 un chanteur, j'aime bien ses chansons!
*Jérémie:* Moi aussi. Et puis, il s'engage pour les «Restaurants du cœur», par exemple.
*Lila:* Oui, mais il fait aussi sa pub avec ces
25 actions.
*Jérémie:* Peut-être, mais il s'intéresse aux gens. Il est célèbre mais il est aussi humain.
*Lila:* Moi, j'aime bien Solenne Figuès par exemple.

30 *Jérémie:* Oui, c'est une super nageuse. Elle a eu une médaille aux Jeux olympiques de
35 2004 … elle est aussi championne du monde, non?
*Lila:* Oui, et elle a fondé une association qui s'appelle «La Magie d'un rêve». C'est pour les enfants malades. Ça vous dit quelque chose? …
40 Yasmina?
*Yasmina:* Oui.
*Jérémie:* Et qu'est-ce qu'ils font, dans cette association?
*Lila:* Ils réalisent les rêves des enfants malades.
45 Il y a des enfants qui veulent aller à Euro Disney, d'autres veulent nager avec des dauphins ou rencontrer des gens célèbres. Solenne veut réaliser leurs rêves. C'est formidable, non? Qu'est-ce que tu as Yasmina? Tu as l'air …
50 *Yasmina:* J'ai l'air comment? Je … Moi … Les gens que j'admire, ce sont des gens qui font quelque chose contre le racisme, et pas à la télé, mais, tu vois, ici, au collège, dans la rue.
*Lila:* Oh, écoute Yasmina, le racisme, on parle
55 tout le temps de ça!
*Yasmina:* Ah oui? Eh bien, regarde.
Elle montre le papier à Lila. Sur ce papier, on peut lire: «Tu n'es pas chez toi en France.» Qui peut écrire ces mots?

Hier, au handball, quand on a gagné avec Yasmina … le regard de Martin Dubois … Il a perdu et il n'aime pas perdre.

6

## Comprendre

DELF
C 71/1
**1**    **a** *Qu'est-ce que vous apprenez sur Yannick Noah et Solenne Figuès? (→ Texte, p. 113)*

     **b** *Parlez de Yasmina. Pourquoi est-ce qu'elle devient pâle?*

## Découvrir

**2**    **a** 🔊 *Mettez les verbes au passé composé et écrivez les phrases dans votre cahier. (→ Texte, p. 113) Marquez les deux éléments du passé composé de deux couleurs différentes.*

*Exemple:*
Ils ont discuté pendant le cours.

1. ils / *discuter* / pendant le cours
2. vous / *avoir* / des bonnes idées
3. Jérémie et Lila / *attendre* / devant la salle de classe
4. Yannick Noah / *être* / champion de tennis
5. Solenne Figuès / *fonder* / une association
6. on / *gagner* / avec Yasmina
7. il / *perdre* / au handball

**b** *Quelles sont les règles pour former le passé composé?*

**c** *Trouvez les formes du passé composé.*

1. elle / *écouter*
2. elles / *entendre*
3. on / *avoir*
4. ils / *organiser*
5. vous / *être*
6. tu / *montrer*
7. nous / *répondre*
8. je / *nager*

## Écouter

**3** 🎧 25 *Écoutez les interviews. Qu'est-ce qu'ils ont fait[1] hier?*

| Nora et Noémi | Léo | Karim | Antoine |

Antoine a regardé …

[1] *passé composé von* faire

## S'entraîner

C 72/4 **4** *Pour préparer leur fête les élèves du collège Georges Pompidou ont beaucoup travaillé. Qu'est-ce qu'ils ont fait? (→ Repères, p. 124/3, 125/4)*

1. Camille et David / *préparer* / affiches[1]
2. Sébastien / *nettoyer* / salles de classe
3. M. Laval / *acheter* / coca / jus / eau
4. Jonathan et Jérémie / *organiser* / jeux
5. Lila / *répondre* / mail / élèves de Bamako
6. Yasmina / *emprunter* / CD à la bibliothèque
7. Des élèves de 3e / *avoir* / idées super

[1] **l'affiche** f. das Plakat

C 73/5 **5** **a** ►◄ *Louis et Louise sont très différents. Imaginez ce qu'ils ont fait / ce qu'ils n'ont pas fait.*
(→ Repères, p. 125/5)

Louis **a rangé sa chambre.**

Louise **n'a pas rangé sa chambre** mais elle **a écouté** des CD.

> *ranger    téléphoner    nettoyer*
> *préparer    regarder    dessiner    travailler*
> *répondre* à ___    *écouter    rêver*
> *passer* sa journée / des heures

> à l'école    devant l'ordinateur / la télé
> des CD    la musique    pendant des heures
> pendant le cours    dans la salle de bains
> sa chambre    au foot/concert/téléphone    ___

**b** *Et vous? Qu'est-ce que vous avez fait hier? Qu'est-ce que vous n'avez pas fait? Utilisez les verbes de* **a** .

**6** **a** *Trouvez des informations sur les «Restaurants du cœur». (→ Petit dictionnaire de civilisation, p. 166)*

**b** *Voici le bilan des «Restos du cœur» pour 2005. Présentez-le à vos camarades. Utilisez le passé composé.*

*Exemple:*
Les «Restos du cœur» ont aidé 650 000 personnes.

**c** *Allez sur* www.restosducoeur.org → l'association → *les chiffres et présentez des chiffres du bilan actuel.*

aider – 650 000 personnes
préparer – 67 000 000 de repas[1]
trouver – appartements pour 2 700 personnes
donner – du travail à 980 personnes
organiser – 755 activités

1 **le repas** das Essen, die Mahlzeit

## Activités

**7** ❖ *Travaillez à quatre ou cinq. Préparez des questions pour un quiz. Posez les questions aux autres groupes.*

| C'est | quelqu'un<br>un groupe<br>une association<br>un chanteur / une chanteuse | qui | s'engage pour ___ .<br>a chanté ___ .<br>aide ___ .<br>fait du/de la/de l' ___ .<br>a été champion/ne ___ .<br>a eu une médaille ___ .<br>___ . |

C 73/6 **8** 🔊 *Et vous? Pour quel projet est-ce que votre classe / votre école s'engage? Écrivez un petit texte.*

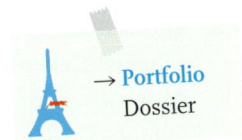

→ **Portfolio**
Dossier

### 🎧 2 26 Ils courent contre la faim

Nous devons les encourager!

Samedi, 2 juin. La fête commence par une course pour l'«Action contre la faim»: les six cents élèves du collège courent dans le bois de Boulogne.
5 Les parrains de l'action donnent à «leur» élève un euro par kilomètre. Jérémie a déjà fait son premier kilomètre. Parrains, parents, professeurs, surveillants, amis sont là pour encourager les élèves.

10 «Bravo! crie le père de Jérémie, ne cours pas trop vite! Tu dois garder des forces!»
Jérémie entend encore Lou qui demande à son père: «Combien de kilomètres est-ce qu'ils doivent faire?» et sa mère qui demande:
15 «Est-ce qu'il a assez bu?»
Il commence son troisième tour. Il souffle un peu mais avance encore assez bien. Il cherche Yasmina du regard. Les classes de quatrième et de troisième courent ensemble et il y a du
20 monde sur la piste! Il voit Lila qui court à côté de Camille. David et d'autres garçons de sa classe courent ensemble. Mais où est Yasmina? Jérémie a commencé son quatrième kilomètre et il a mal aux pieds. Il a vu Monsieur Diouf
25 qui l'encourage: «Bravo mon garçon! Continue comme ça!» Il passe devant Lou qui crie: «Ouais! T'es un champion, Jérémie!!»
Jérémie souffle maintenant beaucoup et il calcule: «Quatre euros, j'ai quatre parrains, j'ai

30 déjà gagné 16 euros ... Où est Yasmina? Elle a dû s'arrêter ... ou elle est derrière moi.»
Cinquième kilomètre: Jérémie a mal aux pieds. Mais il faut continuer. Il ne veut pas s'arrêter maintenant. Il compte: «Un centime, deux
35 centimes, trois centimes ...» Il court encore, pas vite, mais il continue. Il passe devant sa sœur. Pour se motiver, Jérémie pense à Yasmina. Est-ce qu'elle court encore? Il ne la voit pas.
40 «Courage, crie Lou! T'es mon héros!!!» Ne pas rigoler. Courir.

Sixième kilomètre. Ça devient très dur.
45 Il a perdu sa casquette, il a mal à la tête, aux jambes, aux pieds. Septième kilomètre. Il a mal au cœur. Il ne
50 peut plus continuer. Mais 24 euros, ce n'est pas mal.

In der Umgangssprache sagt man statt „tu es" und „tu as" häufig „t'es" und „t'as".

Il s'arrête et retrouve Lila et Camille qui l'attendent déjà. David arrive et s'arrête aussi, pas
55 content: «Je n'ai pas pu faire huit kilomètres! – Mais presque, dit Jérémie. T'as super bien couru.»
Sur la piste, Jérémie voit enfin Yasmina et sept ou huit élèves de troisième. Il prend l'appareil
60 photo de son père: «Je peux?»

Il la photographie. Il n'y a plus beaucoup d'élèves sur la piste.

«Regarde ta copine, dit Lou à son frère, elle court encore!»

65 Une demi-heure après, il y a encore deux jeunes sur la piste: Yasmina et un garçon. Tout le monde crie leurs prénoms: «Yas-mi-na, Yas-mi-na!! Mar-tin, Mar-tin!» Martin Dubois a l'air crevé, il regarde Yasmina qui ne le regarde pas.

70 Elle court, pas vite, mais elle court encore, formidable. Et là, Martin s'arrête, il tombe, crevé.

Alors Yasmina court encore quelques mètres puis 75 elle s'arrête aussi.

Elle revient et tend la main à Martin Dubois. Jérémie ne peut 80 pas voir leurs regards.

## Comprendre

C 74/1 **1** *Jérémie écrit un mail à son copain Maxime de Luxembourg mais son ordinateur a un virus. Aidez Maxime à reconstituer le texte.* (→ Texte, p. 116 –117)

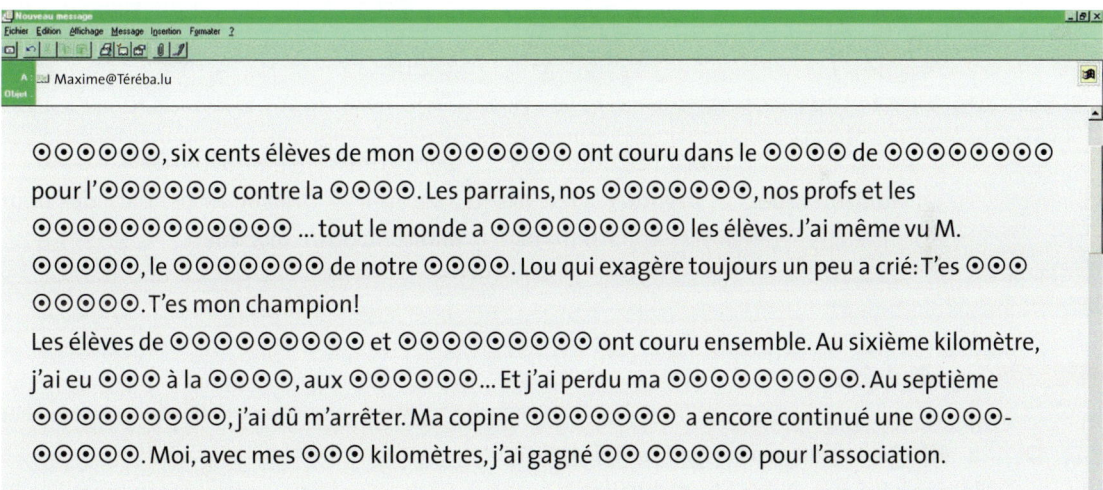

## S'entraîner

C 75/5 **2** 🎧 27 *Avant la course, les parents et les profs disent aux jeunes ce qu'ils doivent faire. Écoutez et reformulez les phrases. Utilisez une forme de* devoir.

*Exemple:*

Jérémie, ne cours pas trop vite.

→ Jérémie, tu ne dois pas courir trop vite.

**3** **a** 🎧 28 *Vous entendez des phrases au passé composé. Écoutez et écrivez-les dans vos cahiers.*

**b** *Notez l'infinitif des verbes de* **a** . *Was fällt euch auf?* (→ Repères, p. 124/3, 125/4)

**4** *Qu'est-ce qu'ils ont fait pour se préparer à la course? Racontez au passé composé.*

(→ Repères, p. 125/4)

1. Jérémie / *boire* / du jus d'orange
2. Yasmina / *courir* / dans le parc
3. Camille et Lila / *faire* / de la natation
4. Mme Gloesener / *acheter* / beaucoup d'eau
5. David / *manger* / des pommes de terre
6. Lou / *regarder* / une course à la télé
7. Jérémie / *devoir* chercher / des parrains
8. David et Camille / *nettoyer* / leurs chaussures

**5** *Où est-ce qu'il/elle a mal et pourquoi? Utilisez* avoir mal à la / au / aux ___ *et le passé composé.*

*Exemple:* Il a mal à la tête parce qu'il a regardé la télé jusqu'à minuit.

| | |
|---|---|
| *courir* 12 kilomètres | *porter* une valise trop lourde |
| *faire* du roller  *regarder* la télé jusqu'à minuit | *téléphoner* pendant des heures |
| *nettoyer* l'appartement  *manger* trop de biscuits | ___ |

---

## Vocabulaire

**6** **a** 🔊 *Quel verbe va avec quel complément?*
Es gibt häufig mehrere Möglichkeiten.

fonder   attendre   s'intéresser
réaliser   rencontrer   faire   organiser
courir   gagner   devenir   sortir

un jeu   une association   de la salle
une médaille   ses rêves
avec des copains   la réponse   célèbre
pâle   une fête   au sport   de la pub
aux autres   des gens   10 kilomètres

**b** *Écrivez un petit texte avec un maximum d'expressions de* **a** *. Utilisez le présent.*

Dans notre classe, on …

**7** **a** *Trouvez le verbe avec le préfixe* re- *et traduisez.*

1. Lundi, j'ai vu Laura. Ce soir, je la ☐ .
2. Elle dit et ☐ toujours la même chose.
3. Jérémie commence un nouveau poème.
   Mais il n'aime pas ce qu'il a écrit. Alors il ☐ .

◎ Wie im Lateinischen drückt die Vorsilbe „re-" die Wiederholung einer Handlung aus. Auf diese Weise kannst du aus bekannten Verben neue Verben bilden, z.B. venir → revenir. (→ Méthodes, p. 151)

**b** 🔊 *Formez des verbes avec le préfixe* re- *et utilisez-les dans un exemple.*

> lire   prendre   faire   demander
> venir   fermer   filmer   mettre

> le poème   un exercice   les devoirs   du poisson
> un pantalon   un clafoutis   le mail   ___

---

### Méthodes et stratégies

**8** *Voici le bilan de la course contre la faim 2006 du collège Voltaire à Paris. Lisez les questions, puis lisez le texte et répondez.*

1. Welche Klassen haben an dem Lauf teilgenommen?
2. An welchem Wochentag hat der Lauf stattgefunden?
3. Wie viele Schüler sind mindestens 10 Kilometer gelaufen?

> 🎯 Du kannst bestimmte Informationen durch gezieltes Lesen aus einem Text herausfiltern.
> (→ Méthodes, p. 154)

#### Une belle course!

Ce vendredi 12 mai, les sixièmes et les quatrièmes du collège Voltaire (Paris 11ᵉ) ont participé à la 9ᵉ édition de la course contre la faim. Cette 3ᵉ participation (déjà!) de notre collège est encourageante avec des sixièmes motivées et dynamiques. Le grand athlète Moktar Benhari parraine cette belle action de solidarité pour la 2ᵉ fois. L'ambiance était agréable et sympathique. Les 98 élèves ont parcouru 642 km, ce qui correspond à 3 045 euros pour l'Action contre la faim. Nous félicitons tous les participants et particulièrement les 39 élèves qui ont atteint la limite des 10 km. Un grand merci à tous: élèves, parents, professeurs et sponsors qui ont contribué à cette belle journée.

---

### Activité

DELF **9** ►◄ *Regardez les personnes sur la photo. A choisit trois à quatre personnes et les décrit à B. B devine.*

> «Ma» première personne porte ___ . «Ma» deuxième personne est une jeune fille ___ .

> Alors, c'est le monsieur à côté de ___ / à gauche de ___ .

> le parapluie¹   le sac à dos²

> 1 **le parapluie** der Regenschirm
> 2 **le sac à dos** der Rucksack

🎧 2 29 **Le concert**

La fête continue. Beaucoup de parents et d'amis sont venus. Beaucoup de gens sont allés au buffet tout de suite.

Cette salade est très bonne!

Vous avez pris du taboulé?

Tu as vu Jérémie?

Oui, il est entré dans le bâtiment il y a deux minutes.

Où est partie la balle??

Elle est tombée là-bas, sous la chaise ...

Beaucoup sont restés dans la cour où les élèves
5 ont organisé un marché aux puces et des jeux pour les petits. D'autres sont entrés dans les salles de classe. Les élèves ont préparé beaucoup d'activités: des jeux de mathématiques, un concours «Questions pour un champion»
10 et un «forum du rire»: là, il faut raconter des histoires drôles.

Ah! Ah! Nouvelle question, cette fois sur le cinéma: Quel acteur français est né en 1944, est mort en 1986 et a fondé les «Restaurants du cœur»?

Coluche!

Quelle question facile! ...

Questions p... champion

Il y a aussi une exposition de bédés et de poèmes, un match de tennis de table entre profs, élèves et surveillants ...
15 Yasmina cherche Jérémie qui est descendu dans la cour et Sébastien le cherche aussi.

À huit heures du soir a lieu un concert. Yasmina a trouvé Jérémie. Il a imprimé ses photos:
Yasmina pendant la course, Yasmina qui tend
20 la main à Martin Dubois.
«Tu sais, dit Yasmina, il y a dix mois, sur l'esplanade de la Défense, j'ai fait une photo de toi et de Chaipas. Tu sais encore ce que tu as dit?
– Je n'ai pas oublié, répond Jérémie, on a fait
25 connaissance ce jour-là et on est devenus amis.
Attends une minute, je reviens tout de suite.»

Il a vu Martin Dubois. «Voilà, c'est pour toi.»
Martin regarde la photo. Derrière, Jérémie a écrit un haïku: «Oublie ta colère / Elle est noire
30 ou blanche, la main / La main d'un copain.»
Martin veut dire quelque chose mais Jérémie est déjà parti: Lila est montée sur scène avec sa guitare. Elle chante une chanson de Yannick Noah. On ferme les yeux, on écoute. La vie est
35 magnifique.

## Comprendre

DELF
C 76/1

**1** **a** *Qu'est-ce que vous apprenez sur les activités et les personnes?*
(→ Texte, p. 120)

**b** *Présentez les informations.*

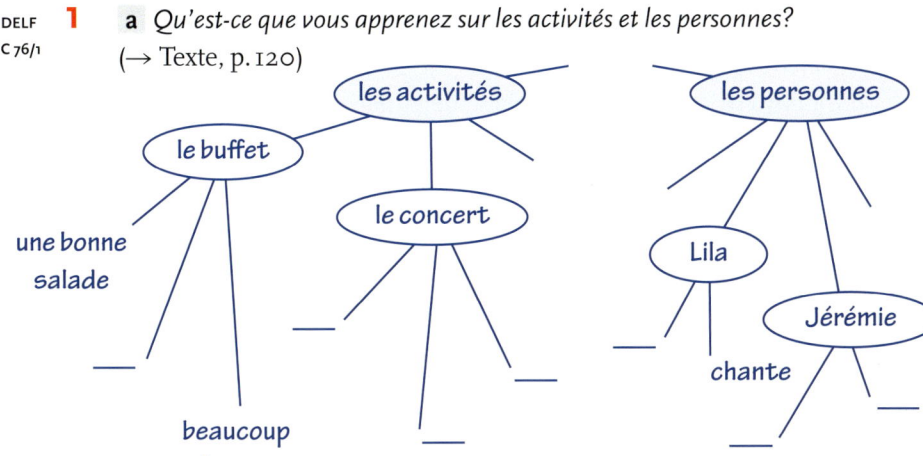

Du kannst einen Text erschließen und seinen Inhalt wiedergeben, indem du die Informationen nach Schlüsselbegriffen ordnest und in einer Mind-Map zusammenstellst.
(→ Méthodes, p. 154)

## Découvrir

C 76/2
C 76/3

**2** **a** *Regardez les formes du passé composé. Qu'est-ce que vous remarquez?*

il **a vu**       il **est entré**
ils **ont organisé**     ils **sont allés**

**b** *Quel sujet va avec quel verbe? Expliquez comment vous avez trouvé.*

| la balle | Lila | Jérémie |
| les parents | | |
| les filles | il | |

| est montée | sont restées |
| est tombée | est parti |
| est descendu | sont venus |

## S'entraîner

C 77/5

**3** 🔊 *Antoine, le frère de Lila, a écrit une lettre¹ à ses grands-parents. Complétez par des verbes au passé composé.* (→ Repères, p. 124/3, 125/4)

*Chère mamie, cher papi,
Hier après-midi, je 🔲 (aller) avec papa et maman à la fête du collège de Lila. D'abord, nous 🔲 (rester) dans la cour et nous avons regardé le marché aux puces, puis maman et moi, nous 🔲 (monter) pour regarder la salle de classe de Lila. Oh, que c'est moche! Après, nous 🔲 (aller) dans la salle avec les expositions. Là, nous avons rencontré Lila. J'ai bien aimé les bédés. Maman et Lila 🔲 (rester) dans l'exposition pour lire les poèmes. Alors, moi, je 🔲 (sortir) pour regarder les activités. Le soir a eu lieu un concert: Lila 🔲 (monter) sur scène. Elle a chanté une chanson de Yannick Noah, le champion de tennis. Maman, papa et moi, nous 🔲 (partir) à neuf heures. Lila 🔲 encore 🔲 (rester) avec ses copains! Elle 🔲 (rentrer) à minuit!!! À mon avis, ce n'est pas juste.
À bientôt
Antoine*

¹ **la lettre** *anglais:* the letter

**4** ►◄ *Racontez votre journée de rêve. A raconte. B prend des notes puis il/elle raconte aux autres. Ensuite, changez de rôle.* (→ Repères, p. 124/3, 125/4)

> J'ai pris le petit-déjeuner à une heure. Puis, je suis allé à Euro Disney. Le soir, j'ai fait une grande fête où j'ai mangé un kilo de mousse au chocolat.

> Jonas a pris le petit-déjeuner à une heure. Puis, il est allé à Euro Disney. Le soir, il ___ .

*prendre* le petit-déjeuner   *rentrer* à la maison
*aller* à la piscine / au cinéma / ___
*rester* à la maison   *sortir* avec ___
(ne pas) *faire ses* devoirs   *jouer* avec ___
*lire   acheter   écouter* de la musique / des CD
*faire* les magasins   *boire* ___
*faire* de la natation / du tennis de table / ___
*rêver   embrasser   gagner   dormir*
*passer* des heures devant ___   ___

d'abord   puis   ensuite   après
le matin   à midi   l'après-midi   le soir
à ___ heure(s)   pendant ___ heure(s)

◎ *Notiere keine ganzen Sätze; in diesem Fall nur das Verb mit seiner Ergänzung.* (→ Méthodes, p. 153)

**5** ▭ *À la fête, Yasmina a cherché Jérémie. Racontez au passé composé.* (→ Repères, p. 124/3, 125/4)

1. *arriver* / ensemble

2. *aller* / au marché aux puces

3. *prendre* / du taboulé – *boire* / un coca

4. *entrer* / dans le bâtiment

5. *chercher* / Jérémie – *aller* / dans le CDI

6. *regarder* / dans la salle de classe

7. *imprimer* / les photos de la course

8. *descendre* / dans la cour

9. *retrouver* / Jérémie

**6** *Regardez les photos et les dates. Posez des questions. Vos camarades devinent.* (→ Les nombres, p. 161)

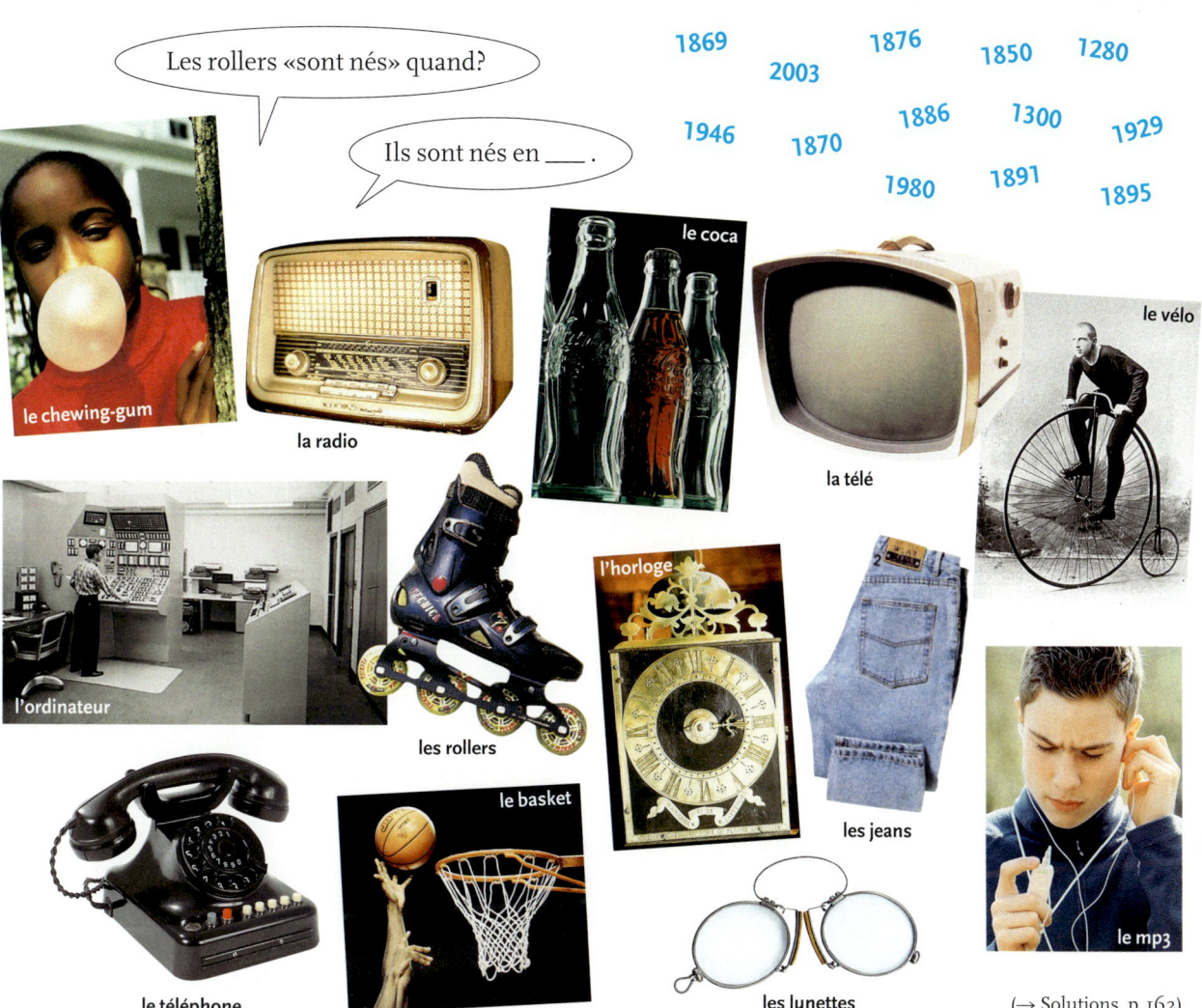

Les rollers «sont nés» quand?

Ils sont nés en ___ .

1869　1876　1850　1280
2003
1946　1886　1300　1929
1870
1980　1891　1895

le chewing-gum

la radio

le coca

la télé

le vélo

l'ordinateur

les rollers

l'horloge

le basket

les jeans

le mp3

le téléphone

les lunettes

(→ Solutions, p. 162)

---

## Vocabulaire

**7**　**a** 🔊 *Quels mots sont masculins? Quels mots sont féminins? Faites un tableau dans votre cahier.*
(→ Liste alphabétique, p. 217)

> solution　année　bâtiment　action　journée　association　rentrée　question
> appartement　manifestation　soirée　natation　exposition　vêtement

**b** *Formulez les règles.*

Les noms en - ? sont ? .
Les noms en - ? sont ? .
Les noms en - ? sont ? .

**c** *Faites des rimes avec ces mots.*

> Pendant l'exposition,
> on fait une manifestation.
> Pas question!

🎯 An der Endung eines Nomens kannst du häufig erkennen, welches Genus das Nomen hat.
(→ Méthodes, p. 151)

# Repères

## Qu'est-ce qu'on dit?

**1** **jemandem Ratschläge geben**
Ne cours pas trop vite.
Tu dois garder tes forces.

**über körperliches Unwohlsein sprechen**
J'ai mal à la tête / au cœur / aux jambes /
aux pieds.
Il/Elle devient pâle.
Il/Elle est / a l'air crevé(e).

**jemanden anfeuern**
Bravo, mon garçon / ma fille!
Continue comme ça!
T'es un champion / mon héros!
Courage!

**jemanden vorstellen**
Il/Elle est né/e (le 3 juin 1992) (à Paris).
Il/Elle est mort/e (en 2002).

Il/Elle est devenu(e) (acteur/-trice).
Il/Elle est un/e (grand/e) champion/ne
de (tennis).
Il/Elle a eu une médaille (aux Jeux olympiques).
Il/Elle a fondé (une association).
Il/Elle s'engage pour/contre ____ .
Ils/Elles font quelque chose contre (le racisme).

**über vergangene Zeiträume sprechen**
(Il est arrivé) il y a deux minutes.

**sich im Unterricht verständigen**
Pas trop vite.
Quelle question facile!
Ça te/vous dit quelque chose?
Attends une minute.

🎧 2 30 *Écoute et réponds.*

## Grammaire

**2** **Die Verben** Les verbes (→ GH, p. 43–44)

avancer , commencer (→ p. 163)
nettoyer wie essayer (→ p. 163)
courir (→ p. 164); partir , sortir , dormir (→ p. 164); venir , devenir , revenir (→ p. 165)
devoir (→ p. 164)
perdre , tendre , descendre wie entendre (→ p. 163)

**3** 📖 **Die Bildung des „passé composé"** La formation du passé composé (→ GH, p. 45–46)

mit Hilfsverb „avoir"

| j' | ai | parlé |
| tu | as | parlé |
| il | a | parlé |
| elle | a | parlé |
| on | a | parlé |
| nous | avons | parlé |
| vous | avez | parlé |
| ils | ont | parlé |
| elles | ont | parlé |

mit Hilfsverb „être"

| je | suis | allé/allée |
| tu | es | allé/allée |
| il | est | allé |
| elle | est | allée |
| on | est | allés/allées |
| nous | sommes | allés/allées |
| vous | êtes | allé/allés/allée/allées |
| ils | sont | allés |
| elles | sont | allées |

**a** Worauf musst du achten, wenn ein Verb im „passé composé" das Hilfsverb „être" hat?

**b** Erkläre die Endungen des Partizips „allé" in der 1. und 2. Person Plural.

Die meisten Verben bilden das „passé composé" mit dem Hilfsverb „avoir". Nur wenige Verben haben im „passé composé" das Hilfsverb „être".

Außerdem: devenir

**4** **Das Partizip Perfekt**  Le participe passé (→ GH, p. 47)

Verben auf „-er"

regarder → **regardé**
parler → **parlé**
préférer → **préféré**

Verben auf „-dre"

attendre → **attendu**
entendre → **entendu**
répondre → **répondu**

Verben auf „-ir" (Typ: partir)

partir → **parti**
sortir → **sorti**
dormir → **dormi**

unregelmäßige Verben

être → **été**
avoir → **eu** [y]
faire → **fait**
aller → **allé**

prendre → **pris**
apprendre → **appris**
comprendre → **compris**
mettre → **mis**
dire → **dit**
écrire → **écrit**

voir → **vu**
boire → **bu**
lire → **lu**
pouvoir → **pu**
savoir → **su**
vouloir → **voulu**
courir → **couru**
venir → **venu**
devoir → **dû**

offrir → **offert**
ouvrir → **ouvert**

**5**  📖 **Die Verneinung beim „passé composé"**  La négation avec le passé composé (→ GH, p. 48)

Jérémie a été content.
Martin est tombé.

David **n'** a **pas** été content.
Les filles **ne** sont **pas** tombées.

Die Verneinungswörter „ne" und „pas" umschließen im „passé composé" nur das ___ .

## S'entraîner

**1** *Faites le bilan. Qu'est-ce que vous avez fait en français cette année? Qu'est-ce que vous n'avez pas fait?*

*Exemple:* On a beaucoup travaillé.

> beaucoup   souvent   peu   trop
> surtout   ne ___ pas (assez)

> *apprendre   chanter   travailler*
> *rêver   discuter   filmer*
> *parler   rigoler   écrire   lire*
> *dessiner   photographier   ___*

DELF **2** 🔊 *Prenez le rôle de Camille et racontez. Utilisez le passé composé. Faites attention à l'accord du participe passé.* (→ Repères, p. 124/3, 125/4)

Samedi, à onze heures et demie, David et moi, nous ___ .

1. *aller*

2. *attendre*

3. *arriver – descendre*

4. *préparer – montrer*

5. *arriver – chanter*

6. *aller*

7. *rentrer*

8. *oublier*

**3** *Vous aimez les maths? Faites le calcul et formez des phrases.*

*Exemple:*
Lila a fait cinq kilomètres.
Elle a six parrains. Elle a gagné
30 euros pour l'association.

1 **en moyenne** im Durchschnitt

1. Lila – 5 km – 6 parrains – ? euros
2. Camille – 4 km – 4 parrains – ? euros
3. David – 7 km – 5 parrains – ? euros
4. Martin et Yasmina – 23 km – 7 parrains – ? euros
5. Les 30 élèves de la quatrième C – 186 km – 3 parrains (en moyenne[1]) – ? euros
6. Les 600 élèves du collège Georges Pompidou – 1792 km – 2 parrains (en moyenne) – ? euros

**4** Formez des phrases au présent. Utilisez à, à la, au, aux *après le verbe si nécessaire.*

1 Tu / *montrer* / le papier / tes parents?

2 Vous / *s'intéresser* / l'action de Thierry Henry?

3 Tu / *répondre* / monsieur?

4 J' / *attendre* / mes copains

5 Tu / *s'intéresser* aussi / tennis?

6 Demain / nous / *parler* / profs

7 Nous / *aider* / les enfants en Afrique

8 Tu / *donner* ce livre / mère de Lila?

---

6

## Vocabulaire

**5**  **a** *Trouvez un mot / des mots de la même famille.*
(→ Liste alphabétique, p. 217)

*Exemple:* regarder → le regard

> travailler   regarder   la course   la rentrée
> rêver   jeune   l'organisation   nager   jouer
> la photo   répondre   le film

C 72/3   **b** *Vous ne connaissez pas ces mots, mais vous pouvez les comprendre parce que vous connaissez un mot de la même famille. Trouvez ce mot. À votre avis, que veulent dire les mots?*

Du kannst unbekannte Wörter verstehen, wenn du ein Wort aus derselben Wortfamilie zu Hilfe nimmst.
(→ Méthodes, p. 150)

le départ          la sortie

raciste          encourageant/e          l'entrée          courageux/-euse

la boisson          le nettoyage          le malheur          la maladie          l'imprimante

## Écouter

DELF **6** **a** 🎧 31 *Écoutez le dialogue et retrouvez l'ordre des images.*

**b** *Maintenant racontez l'histoire au présent.*

> Dans la rue, Clara voit deux jeunes …

## La France en direct

C 78/10 **7** **a** *Trouvez des informations sur SOS-Racisme. (→ Petit dictionnaire de civilisation, p. 166)*

**b** *Regardez l'affiche[1]. Quelles informations est-ce que l'affiche vous donne?*

1 l'**affiche** *f.* das Plakat
2 le **spot radio** *f.* der Radio-Werbespot

**c** 🎧 32 *Écoutez. Quelles informations sur l'affiche se retrouvent dans le spot radio[2]?*
*Quelles sont les informations du spot radio qu'on ne trouve pas sur l'affiche?*

## 🎧 ② 33 **Métis(se) (2005)**

*Voici la première strophe d'une chanson de Yannick Noah
& Disiz La Peste.*

*Chœurs:*

Je suis métis, un mélange de couleurs oh oh
Oh métis, je viens d'ici et d'ailleurs

*Yannick Noah:*

5   Marcher pieds nus dans la ville, en sandales dans la jungle
Tu sais le mélange est facile, il suffit d'être simple
Je suis une éclipse, une rencontre insolite
Je suis fier d'être métis, j'ai la chance de choisir

*Chœurs:*

10  Je suis métis, un mélange de couleurs oh oh
Oh métis, qui viens d'ici et d'ailleurs
Je suis métis, un mélange de couleurs oh oh
Oh métis, je viens d'ici et d'ailleurs oh oh

*À votre avis,* un/e métis/se, *qu'est-ce que c'est?*

2 **le mélange** die Mischung
3 **ailleurs** anderswo
5 **pieds nus** barfuß
6 **il suffit** es reicht aus
7 **l'éclipse** *f.* (Sonnen-/Mond-)Finsternis
7 **insolite** *hier:* ungewöhnlich
8 **être fier/fière de qc** auf etw. stolz sein
8 **choisir** *anglais:* to choose

**6**

# BILAN 2

Hier kannst du überprüfen, was du in den Unités 4–6 gelernt hast.

## Compréhension orale

**1** 🎧 34 *Dans une émission[1] pour jeunes à la radio, Catherine, Lucas, Laëtitia et Grégoire parlent de leurs problèmes. Lis les phrases et écoute. Quelles phrases sont correctes? Corrige les phrases qui ne correspondent pas au texte.*

[1] **l'émission** *f.* die Sendung

1. Catherine voudrait avoir des amis.

2. Lucas est amoureux d'une fille.

3. Laëtitia travaille beaucoup pour l'école.

4. La matière préférée de Grégoire est le sport.

## Compréhension écrite

**2** *Des élèves de l'école britannique[1] de Paris, qui portent des uniformes scolaires[2], ont répondu à la question «Qu'est-ce que vous pensez de l'uniforme à l'école?». Welcher Satz passt zu wem?*

1. Die Schuluniform spart den Eltern Geld.
2. Außerhalb der Schule wirkt die Uniform lächerlich!
3. Dank der Uniform braucht man morgens nicht lange zu überlegen, was man anziehen soll.
4. Schuluniformen sind eine Frage der Gewohnheit.

[1] **britannique** britisch  [2] **l'uniforme scolaire** *m.* die Schuluniform

« À l'école, ça va, mais quand on sort dans la rue, les gens nous regardent bizarrement. On a l'air un peu idiots! Et les professeurs nous obligent à mettre le polo dans le pantalon ou dans la jupe. »
**Lily, 14 ans**

« Mes copines qui n'ont pas d'uniforme scolaire passent trop de temps à choisir leurs vêtements le matin. Quand on porte un uniforme, on peut rester au lit dix minutes de plus le matin. Mais quand on rentre le soir, on se change tout de suite, comme les autres élèves de la classe! »
**Mélanie, 13 ans**

« Ben, moi, j'aime énormément les vêtements à la mode. Mais à cause de l'uniforme scolaire, on a moins de vêtements. Nos parents nous en achètent moins. C'est pratique pour eux, mais pas pour nous! »
**Annabelle, 14 ans**

« Personnellement, je porte un uniforme depuis que je suis tout petit, alors pour moi, c'est normal. Le polo bleu ciel et le pull bleu marine, ça va. Le pantalon en flanelle grise est vraiment moche et bien trop classique. Mais en classe, on n'a pas de problèmes parce qu'on ne porte pas de marques. »
**William, 15 ans**

## ■ Production orale

**3** ►◄ *A prend le rôle d'un/e élève allemand/e qui a fait un voyage avec sa classe à Munich[1]. B prend le rôle d'un/e jeune Français/e qui a passé une semaine avec sa classe à La Rochelle. (→ Carte de France, vordere Umschlaginnenseite) Vous vous racontez votre semaine.*

aller au/à la/à l'____
faire du/de la/de l'____
organiser   passer   regarder
nager   arriver   partir

### Six jours à Munich

| | |
|---|---|
| *lundi* | «Deutsches Museum» |
| *mardi* | exposition au «Lenbachhaus» |
| *mercredi* | escalade en montagne / match de foot |
| *jeudi* | excursion[2] au «Wörthsee» |
| *vendredi* | soirée de jeux |
| *samedi* | départ 9 heures 30 arrivée Bielefeld 16 heures |

### Une semaine à La Rochelle

| | |
|---|---|
| *lundi* | le port[3] de La Rochelle |
| *mardi* | excursion[2] à Poitiers: «Futuroscope» |
| *mercredi* | l'aquarium[4] de La Rochelle |
| *jeudi* | journée de surf |
| *vendredi* | soirée (spaghettis, chansons) |
| *samedi* | départ 10 heures arrivée Paris 13 heures |

*Le Futuroscope*

1 **Munich** [mynik] München  2 **l'excursion** [lɛkskyʀsjɔ̃] *f.* der Ausflug  3 **le port** [lɔpɔʀ] der Hafen  4 **l'aquarium** [lakwaʀjɔm] *m.*

## ■ Production écrite

**4** ✎ *C'est samedi matin: ton/ta correspondant/e français/e est encore au lit. Tes parents travaillent aujourd'hui et tu dois faire les courses. Tu écris un petit papier pour ton/ta correspondant/e.*

Du teilst ihm/ihr mit,
– warum du nicht zu Hause bist,
– dass er/sie schon frühstücken kann,
– dass es Milch und Orangensaft gibt,
– dass du mittags zurückkommst,
– was ihr anschließend gemeinsam unternehmen könnt.

◎ Tipps, wie du deine Fehler selber korrigieren kannst, findest du auf S. 156.
(→ Méthodes)

## Approches

### Préparer la lecture

**1**  Cherchez Marseille, Lyon, Nîmes, Brest, la Bretagne, la Camargue et l'Auvergne sur la carte de France. Informez-vous sur ces villes et ces régions.
(→ Petit dictionnaire de civilisation, p. 166)

### 🎧 35 Cartes postales de vacances

**1**

**2**

**a**

Chers enfants, la Provence à vélo, c'est dur mais beau. Hier, nous sommes allés sur le pont du Gard et aujourd'hui, nous visitons Nîmes. Dans les arènes, j'ai imaginé une foule de Romains. À leur place, j'ai rencontré une foule de touristes.
Grosses bises, papa

**3**

**4**

**b**

Bonjour! Il fait très beau et Marseille est très chouette. J'aime la ville, le port, la mer. Cet après-midi, on va explorer la Camargue, en voiture, bien sûr.
À plus, Line

**c**

Nous voilà en Auvergne. Il y a 80 volcans, des lacs très bleus, des collines très vertes. Mais les trajets en car sont longs. Je vous embrasse,
Mamie

**d**

Lyon est une ville sympa. On explore la Croix-Rousse, on mange bien et on fait aussi les magasins.
Ciao! Romaine

**e**

Salut Mamie! On fait du camping en Bretagne avec des copains. On n'est pas loin de Brest. Aujourd'hui, il pleut un peu mais hier, on a pu nager. Mais l'eau n'est pas très chaude. On fait des balades à pied et à vélo. On t'embrasse,
Clotilde et Malika
P.S. Quel temps fait-il à Colmar?

Madame

Yvonne Dupont

13, rue du Dagsbourg

68000 Colmar

## Comprendre

C 81/1 **2** *Quelles photos vont avec quelle carte postale? Justifiez votre réponse.*

*Exemple:*
La photo numéro 8 est de mamie. Elle passe ses vacances en Auvergne. Et en Auvergne, il y a des volcans, comme sur la photo.

## Vocabulaire

**3** *Qu'est-ce qu'on peut faire en vacances quand il fait beau/quand il pleut? Cherchez des activités dans le texte et complétez par d'autres activités que vous connaissez déjà.*

Quand il fait beau, on peut ___ . Quand il pleut, ___ .

## Écouter

**4** 🎧 36 *Ces personnes ne savent pas où passer leurs vacances. Aidez-les et faites-leur des propositions. Il y a plusieurs possibilités. (→ Cartes postales, p. 132)*

1  2  3  4

> Eh bien, allez à/en ___ .
> Là, vous pouvez ___ /
> Là, il y a ___ .

## Activités

**5** ►◄ *A regarde le tableau A. B regarde le tableau B. A a des informations que B n'a pas. A pose des questions à B pour compléter ses informations et vice versa.*

*Exemple:*

A: Où est-ce que Marie passe ses vacances?       A: Il fait beau. Est-ce qu'elle est contente?
B: À Biarritz. Quel temps fait-il?                B: Oui, elle est très contente: elle aime la ville ___ .

| Élève A | Où? | Temps? | Content? | Activités? |
|---|---|---|---|---|
| Marie | [?] | ☀😊 | [?] | surf |
| M. et Mme Pasquier | Provence | [?] | ☺ villes romaines, balades ☹ trop de touristes | [?] |
| Julie et Coralie | [?] | 🌧 | [?] | nager, balades à vélo, la télé |
| Jonathan | Auvergne | [?] | ☹ la montagne, préférer la plage | [?] |
| M. Dupont | [?] | ☀-35° | [?] | visiter |

| Élève B | Où? | Temps? | Content? | Activités? |
|---|---|---|---|---|
| Marie | Biarritz | [?] | ☺ la ville, la mer, la plage | [?] |
| M. et Mme Pasquier | [?] | ☀-35° | [?] | pont du Gard, Nîmes |
| Julie et Coralie | Bretagne | [?] | ☹ pas très chaud | [?] |
| Jonathan | [?] | 🌦 | [?] | balades avec ses grands-parents |
| M. Dupont | Berlin | [?] | ☺ ambiance ☹ temps | [?] |

C 81/2 **6** ✻ 💾 *Chaque groupe écrit à un office de tourisme pour demander des prospectus sur une ville ou une région. (→ Cartes postales, p. 132; → Méthodes, p. 155) Diese Prospekte werdet ihr für p. 137/8 und p. 148/7 benötigen.*

> ot.arles@visitprovence.com
> info@marseille-tourisme.com
> www.auvergne-tourisme.info (→ contact)
> brochure@lyon-france.com
> contact@brest-metropole-tourisme.fr

### 🎧 ₂ 37 Un certain Jonathan

David et sa sœur Camille sont en Bretagne chez leur oncle Cédric et leur tante Annie. Ils vont passer trois semaines là-bas. La maison de leur oncle est près de Vannes.

5 *Cher Jonathan,*
*C'est drôle d'écrire une lettre et pas un mail.*
*Nous sommes arrivés dimanche. La maison de ma tante est loin de la ville mais près de la plage. On a de la chance, il fait beau et hier, on est allés à la*
10 *plage. L'eau n'est pas trop froide. Il y a encore peu de touristes. Ils vont arriver après le quatorze juillet. Demain, nous allons visiter Vannes et ...*

Camille s'arrête pour relire sa lettre. Qu'est-ce que c'est ennuyeux! Non, ça ne va pas. Qu'est-
15 ce que Jonathan va penser?
Elle déchire sa lettre et recommence.

*Salut Jonathan!*
*La vie est belle: ciel bleu, mer sympa avec les nageurs, tante qui fait des*
20 *crêpes ... Demain, on va faire du bateau avec le père d'un copain. Le seul problème, ce sont les méduses. Il y en a beaucoup en ce moment et on doit faire attention. Il y en a une qui a*
25 *brûlé Loïc (le garçon qui a un père qui a un bateau). On a vite acheté une crème à la pharmacie mais il a encore mal ...*

Camille s'arrête. Cette lettre est nulle: La tante
30 qui fait des crêpes, l'histoire de Loïc ... Jonathan va penser qu'elle s'intéresse à ce garçon. Et Loïc ne l'intéresse pas du tout.
Elle déchire sa lettre et recommence ...

*Mon cher Jonathan. Nous voilà arrivés au pays de*
35 *ma mère, d'Astérix et d'Obélix, des crêpes ...*

N'importe quoi! C'est comme une pub pour la Bretagne. Et puis, ce «cher Jonathan», ça fait ringard ...
Elle déchire sa lettre et recommence ...

40 *Jonathan,*
*C'est très chouette ici, mais sans toi le ciel est gris même quand il est bleu et la mer très froide, même quand il fait chaud. Qu'est-ce que tu fais en ce moment? ...*

45 Camille entend sa tante qui l'appelle, elle doit mettre le couvert pour le dîner, c'est son tour ...
Camille regarde sa montre: 19 heures. Annie entre dans sa chambre.
«Qu'est-ce que tu fais, Camille? Tu n'entends
50 pas?
– J'arrive tout de suite, c'est pour le couvert?
– Non, pour le téléphone!! Un garçon, un certain Jonathan qui veut te parler ...»

**7**

## Comprendre

C 82/1 **1** **a** *Répondez et justifiez votre réponse.*

Pourquoi est-ce que, d'après Camille,
– sa première lettre est ennuyeuse,
– sa deuxième nulle,
– et la troisième ringarde?

**b** *Qu'est-ce que Jonathan dit à Camille? Imaginez leur dialogue et jouez-le.*
(→ Méthodes, p. 155)

> Je t'appelle parce que ___ .   Mes parents veulent ___ .
> Je suis à ___ , ce n'est pas loin de ___ .
> On pourrait ___ .   Je fais du camping avec ___ .   ___

## Découvrir

**2** **a** *Traduisez.*  1. Hier, nous **avons visité** Brest.
2. Aujourd'hui, nous **allons** à la plage.
3. Demain, nous **allons explorer** Vannes.

**b** 📼 *Trouvez dans le texte d'autres phrases au futur et notez-les dans votre cahier.*

**c** *Comment est-ce qu'on forme le futur composé? Comparez avec le passé composé.*

## S'entraîner

**3** 🎧 38 *Écoutez ces mini-dialogues. Quand vous entendez un futur composé, notez la forme dans votre cahier.* (→ Repères, p. 145/3)

C 83/4 **4** **a** ►◄ *Vous voulez savoir ce que votre voisin/e va faire cet après-midi / ce soir / dimanche / pendant les vacances. Posez des questions. Votre voisin/e répond.* (→ Repères, p. 145/3)

*rester* à la maison   *travailler* pour l'école   *faire* un voyage à/en ___

*regarder* la télé / un film de ___   *aller* au concert de ___   *aller* à la piscine

*passer* une/deux/trois semaine(s) à ___   *faire* du camping à/en ___   *écrire/lire* ___

*faire* de la natation / du surf / du vélo / des balades / à ___   *visiter/explorer* ___   ___

**b** *Racontez à la classe ce que votre voisin/e va faire.*

**5** ►◄ *A dit ce qu'il aime ou ce qu'il n'aime pas. B répond. Puis vous changez de rôle. Utilisez moi aussi; moi non plus; moi, pas du tout; moi, si.*

1. J'aime bien le coca.

2. Moi aussi, je l'aime bien. / Moi, je ne l'aime pas du tout, je préfère ___ .

4. Moi non plus! / Moi, si. J'adore ça!

3. Je n'aime pas du tout nager.

la mousse au chocolat   le coca   les biscuits   l'anglais   le foot   les crêpes   les maths
les marchés   *faire ses* devoirs   *aller* au cinéma   *se balader* en montagne
nager   photographier   *manger* du poisson   *explorer* des villes   *préparer* des gâteaux
*faire* du sport   *aider ses* parents dans le jardin   ___

C 82/3  **6**  **a** ►◄ *Posez ces questions à votre voisin/e qui répond. Utilisez* qu'est-ce qui *ou* qu'est-ce que. *(→ Repères, p. 146/5)*

1. [?] tu préfères: les chats, les chiens ou les poissons?
2. [?] t'intéresse au collège?
3. [?] tu trouves ringard?
4. [?] est différent en France et en Allemagne?
5. [?] tu as trouvé facile en français?
6. Et [?] tu as trouvé compliqué?
7. [?] tu as aimé dans ton cours?

**b** ►◄ *Révisez les questions. Posez cinq autres questions à votre voisin/e.*

*Utilisez:*
Quand est-ce que ___ ?
Comment est-ce que ___ ?
Pourquoi est-ce que ___ ?
Où est-ce que ___ ?
Est-ce que ___ ?

## Écouter

DELF  **7**  🎧 39 *Où est-ce que les jeunes vont passer leurs vacances?*
C 82/2  *Qu'est-ce qu'ils vont faire? Prenez des notes.*

◎ Notizen zu einem Hörtext machen (→ Méthodes, p. 153)

## Activités

DELF  **8**  ▱ *Vous passez vos vacances en France, à ___ , et vous écrivez une carte postale à votre prof de français. Parlez de vos activités: Racontez ce que vous avez déjà fait, puis ce que vous faites en ce moment et ce que vous allez faire dans les jours qui viennent. (→ p. 134/6)*

◎ Eine Postkarte / einen Brief schreiben (→ Méthodes, p. 155)

C 83/6  **9**  ►◄ *Travaillez à deux et écrivez la lettre de Camille à Jonathan.*

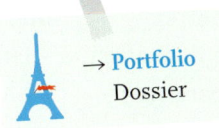

→ **Portfolio** Dossier

## SÉQUENCE 2

### Préparer la lecture

**1** *Vrai ou faux? Faites des recherches dans votre livre et justifiez votre réponse en allemand.*

**le** Luxembourg: le pays
Luxembourg: la ville

#### Un quiz sur le Luxembourg

◆ Le Luxembourg fait partie de l'ONU et de l'OTAN.
◆ Echternach est la capitale du Luxembourg.
◆ On parle deux langues au Luxembourg.
◆ On peut dire que le Luxembourg est une Europe en miniature.
◆ Il y a un grand festival de la bédé à Contern.
◆ Robert Schuman est un chanteur qui est né au Luxembourg.

### 🎧 2 40 Bienvenue au Luxembourg!

Luxembourg-ville

Jérémie et sa sœur passent huit jours chez leurs grands-parents à Echternach. Aujourd'hui, ils vont à Luxembourg-ville. Ils montent sur la forteresse. Là, ils ont une vue
5 magnifique sur la ville. Ensuite, ils vont dans le centre-ville, regardent les magasins dans la «Grouss-gaass». Jérémie et Lou
10 sont contents parce qu'ils sont dans la ville où ils ont habité
15 jusqu'à l'année dernière.

Qu'est-ce que tu vas leur rapporter?

Ils font beaucoup de photos pour montrer Luxembourg à leurs copains, et ils veulent aussi rapporter des petits cadeaux à leurs parents.

20 Lou s'arrête devant une librairie.

Papi, tu m'achètes la bédé de Lucky Luke?

Non, Lou, je t'ai déjà offert un livre, hier …

Je vais lui envoyer une carte postale et je peux aussi lui offrir quelque chose.

Jérémie veut encore aller au Palais Grand Ducal pour faire une photo. Ensuite les grands-parents les invitent
25 dans un salon de thé. «Qu'est-ce que vous buvez, les enfants? demande la grand-mère.
30 – Un jus de pomme, dit Lou, non, un chocolat.
– Moi, je prends un coca, dit Jérémie.»

Ein „salon de thé" entspricht in etwa dem deutschen „Café", das französische „Café" dagegen eher dem „Bistro", also einer Art Kneipe.

La serveuse arrive. «Je peux vous proposer des gâteaux, on a des «Verwurelt Gedanke», ils sont très bons.

35 – Alors, des gâteaux pour tout le monde, un café, un thé, un chocolat et un coca.

– Ah, et un verre d'eau avec le café, s'il vous plaît. De l'eau plate.

le palais Grand Ducal

– Qu'est-ce qu'on
40 va faire demain? demande Jérémie.

– On pourrait aller à Aix-la-Chapelle ... propose mamie.

45 – Ah non, dit Lou, je voudrais aller à la piscine demain. On visite toujours: on marche, on mar-
50 che, on marche, c'est ennuyeux, il fait chaud et j'ai mal aux pieds ... Les vacances, c'est fait
55 pour se reposer, non?

– Où est-ce que c'est, Aix-la-Chapelle? demande Jérémie.

– Aix-la-Chapelle? C'est en Allemagne. C'est
60 joli et ce n'est pas loin, et puis c'est la ville de Charlemagne.

– De Charles qui? C'est qui ça? demande Lou.»

Madame Gloesener lui raconte l'histoire de Charlemagne:

65 «Et puis, Charlemagne, c'est l'empereur qui a inventé l'école.

– Est-ce que Chaipas vient aussi? demande Lou.

– Mais bien sûr.»

70 Chaipas boit son eau. Il sait que son problème est réglé. Il va rester chez papi et mamie qui ont une petite maison avec un jardin.
On lui a tout expliqué mais est-ce qu'il a compris?

Tu vas nous manquer mais tu vas être très heureux dans le jardin.

Un chien est un chien. On ne nous demande pas notre avis. Mais je vais leur faire une surprise ... Ça fait combien de kilomètres Echternach-Paris?

7

## Comprendre

DELF
C 84/1

**2** **a** *Vrai ou faux? Corrigez les phrases fausses.*

1. Lou et Jérémie sont avec leurs parents à Echternach.
2. Lou et Jérémie visitent le Palais Grand Ducal.
3. Charlemagne a travaillé comme professeur à l'école.
4. Aix-la-Chapelle est une autre ville au Luxembourg.
5. Jérémie, Lou, papi et mamie font une balade à Luxembourg-ville.
6. Après la balade, ils prennent un thé ensemble.
7. Ils mangent aussi des gâteaux.
8. Lou n'aime pas explorer les villes.
9. Chaipas va rentrer à Paris.

**b** *Quel problème de Chaipas est «réglé»?*

**3** **a** Ersetze die Pronomen durch die entsprechenden Nomen. (→ Texte, p. 138–139)

1. Mme Gloesener `lui` raconte l'histoire de Charlemagne.
   → Mme Gloesener raconte l'histoire de Charlemagne `à Lou`.
2. On `lui` a tout expliqué.
3. Qu'est-ce que tu vas `leur` rapporter?

**b** Wann verwendet man die Pronomen „lui" und „leur"?

**c** *Complétez. Utilisez des pronoms.*

1. Lou et Jérémie font des photos pour les copains. Ils veulent aussi ? rapporter des petits cadeaux.
2. Lou veut une bédé, mais papi ? a déjà acheté un livre hier.
3. La serveuse donne le chocolat et le coca à Lou et son frère. Elle ? donne aussi les gâteaux.
4. À Paris, Jérémie montre ses photos à Yasmina. Il ? raconte aussi ses vacances.

## S'entraîner

C 84/3
C 85/4

**4** *Complétez par lui, vous et leur. (→ Repères, p. 146/4)*

1. Aujourd'hui, je vais ? raconter la vie de Charlemagne.

2. Monsieur, je peux ? poser une question? Pourquoi est-ce qu'on appelle Charlemagne le «père de l'Europe»?

3. Le professeur ? montre l'Europe en 800.

4. La serveuse ? donne la carte.

5. Les parents ? disent ce qu'ils veulent manger.

6. *Serveuse:* Et pour les enfants, je peux ? proposer notre menu enfants.

**5** ►◄ *Posez les questions. Vos camarades répondent.*

*Exemple:*
– Ton correspondant demande: «Tu peux m'envoyer une photo de ta ville?» Qu'est-ce que tu lui *envoies*?
– Je lui envoie une photo de l'hôtel de ville.

1. Ton/Ta correspondant/e te demande: «Tu peux m'envoyer une photo de ta ville?» (envoyer)
2. Il/Elle te demande aussi: «Tu as cours l'après-midi?» (répondre)
3. Tu vois ton/ta correspondant/e pour la première fois. (demander)
4. Ton/Ta correspondant/e veut explorer la ville avec toi. (montrer)
5. Ton/Ta correspondant/e veut faire du sport. (proposer)
6. C'est l'anniversaire de ton copain. (offrir)
7. C'est ton anniversaire. Tu invites des copains. (préparer)
8. Tu es en vacances. Tu écris à tes parents. (écrire)

**6** **a** 🎧41 *Écoutez. Notez de qui on parle.*

**b** *À vous. Faites des devinettes pour ces mots. Utilisez des pronoms object.*

> les grands-parents   les amis   la serveuse   le surveillant
> le garçon   les copains   les moniteurs

## Vocabulaire

**7** *Qui est qui? Es gibt manchmal mehrere Möglichkeiten.*

1. Le frère de ta mère?
2. La sœur de ton oncle?
3. Le fils de tes grands-parents?
4. La mère de la sœur de ta mère?
5. Le frère de ta tante?
6. La fille de tes parents?
7. Le père du frère de ton père?
8. Les parents de ta tante?

## Activité

**8** ✖ *Travaillez en groupes de cinq ou six et préparez un quiz sur la France ou l'Allemagne. Vous pouvez prendre le quiz sur le Luxembourg comme modèle. (→ Quiz, p. 138)*

## Recherche

**9** **a** *Informez-vous sur Charlemagne:* http://his.nicolas.free.fr/ → Personnes → Charlemagne.

1. Quand est-ce qu'il est né?
2. Quel est le nom de son père?
3. Regardez la carte. Quels pays d'aujourd'hui ont fait partie de l'empire[1] de Charlemagne?

**b** *Trouvez encore deux autres informations sur Charlemagne sur le site internet.*

[1] l'**empire** *m*. das Reich

Heptarchie anglo-saxonne

Aix-la-Chapelle

**Empire de Charlemagne**

Empire Romain d'Orient

Etat pontifical
● Rome

Emirat de Cordoue

## 🎧 42 Le feu d'artifice

C'est le 14 Juillet à Paris. Jérémie, Lou et leurs parents sont venus au champ de Mars pour regarder le feu d'artifice. Lila, Antoine, leurs parents et Yasmina sont là aussi. Il y a beau-
5 coup de monde, et beaucoup d'ambiance. Là-bas, un marchand de glace passe. Lou qui adore les glaces, en veut une.

> D'accord, mais reste avec ton frère, on va vous en acheter. On vous les rapporte. Vanille-chocolat pour tout le monde??

> Oui!

> Fruit de la passion!

> Fraise!

Monsieur et Madame Gloesener vont acheter les glaces avec les parents de Lila.
10 Jérémie demande à Yasmina si elle a eu sa carte postale.
«Bien sûr, merci, ça m'a fait plaisir. Je vais t'en envoyer une du Maroc.»
Jérémie a un petit cadeau pour Yasmina mais il
15 n'ose pas le lui donner. Ce sont des boucles d'oreilles.
«Moi, je reste ici en juillet, dit Lila, on va pouvoir aller à Paris-Plages. En août, je vais faire du surf à Arcachon.»
20 Jérémie ne sait pas comment il va pouvoir donner son cadeau à Yasmina. Lila ne les quitte pas.
«Moi, j'ai changé d'avis, dit Lou, je préfère fruit de la passion.
25 – Tu ne sais pas ce que tu veux, toi, dit Antoine. C'est trop tard, les parents vont nous les rapporter …»

Il fait nuit maintenant. Le feu d'artifice va bientôt commencer. La place est noire de monde.
30 Jérémie voit que Lila regarde ailleurs. Il sort les boucles d'oreilles de sa poche, quand …
«Où est ta sœur? demande Lila.
– Lou? Mais elle est là! Mais …
– Elle est partie vers le marchand de glaces, dit
35 Antoine.»
En une minute, la vie peut devenir un mauvais rêve. Jérémie voit ses parents qui arrivent là-bas, avec les glaces dans les mains. Pas de Lou. Il regarde à gauche, à droite, il crie le prénom
40 de sa sœur. Lila, Yasmina, Antoine l'appellent aussi. Qu'est-ce que les parents vont dire? C'est affreux, ils vont lui demander pourquoi il n'a pas fait attention à sa sœur. C'est sa faute. Avec la foule, elle va se perdre. Elle est petite, elle a
45 cinq ans! Jérémie court, bouscule les gens, il ne voit plus le marchand de glace. Il y a des gens partout. Il entend quelqu'un qui dit:
«N'aie pas peur, on va la retrouver.»
C'est Yasmina. Elle est calme: «Je vais te dire ce
50 qui va se passer. Lou va pleurer. Quelqu'un va lui demander pourquoi elle pleure et l'amener au commissariat. Viens, il faut retrouver tes parents.
– Jérémie! Jérémie!»
55 Le cœur de Jérémie s'arrête: est-ce que ce n'est pas sa sœur? Mais où est-elle? Jérémie la cherche du regard … et il la voit là-bas sur le dos d'un gendarme très grand! Il fait au moins deux mètres!
60 «Lou! Je suis là!»
Le gendarme demande à la petite:
«C'est qui ce garçon?
– C'est mon frère!
– Eh bien, je te la rends avec plaisir, dit le gen-
65 darme à Jérémie.»
Trois minutes après, Jérémie et Lou ont retrouvé leurs parents. Au moment où Madame et Monsieur Gloesener veulent les gronder, le feu d'artifice commence …

## Comprendre

C 86/1  **1**  **a** *Quel titre va avec quelle partie du texte (de quelle ligne à quelle ligne)?*

1. Lou change d'avis
2. Un grand gendarme et une petite fille
3. Des glaces pour tout le monde
4. Le feu d'artifice commence
5. Le problème des boucles d'oreilles
6. Ils se retrouvent au champ de Mars
7. On cherche Lou

**b** *À l'aide de ces titres, racontez l'histoire de ce 14 Juillet.*
*Utilisez* d'abord, ensuite, puis, après, depuis ___ .

**c** *Imaginez quand et comment Jérémie va donner les boucles d'oreilles à Yasmina.*

## S'entraîner

C 86/2  **2**  *C'est le 14 Juillet. Jérémie appelle Yasmina pour aller au feu d'artifice. Lila est chez Yasmina. Que dit Yasmina à Lila? Utilisez le discours indirect et les verbes* vouloir savoir, demander.

Il veut savoir ___ .

1. Qu'est-ce que tu fais en ce moment?
2. Est-ce que tu as eu ma carte postale?
3. Qu'est-ce que tu as fait la semaine dernière?
4. Qu'est-ce que tu vas faire aujourd'hui?
5. Est-ce que tu vas au feu d'artifice ce soir?
6. Est-ce que Lila vient aussi?
7. Est-ce qu'on se retrouve au métro?

**3**  *Mettez ces questions au discours indirect.* (→ Repères, p. 146/6)

1. Est-ce que tout le monde veut une glace?  Mme Gloesener demande ___ .
2. Comment est-ce que je vais donner mon cadeau à Yasmina?  Jérémie se demande ___ .
3. Qu'est-ce que tu vas faire à Arcachon?  Jérémie demande à Lila ___ .
4. Est-ce que tu sais ce que tu veux?  Antoine demande à Lou ___ .
5. Quand est-ce que le feu d'artifice va commencer?  Lila se demande ___ .
6. Où est Lou?  Lila demande à Jérémie ___ .
7. Qu'est-ce que les parents vont dire?  Jérémie se demande ___ .
8. Pourquoi est-ce que tu pleures?  Le gendarme demande à Lou ___ .
9. Est-ce que vous pouvez m'aider?  Lou demande au gendarme ___ .
10. C'est qui, ce garçon?  Le gendarme demande à Lou ___ .

**4** **a** *Ces touristes sont devant le Louvre. Qu'est-ce qu'ils veulent savoir? Utilisez le discours indirect.* (→ Repères, p. 146/6)

1. Ist der Eiffelturm weit von hier?

2. Wann ist der Louvre geschlossen?

3. Wie komme ich mit der Metro nach Montmartre?

4. Um wie viel Uhr öffnen die Geschäfte?

5. Warum gibt es ein Feuerwerk am 14. Juli?

6. Was machen wir nach dem Feuerwerk?

7. Wer hat im Louvre gewohnt?

8. Wo ist die rue Lepic?

9. Ist der Park André Citroën weit von hier?

10. Wo kann man sich ein bisschen ausruhen?

11. Was kann man im Louvre sehen?

**b** ◐ *Trouvez les réponses aux questions des touristes. Faites des recherches.*

**5** *Qui dit / qui pense ça? Imaginez une situation par phrase.*

*Exemple:*
Ma sœur a peur des chiens. On est dans la rue et il y a un chien. Je lui dis: «N'aie pas peur!»

N'aie pas peur!    C'est ta faute.

Ça me fait plaisir.

Avec plaisir!    C'est affreux!

### Jeu de rôle

**6** ▶◣ *Vous êtes au café, la serveuse arrive. Jouez la scène.* (→ Repères, p. 145/1)

◎ Ein Rollenspiel vorbereiten. (→ Méthodes, p. 155)

**Carte A: le client**

Tu es à Lyon avec un/e ami/e qui ne parle pas français. Tu as six euros et tu veux inviter ton ami/e. Regarde la carte et fais le dialogue avec la serveuse.

**Carte B: la serveuse**

Vous fermez dans ¼ heure. Il n'y a plus de glace et il n'y a plus de jus non plus.

~Boissons~
• Coca  3€
• Jus de fruits (d'orange, de pomme, de cerise)  3€
• 3 boules de glaces  3,5€
• Café, thé  2€
• Chocolat  3€

# Repères

## Qu'est-ce qu'on dit?

**1**  **über das Wetter sprechen**
Quel temps fait-il?
Il fait (très) beau/chaud/froid.
Il pleut.
Le ciel est bleu/gris. / Il y a des nuages.
L'eau / la mer est chaud(e)/froid(e).

**Verkehrsmittel angeben**
aller à vélo / à pied
aller en voiture / en car / en train / en métro /
en bus / en rollers / en bateau

**Zeitangaben**
en juillet / en une minute
dans deux semaines

**über seine Pläne sprechen**
Je vais partir à Paris/Echternach / ___ .
On va faire du camping en Bretagne / en
Provence / ___ .

**im Café**
Qu'est-ce que vous prenez? / Qu'est-ce que
vous buvez?

Je voudrais un coca / une glace / un thé / ___ .
Je prends ___ .

**einen Brief beginnen**
Cher Jérémie / Chère Lila
Bonjour!
Salut ___ .

**einen Brief beenden**
À plus!
(Grosses) bises.
Je t'embrasse.

**jemanden beruhigen**
N'aie pas peur.

**jemandem die Schuld geben**
C'est ta faute. / C'est votre faute.

**a** *Quel temps fait-il aujourd'hui?*

**b** *Traduis:* Das ist ihre Schuld.
(Es gibt zwei Möglichkeiten!)

## Grammaire

**2**  **Die Verben**  Les verbes

envoyer wie **essayer** → p. 163, **pleuvoir** → p. 164, régler → wie **préférer** → p. 163

**3**  📖 **Das „futur composé"**  Le futur composé  (→ GH, p. 51)

| | | | | |
|---|---|---|---|---|
| Je | **vais** | | **prendre** | le bus. |
| Tu | **vas** | | **partir** | en vacances. |
| Qu'est-ce qu'il | **va** | | **penser?** | |
| Il pleut. On ne | **va** | pas | **partir** | en bateau. |
| Demain nous | **allons** | | **visiter** | Vannes. |
| Vous | **allez** | vous | **balader** | sur les falaises? |
| Ils ne | **vont** | pas | **partir** | en juillet. |

Beschreibe die Stellung der Verneinungswörter und der Pronomen in einem Satz mit
„futur composé".

**4** 📖 **Das indirekte Objektpronomen** Le pronom d'objet indirect (→ GH, p. 49–50)

| | | | |
|---|---|---|---|
| Tu | **m'** | envoies une carte postale? | (envoyer qc **à** qn) |
| Je vais | **t'** | envoyer une carte postale. | |
| On | **lui** | a tout expliqué. | (expliquer qc **à** qn) |
| Chaipas, tu vas | **nous** | manquer. | (manquer **à** qn) |
| Je | **vous** | propose des gâteaux. | (proposer qc **à** qn) |
| Je vais | **leur** | faire une surprise. | (faire qc **à** qn) |
| Je ne | **leur** | parle plus. | (parler **à** qn) |

Vergleiche die indirekten mit den direkten Objektpronomen. (→ Repères, p. 85/7)
Welche Formen unterscheiden sich?

⚠️

| | | |
|---|---|---|
| jemand**em** helfen | → aider **qn** | → Je l'aide. |
| jemand**em** zuhören | → écouter **qn** | → Je l'écoute. |
| jemand**en** fragen | → demander à **qn** | → Je **lui** demande … |

Einem deutschen Verb mit Dativobjekt entspricht nicht immer ein französisches Verb mit „complément d'objet indirect". Einem deutschen Akkusativobjekt entspricht auch nicht immer ein französisches Verb mit direktem Objekt.

**5** 📖 **Die Frage mit „qu'est-ce qui" und „qu'est-ce que"** (→ GH, p. 52)
L'interrogation avec «qu'est-ce qui» et «qu'est-ce que»

**Qu'est-ce que** ton frère aime faire?
**Qu'est-ce qui** intéresse ton frère?

«Qu'est-ce que» ist \_\_\_ des Fragesatzes.
«Qu'est-ce qui» ist \_\_\_ des Fragesatzes.
Beide entsprechen dem deutschen Fragewort \_\_\_ .

Übersetze.

1. Was sagst du?
2. Was zählt im Leben?
3. Was hast du gelesen?

**6** **Die indirekte Frage** L'interrogation indirecte (→ GH, p. 53)

Un monsieur demande à Lou:
«**Pourquoi est-ce que** tu pleures?»
«**Comment est-ce que** tu t'appelles?»
«**Quand est-ce que** tu as perdu tes parents?»

Il demande à Lou **pourquoi** elle pleure.
Il veut savoir **comment** elle s'appelle et …
Il demande **quand** elle a perdu ses parents.

«**Est-ce que** je peux t'aider?»

Il demande **si** elle peut l'aider.

«**Qu'est-ce qui** est différent?»
«**Qu'est-ce que** tu fais là?»

Il veut savoir **ce qui** est différent.
Il demande **ce qu'**elle fait là.

⚠️

| | | |
|---|---|---|
| s'il | aber: | **si** elle |
| s'ils | | **si** elles |
| | | **si** on |

### Écouter

DELF **1** 🎧 43 *Regardez ces personnages et écoutez. Qui peut faire une balade à pied ou à vélo au soleil? Qui doit rester à la maison?*

1. Mme Martin / Paris    2. Patrick / Nîmes    3. Valérie / Biarritz    4. les Morel / Marseille    5. Nicolas / Auvergne

### S'entraîner

**2** ►◄ *Posez des questions avec* pourquoi *et trouvez des réponses. Utilisez* lui, leur *ou* le, la, l', les.

> J'ai des problèmes en maths, mais je ne peux pas demander à mon frère.

> Et pourquoi est-ce que tu ne peux pas lui demander?

> Parce qu'il est nul en maths.

1. J'ai des problèmes en maths mais je ne peux pas demander à mon frère.
2. Je n'achète pas ces rollers.
3. Je ne peux pas téléphoner à Julia.
4. Je ne vais pas acheter le dernier CD de Diam's.
5. Je ne veux pas offrir cette bédé à ma sœur.
6. Adrien et Mélissa n'écrivent pas à leurs grands-parents.
7. Ma sœur aide ses copains en anglais.

**3** ►◄ *Jouez à deux. A dit un chiffre entre 1 et 6 et une lettre entre a et d. B conjugue le verbe et forme une phrase. Puis, vous changez de rôle.*

*Exemple:*
A: **3** **c**
B: Il nettoie la table.

**1** = je    **2** = tu    **3** = il/elle/on    **4** = nous    **5** = vous    **6** = ils/elles

| **a** envoyer | une lettre / un mail / une carte postale / ___ | **c** nettoyer | la table / souvent *sa* chambre / vite la cuisine / ___ |
|---|---|---|---|
| **b** essayer | un pantalon / un tee-shirt / une jupe / ___ | **d** payer | une glace / cher pour cette veste / 5 euros pour une casquette / ___ |

**4** *Comment est-ce qu'ils partent en vacances? Où vont-ils? (→ Repères, p. 145/1)*

1     2     3     4     5

**5** *Vous êtes en France avec un copain qui ne parle pas français, mais qui pose des questions à tout le monde, bien sûr en allemand. Aidez-le et traduisez. (→ Repères, p. 146/6)*

*Exemple:*

*Votre copain au café:* Was gibt es bei Ihnen zu trinken?

*Vous:* Il veut savoir / Il demande / Il ne sait pas ce qu'on peut boire.

1. Wann fährt der Zug nach Versailles?

2. Warum haben Sie keine deutschen Zeitschriften?

3. Können wir in diesem See schwimmen?

4. Wann beginnt der Film?

5. Kann ich eine heiße Schokolade haben?

6. Essen Sie abends immer warm?

## Vocabulaire

**6**   **a**   *Complétez.*

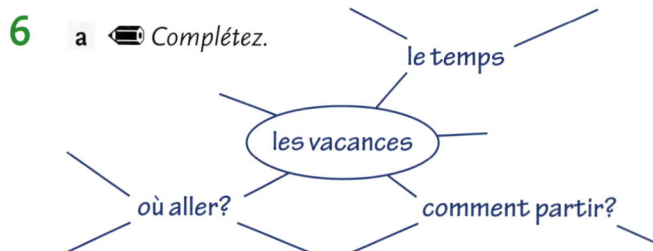

le temps

les vacances

où aller?     comment partir?

**b** *Vous rêvez à vos prochaines vacances. Vous pensez où vous voulez aller, comment vous voulez partir, ce que vous voulez faire, quel temps vous préférez, ce que vous aimez boire ... Racontez.*

## Activité

**7**   *Imaginez que vous faites un voyage scolaire[1] en France. Où aller? Comment partir? Discutez et utilisez les documents de l'exercice 6. (→ p. 134)*

1 **le voyage scolaire** die Klassenfahrt

## Le Luxembourg en direct

**8**

**a** *Regardez ces photos. Quelles photos se rapportent aux textes de cette unité?*

**b** *À quoi est-ce que vous pensez quand vous entendez «Luxembourg»? Faites un associogramme.*

**c** ✤ *Formez des groupes. Chaque groupe cherche des informations sur les différents monuments et personnes qui sont sur les photos, et présente le résultat de ses recherches à ses camarades.*

Luxembourg-ville

La famille Grand Ducale

13ᵉ FESTIVAL INTERNATIONAL de la BANDE DESSINÉE à CONTERN
Grand-Duché de Luxembourg
FESTIVAL BD CONTERN
22 & 23 juillet 2006
Rens. 00352 35 95 76
www.bdcontern.lu

ZONE
Sens unique
FRÄIWËLLEG 30 km
WÉINST EISER

La place des martyrs à Luxembourg-ville

Echternach

La cour de justice européenne

# Méthodes

Auf den folgenden Seiten findest du eine Zusammenstellung wichtiger Lern- und Arbeitstechniken. Viele sind dir schon aus der 1. und 2. Fremdsprache sowie aus dem Deutschunterricht vertraut.

## Wortschatz

### 1 Wörter erschließen

Wenn dir ein Wort „neu" erscheint, musst du nicht gleich im Wörterbuch nachschlagen. Mit ein paar einfachen Tricks kannst du die Bedeutung vieler französischer Wörter herausfinden.
Du kannst unbekannte Wörter erschließen ...

#### ... mit Hilfe anderer Sprachen ⊚ S. 12/3, S. 40/1, S. 61/1

Viele französische Wörter sind verwandt mit Wörtern aus Sprachen, die du schon kennst. Oft haben sie dieselbe oder aber eine ähnliche Bedeutung.

| französisch | englisch | lateinisch | deutsch |
| --- | --- | --- | --- |
| le théâtre | the theatre | theatrum | das Theater |

▶ *Was bedeuten folgende Wörter? Welche Wörter aus anderen Sprachen haben dir geholfen?*
l'explication, l'autoroute, le message, laver, refuser

**Merke** Trotz dieser Verwandtschaften kann es Unterschiede in Aussprache, Schreibung, im Genus und manchmal auch in der Bedeutung geben!

⚠ Achte auf sogenannte „falsche Freunde" (faux amis).

| un baiser (= Kuss) | ein Baiser (= Eiweißgebäck) |
| --- | --- |

▶ *Finde mit Hilfe der* Liste chronologique *weitere „faux amis".*

#### ... über Wortfamilien ⊚ S. 104/10, S. 127/5

Manchmal kennst du ein anderes Wort derselben Familie. An typischen Endungen kannst du außerdem die Wortart des unbekannten Wortes erkennen. (→ Méthodes, p. 151) Beides hilft dir, seine Bedeutung zu erschließen.

être amour**eux/-euse** = verliebt sein → l'amour = die Liebe
l'âge = das Alter → une personne âgée = ein alter Mensch

▶ *Finde die Bedeutung der folgenden Wörter und erkläre, wie du darauf gekommen bist:*
surveiller, le travail, le changement, adorable, les achats.

#### ... mit Hilfe des Kontextes ⊚ S. 61/1

Die Bedeutung vieler Wörter lässt sich mit ein bisschen Logik aus dem Textzusammenhang erschließen. Auch Abbildungen oder die Gestaltung des Textes können dir dabei helfen. (→ Méthodes, p. 153)

▶ *Lies den Text auf S. 69/7 und erkläre die Bedeutung der folgenden Wörter mit Hilfe des Kontextes:*
mélanger, cuire, environ.

**2**  **Die Bildung von Wörtern erkennen und neue Wörter bilden** ◎ S. 34/1, S. 55/6, S. 86/2, S. 118–119/7

### Vorsilben und Endungen

Es gibt Vorsilben oder Endungen, die für Nomen, Adjektive und Verben typisch sind. An ihnen kannst du erkennen, zu welcher Wortart ein Wort gehört. Hier findest du einige Beispiele:

| Nomen | | |
|---|---|---|
| | **-eur/-euse** | le chant**eur** / la chant**euse** |
| | **-teur/-trice** | le moni**teur** / la moni**trice** |
| | **-ant/-ante** | le surveill**ant** / la surveill**ante** |
| | **-ien/-ienne** | le gard**ien** / la gard**ienne** |
| | **-tion/-ation** | la solu**tion**, l'organis**ation** |
| | **-ée** | l'ann**ée** |

◎ S. 123/7
An der Endung eines Nomens kannst du häufig auch erkennen, welches Genus das Nomen hat. Dieses Wissen hilft dir, Genusfehler zu vermeiden.

| maskulin | feminin |
|---|---|
| -ment | -ée |
| | -tion/-ation |

| Adjektive | | |
|---|---|---|
| | **-eux/-euse** | danger**eux**/danger**euse** |

| Verben | |
|---|---|
| | **re-** (= wieder-, zurück-): trouver → **re**trouver, venir → **re**venir |
| | „**se**" zur Bildung reflexiver Verben: parler → **se** parler, aimer → **s'**aimer, |
| | provoquer → **se** provoquer, dire bonjour → **se** dire bonjour |

⚠ Es gibt auch verkürzte Formen, z. B. récrire, rappeler.

Dieses Wissen kannst du nutzen,
– wenn du ein französisches Wort im Wörterbuch nachschlagen möchtest (→ Méthodes, p. 157),
– um selbst neue Wörter abzuleiten.

⚠ Zur Sicherheit solltest du im Wörterbuch nachprüfen, ob es das von dir gebildete Wort tatsächlich gibt.

Du kennst:          chanter → le chanteur
Du kannst ableiten:    courir → le coureur

▶ *Finde zu den oben angegebenen Vorsilben und Endungen jeweils zwei weitere Beispiele.*
  *(→ Liste alphabétique, p. 217)*
▶ *Bilde die männlichen Formen zu „l'exploratrice" und „l'informaticienne".*
▶ *Finde heraus, was auf Französisch „wiederverschließen" heißt.*

### Zusammengesetzte Nomen

Es gibt Nomen, die aus mehreren Wörtern zusammengesetzt sind.

| le grand-père | der Großvater |
|---|---|
| le petit-fils | der Enkel |
| le jus **de** cerises | der Kirschsaft |
| la salle **de** bains | das Badezimmer |

⚠ Zusammengesetzte Nomen werden im Französischen häufig nach dem Muster Nomen + de + Nomen gebildet. Im Deutschen entspricht dem ein Wort (le prof de maths – der Mathelehrer).

▶ *Wie heißt auf Französisch wohl „die Enkelin"?*
▶ *Finde die französische Entsprechung für „der Apfelsaft".*

M

## 3 Wörter umschreiben ◎ S. 79/7, S. 107/3, S. 111/2

Wenn dir beim Sprechen oder Schreiben ein Wort nicht einfällt, kannst du versuchen, das fehlende Wort zu umschreiben oder zu erklären, was es bedeutet.

> C'est un endroit[1] où on peut nager. → la piscine
>
> On le mange le matin, à midi et le soir. → le pain

1 l'endroit *m.* der Ort

Hier findest du einige Möglichkeiten zur Umschreibung:

> C'est une personne qui ...
> C'est une chose / quelque chose que/qui ...
> C'est un endroit / un bâtiment / une pièce / un jour où ...
> C'est un vêtement que/qui ...
> C'est le contraire de ...
> Ce mot veut dire ...
> C'est un autre mot pour ...
> C'est un mot de la même famille que ...
> On l'utilise pour ...

## 4 Wortschatz strukturieren

Wenn du eine Fremdsprache lernst, musst du dir viele neue Vokabeln aneignen. Die folgenden Hinweise zeigen dir, wie du Ordnung in das scheinbare Durcheinander bringen und dir so auch die neuen Wörter besser merken kannst. Du kannst Wörter ordnen ...

### ... in Sachgruppen ◎ S. 23/9, S. 34/2, S. 59/8, S. 96/7b

Wörter merkst du dir leichter, wenn du die Wörter, die thematisch zusammengehören, auch zusammen lernst. Am besten notierst du sie dafür auf Kärtchen mit derselben Farbe oder auf einem großen Blatt mit Hilfe eines Strukturbaumes. Du kannst auch für einen Oberbegriff eine Vokabelkarte (fiche de vocabulaire) anlegen. Wörter, die du später dazulernst, kannst du dort ergänzen.

> l'école
> la cantine
> l'élève
> travailler
> l'exposé
> les copains

▶ *Sammle alle Wörter und Ausdrücke, die zum jeweiligen Thema gehören:*

U4: l'école; U5: la nourriture[1]; U6: le sport; le corps; U7: le paysage[2]

1 la nourriture das Essen, die Ernährung  2 le paysage die Landschaft

### ... nach Wortarten ◎ S. 59/8, S. 96/7b

Manchmal ist eine Sachgruppe so groß, dass es günstig ist, sie nach weiteren Kriterien zu ordnen, z. B. alle Verben, alle Nomen und alle Adjektive zusammenzufassen.

▶ *Ordne den Wortschatz zum Thema „l'école" entsprechend.*

### ... nach Wortpaaren ◎ S. 86/1, S. 96/7b

Zu vielen Wörtern gibt es einen Begriff, der das Gegenteil ausdrückt. Lerne solche Wörter in Gegensatzpaaren.

> grand/e – petit/e

▶ *Bilde Gegensatzpaare mit den folgenden Wörtern:* méchant/e, le problème, moche.

### ... in Wortfamilien ◎ S. 104/10, S. 127/5

Notiere dir Wörter, die zur selben Familie gehören, auf ein Kärtchen. Achte dabei auch darauf, wie die Wörter gebildet werden (→ Méthodes, p. 151).

> rentrer – la rentrée
> le danger – dangereux

▶ *Finde alle Wörter, die zur Wortfamilie „chanter" gehören.* (→ Liste alphabétique, p. 217)

▶ *Du kennst verschiedene Möglichkeiten, Wortschatz zu strukturieren (s. oben). Finde jetzt weitere Kriterien, nach denen du Wortschatz ordnen kannst. Ordne dann eine der Sachgruppen (s. oben) nach diesen Kriterien.*

## Hören

**1 Globales Hörverstehen** ◎ S. 20/7, S. 100/8, S. 102/3a

Beim Hören eines französischen Textes brauchst du nicht jedes Wort zu verstehen. Wichtig ist, dass du den Textinhalt im Großen und Ganzen erfasst. Dazu ein paar Tipps:
– Vor dem Hören: Lies dir die Aufgabenstellung gut durch. Ist in der Aufgabenstellung bereits eine Situation angedeutet, mache dir klar,
  – um welche Situation es sich handelt,
  – worum es in dem Gespräch gehen könnte,
  – wer spricht,
  – was die Personen in dieser Situation sagen könnten.
– Auch Hintergrundgeräusche (z. B. Verkehrslärm, Kinderlachen …) oder der Ton, in dem jemand spricht (z. B. Wut, Freude, Überraschung), können dir wichtige Hinweise liefern.
– Um zu verstehen, worum es im Text insgesamt geht, können dir die sogenannten W-Fragen helfen (Wer? Wo? Wann? Was? Warum? Wie?).
– Notiere die wichtigen Informationen in Stichpunkten. Am besten trägst du sie in eine Tabelle ein (s. unten).
– Wenn du die Möglichkeit hast, einen Text mehrmals zu hören, dann konzentriere dich beim ersten Hören auf die Wörter oder Passagen, die du verstehst. Versuche beim nächsten Hören, auf diese „Verstehensinseln" aufzubauen und weitere Informationen zu entschlüsseln. Du wirst feststellen: Bei jedem Hören verstehst du mehr!

**Notizen machen**
– Notiere nur Stichwörter, schreibe keine ganzen Sätze.
– Notiere jede neue Information in eine neue Zeile. Benutze dabei Spiegelstriche.
– Kürze lange Wörter ab, lasse Artikel und Konjunktionen weg.
– Benutze Abkürzungen: –, +, =, ≠, → (für eine Folgerung).
Du kannst dir auch eigene Abkürzungen ausdenken.

**2 Selektives Hörverstehen** ◎ S. 32/4, S. 54/3, S. 60/10a, S. 83/7, S. 96/8, S. 137/7

Oft geht es darum, einem Hörtext nur ganz bestimmte Informationen zu entnehmen.
– Vor dem Hören: Lies dir die Fragestellung genau durch. Welche Informationen sollst du heraushören? Wenn die Fragestellung es nahelegt, bereite eine Tabelle vor, in die du die gesuchten Informationen später eintragen kannst.

Tabelle zu S. 96/8:

| vêtements | prix |
|-----------|------|
| jupe | |
| chemise | |
| bottes | |
| pantalon | |

– Konzentriere dich dann beim Hören des Textes nur auf die für dich wichtigen Passagen.
– Mache dir beim Hören, wenn nötig, Notizen.
– Trage die gesuchten Informationen in die Tabelle ein.

## Lesen

⚠ Berücksichtige hierzu auch die Informationen → Méthodes, p. 150: Wörter erschließen.

Um einen geschriebenen französischen Text zu verstehen, können dir folgende Strategien helfen:

**1 Texte über ihre Gestaltung erschließen** ◎ S. 101/1

Noch bevor du einen Text komplett liest, kannst du bereits einige Vermutungen über seinen Inhalt anstellen.
– Verrät dir das Druckbild etwas über die Textsorte (Brief, Zeitungsbericht, Werbeanzeige, Dialog bzw. Theaterstück …)?
– Was sagt die Überschrift aus?
– Welche Informationen geben dir Fotos oder andere Illustrationen (evtl. mit Bildunterschriften)?

**M**

## 2 Globales Leseverstehen

Bei einer ersten Lektüre genügt es, den Text im Großen und Ganzen zu verstehen, ohne sich auf Einzelheiten zu konzentrieren. Überlege schon vor dem Lesen, was du bereits zum Thema des Textes weißt. Um nach der Lektüre zu überprüfen, ob du den Textinhalt global verstanden hast, können dir die W-Fragen helfen: Wer? Wo? Wann? Was? Warum? Wie?

## 3 Selektives Leseverstehen ◎ S. 119/8

Manchmal wirst du aufgefordert, einem geschriebenen Text nur bestimmte Informationen zu entnehmen. Das erreichst du durch zielgerichtetes Lesen:
– Lies dir vor der Textlektüre die Fragestellung genau durch.
– Konzentriere dich dann beim Lesen nur auf die für dich wichtigen Passagen.

## 4 Texte über Schlüsselbegriffe erschließen ◎ S. 121/1

Versuche im Text Schlüsselbegriffe oder -sätze zu finden, die die wesentliche(n) Aussage(n) des Textes beinhalten. Überprüfe:
– Gibt es zentrale Begriffe, die immer wiederkehren (Schlüsselbegriffe)?
– Gibt es Sätze, die Textabschnitte zusammenfassen (oft am Anfang und am Ende eines Absatzes)?

## 5 Textinhalte visuell darstellen ◎ S. 41/2, S. 75/1b, S. 121/1

Zum genaueren Verständnis eines Textes ist es nützlich, die einzelnen Informationen nach bestimmten Oberbegriffen oder Kategorien zu ordnen, z. B. nach Informationen zu Personen, Aktivitäten, Argumenten. Die Textinformationen kannst du als Tabelle, als Mind-Map, als Diagramm o. Ä. darstellen.

Diagramm zum Text Unité 7 / Séquence 3:

| (Où?) | Champs de Mars | | Les parents partent. | | Problème 1: Jérémie – cadeau → il ne fait pas attention à Lou |
| (Quand?) | 14 juillet – le soir | | | | |
| (Qui?) | Jérémie et sa famille Lila et sa famille Yasmina | | Les enfants restent. | | Problème 2: Lou veut une autre glace → Lou part |

## Sprechen

## 1 Gespräche ◎ S. 56/11, S. 71/6

Um in Gesprächssituationen gut klarzukommen, solltest du dir die Redewendungen aus den Repères (Qu'est-ce qu'on dit?) einprägen. Hilfestellung bieten auch die Dialoge aus dem Lehrbuch.

Hier findest du eine Zusammenstellung wichtiger Ausdrücke für häufige Gesprächssituationen:

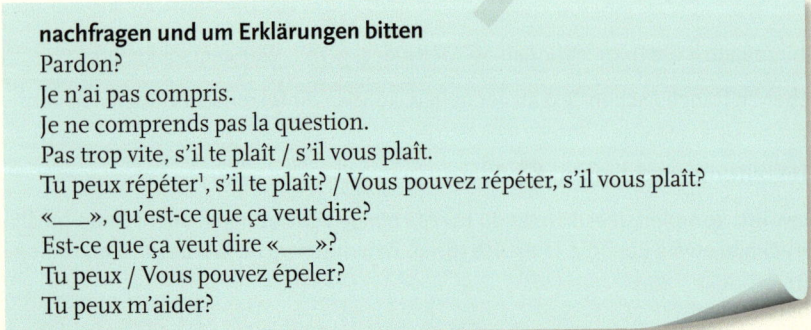

**nachfragen und um Erklärungen bitten**
Pardon?
Je n'ai pas compris.
Je ne comprends pas la question.
Pas trop vite, s'il te plaît / s'il vous plaît.
Tu peux répéter[1], s'il te plaît? / Vous pouvez répéter, s'il vous plaît?
«___», qu'est-ce que ça veut dire?
Est-ce que ça veut dire «___»?
Tu peux / Vous pouvez épeler?
Tu peux m'aider?

1 **répéter** wiederholen

Weitere wichtige Ausdrücke zur Meinungsäußerung bzw. für eine Diskussion findest du auf S. 79/8.

## 2 Rollenspiele ◎ S. 24/12, S. 28/8, S. 60/11, S. 64/10, S. 96/10, S. 100/9, S. 136/1b, S. 144/6

Willst du mit anderen ein Rollenspiel erarbeiten, beachte folgende Punkte:
– Überlege: Wen stellst du dar und was verlangt deine Rolle von dir?
– Mache dir einen Stichwortzettel.
In freieren Dialogen: Überlege dir, was dein/e Dialogpartner antworten könnte/n. Bereite mögliche Antworten darauf vor.

Stichwortzettel zu S. 24/12:

Du bist der/die Schüler/in.

| ich: | der „surveillant": |
|---|---|
| – bonjour | C'est ici. |
| – nouveau/nouvelle; cherche CDI | – Tu t'appelles ...? |
| – je m'appelle | |
| – au revoir | |

## Schreiben

Erinnere dich an die Schreibregeln, die du aus dem Deutschunterricht und dem Unterricht der anderen Fremdsprachen kennst (Textthema, Textsorte, Umfang des Textes, Tempus). Du kannst diese Regeln auf das Erstellen französischer Texte übertragen.
Beim Formulieren helfen dir die Redewendungen in den Repères (Qu'est-ce qu'on dit?). Orientiere dich auch an den Lehrbuchtexten.

## 1 Eine Postkarte / Einen Brief / Eine E-Mail schreiben ◎ S. 134/6, S. 137/8 und 9

Es gibt typische Ausdrücke, mit denen man eine Postkarte bzw. einen Brief an eine/n Freund/in beginnt und beendet.

PARIS ET SES MERVEILLES...
Le palais du Louvre et la pyramide (architecte leoh Ming Pei - Etablissement public du Grand Louvre).

Chère Léa/Cher Nathan
Salut!/Bonjour!

et plus!/Grosses bises!/
Je t'embrasse.

Léa Battet
12, rue Victor Hugo

▭ 2 6 0 0 0

Valence

www.Paris.com
YOUR SPECIALIST FOR PARIS

In französischen Adressen steht die Hausnummer vor dem Straßennamen.

Willst du Informationsmaterial anfordern (→ S. 134/6), kannst du folgende Ausdrücke benutzen:

**2  Fehler selbst korrigieren**  ◎ z. B. S. 48/8, S. 71/8, S. 76/7, S. 115/8, S. 137/8 und 9

Wenn du einen französischen Text geschrieben hast, solltest du ihn Korrektur lesen. Die Chance, Fehler zu finden, ist größer, wenn du deinen Text mehrmals durchliest und bei jedem Durchlesen nur auf einen bestimmten grammatischen Punkt achtest. Aus den folgenden Vorschlägen kannst du dir eine persönliche „Fehlersuchliste" zusammenstellen.

| | |
|---|---|
| 1. Sind die Begleiter und Adjektive dem Genus und dem Numerus des Nomens angepasst? | **des** livres<br>**les belles** chansons<br>**cette** fille |
| 2. Hast du an die Apostrophierung bzw. die Veränderung des Begleiters, Pronomens oder Adjektivs vor Nomen mit Vokal oder stummem „h" gedacht? | **l'**horloge<br>**mon** adresse<br>**cet** ordinateur |
| 3. Stimmen die Verbformen mit ihren Subjekten überein? | **tu** chantes<br>**ils** voient |
| 4. Hast du an die richtige Stellung der Adjektive gedacht? | un pull **vert**<br>une **belle** maison |
| 5. Stimmen die Pronomen in Genus und Numerus mit den Wörtern überein, die sie ersetzen? | **les** oranges – Je **les** achète. |
| 6. Satzbau: Hast du an die richtige Reihenfolge der Satzglieder (Subjekt – Verb – Ergänzung) und an den richtigen Platz der Pronomen gedacht? | Lila parle à son frère.<br>Elle **lui** donne le pain. |
| 7. Hast du die Regeln zur Bildung des „passé composé" beachtet? | il **a** mangé<br>elle **est** venue |

## ▬▬ Sprachmittlung

In deinem Buch gibt es Übungen mit diesem Zeichen ▮. Dies sind sogenannte „Sprachmittlungsübungen". Hier geht es darum, den Inhalt des Textes sinngemäß in der anderen Sprache wiederzugeben. Du sollst also **nicht** wörtlich übersetzen.

**1  Zusammenfassen: Französisch → Deutsch**  ◎ S. 69/6, S. 108/8

Hier sollst du den Inhalt eines schriftlichen französischen Textes auf Deutsch wiedergeben.
(Dieser Text kann natürlich auch unbekannte Wörter enthalten.)
– Lies den Text durch. Mache dir mit Hilfe der W-Fragen (Wer? Wo? Wann? Was? Warum? Wie?) klar, worauf es in dem Text ankommt.
   Notiere dir eventuell die wichtigen Textinformationen stichpunktartig auf Deutsch. (→ Méthodes, p. 153)
– Formuliere dann auf Deutsch. Es geht dabei um eine Zusammenfassung der wichtigsten Textinhalte. Sei also nicht überrascht, wenn der deutsche Text (deutlich) kürzer ist als der französische Ausgangstext!
– Lies den französischen Text noch einmal durch, um zu überprüfen, ob dein deutscher Text alle wichtigen Informationen enthält.

## 2 „Dolmetschen": Deutsch → Französisch ◎ S. 103/6, S. 144/4, S. 148/5

In diesen Sprachmittlungsübungen geht es um die Wiedergabe einzelner deutscher Äußerungen auf Französisch. Hierbei übernimmst du also die Rolle eines Dolmetschers.
– Mache dir klar, was die Person, für die du dolmetschst, sagen möchte.
– Übertrage dies sinngemäß ins Französische.

## Das zweisprachige Wörterbuch benutzen

## 1 Französisch – Deutsch ◎ S. 83/8c

Ein Wörterbucheintrag enthält verschiedene Informationen, die man „entschlüsseln" muss, um das Wörterbuch sinnvoll nutzen zu können. Dazu muss man auch einige Abkürzungen kennen. Die Bedeutung der Abkürzungen findest du im Abkürzungsverzeichnis am Anfang/Ende deines Wörterbuchs.

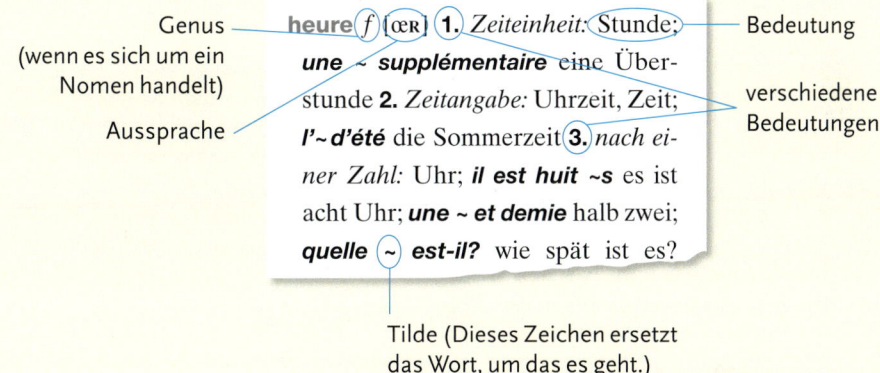

Weitere Hinweise für das Nachschlagen in einem französisch-deutschen Wörterbuch:
– Die Akzente und andere besondere Zeichen spielen für die Einordnung eines Wortes keine Rolle: „école" steht also vor „être", „ça" steht vor „cantine". Wörter, die mit „œ" beginnen, findest du unter „o".
– Identifiziere zunächst die Wortart des unbekannten Wortes (Nomen? Verb? Adjektiv?). Konjugierte Verbformen (z. B. ils prennent, elle a entendu), unregelmäßige Pluralformen eines Nomens (z. B. les animaux) musst du auf ihre Grundform (prendre, entendre, l'animal), feminine Adjektive (z. B. nouvelle) auf ihre maskuline Form (nouveau) zurückführen, damit du sie im Wörterbuch findest. Dabei helfen dir deine Kenntnisse zur Wortbildung (→ Méthodes, p. 151).
– Ein Wort kann mehrere Bedeutungen haben. Deshalb ist es wichtig, den Wörterbucheintrag immer ganz durchzulesen, um die Bedeutung herauszufinden, die in „deinen" Kontext passt.
– Falls du Zweifel bei der Aussprache hast, achte auf die in Klammern angegebene Lautschrift.

▸ *Finde mit Hilfe des Wörterbuchs die Bedeutung von „victime" und „accusateur" aus dem Text S. 108/8 heraus.*
▸ *Unter welchem Eintrag findest du im Wörterbuch die unterstrichenen Wörter?*
J'aime <u>les chevaux</u>. / C'est une <u>belle</u> histoire. / Elle <u>a ouvert</u> la porte.
▸ *Finde mit Hilfe des Wörterbuchs jeweils die passende Übersetzung der beiden Verben:*
passer:  Je <u>passe</u> mes vacances à Vannes.  Mme Gloesener <u>passe</u> devant la librairie.
mettre:  Elle <u>met</u> sa nouvelle jupe.  <u>Mets</u> le livre sur la table, s'il te plaît.
finir:  Tu <u>finis</u> tes devoirs?  Tu <u>finis</u> ton lait, Orlane?

M

verschiedene
Übersetzungen

**Uhr 1.** (*Turm-, Standuhr usw.*) l'horloge
f [lɔʀlɔʒ] **2.** (*Armbanduhr, Taschenuhr*)
la montre; *deine ~ geht vor* ta montre
avance; *ihre ~ geht fünf Minuten nach*
sa montre retarde de cinq minutes **3.**
*Zeit:* l'heure *wie viel ~ ist es?* quelle
heure est-il?; *es ist ein ~* il est une
heure; *um wie viel ~?* à quelle heure?

französische Entsprechung

Tilde (Dieses Zeichen ersetzt
das Wort, um das es geht.)

Wenn du für ein deutsches Wort die französische Entsprechung nachschlägst, gelten ähnliche Regeln:

– Lies dir den Wörterbucheintrag vollständig durch
und entscheide, welches der angegebenen
französischen Wörter das passende ist. Beachte
dabei Angaben wie *fam. (= familier).* Das bedeutet
„umgangssprachlich".

– Bist du dir unsicher, wie das französische Wort
ausgesprochen wird, nimm die Lautschrift im
französisch-deutschen Teil des Wörterbuchs zu
Hilfe.

– Passe das ausgewählte französische Wort in den
Satz, den du formulieren möchtest, ein, d. h.:
bei Nomen: Bilde, wenn nötig, den Plural.
bei Verben: Bilde aus dem Infinitiv die passende Verbform.
bei Adjektiven: Gleiche sie dem Nomen an.

**Tipp:** Hast du eine der angegebenen französischen Entsprechungen für dein deutsches Wort ausgewählt, kannst du überprüfen, ob es sich um die passende handelt: Schlage einfach das französische Wort im französisch-deutschen Teil deines Wörterbuchs nach. Findest du dort das deutsche Wort, von dem du ausgegangen bist, wieder?

▶ *Welche französischen Wörter entsprechen den unterstrichenen deutschen Ausdrücken?*

Komm, wir spielen Tischtennis. Hast du einen Ball?
Lucas hat seinen Ball über den Zaun geschossen.

Sie setzen sich auf die Bank unter dem großen Baum.
Ich gehe zur Bank, um Geld zu holen.

## L'alphabet  Das Alphabet

a [a]   d [de]   g [ʒe]   j [ʒi]   m [ɛm]   p [pe]   s [ɛs]   v [ve]   y [igʀɛk]
b [be]   e [ə]   h [aʃ]   k [ka]   n [ɛn]   q [ky]   t [te]   w [dubləve]   z [zɛd]
c [se]   f [ɛf]   i [i]   l [ɛl]   o [o]   r [ɛʀ]   u [y]   x [iks]

## Les signes dans la phrase  Die Zeichen im Satz

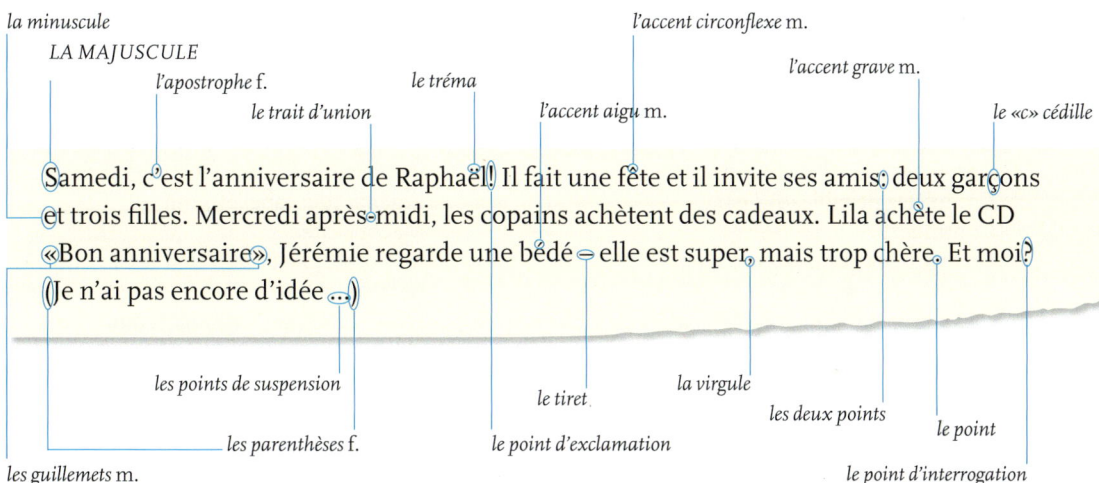

la minuscule

LA MAJUSCULE

l'apostrophe f.

le trait d'union

le tréma

l'accent aigu m.

l'accent circonflexe m.

l'accent grave m.

le «c» cédille

Samedi, c'est l'anniversaire de Raphaël! Il fait une fête et il invite ses amis: deux garçons et trois filles. Mercredi après-midi, les copains achètent des cadeaux. Lila achète le CD «Bon anniversaire», Jérémie regarde une bédé – elle est super, mais trop chère. Et moi? (Je n'ai pas encore d'idée …)

les points de suspension

les parenthèses f.

les guillemets m.

le tiret

le point d'exclamation

la virgule

les deux points

le point

le point d'interrogation

## La transcription phonétique  Die Lautschrift

### Les consonnes  Die Konsonanten

[b]   banane, bonjour
[d]   danse, ordinateur
[f]   photo, clafoutis
[g]   guitare, gare
[k]   classe, chocolat
[l]   la, ville
[m]   mardi, aimer, film
[n]   non, animal
[ŋ]   camping
[ɲ]   espagnol, Allemagne
[p]   page, répondre
[ʀ]   rue, livre
[s]   scharfes „s" wie in Kuss: ça, merci, sonner, passer
[z]   summendes „s" (tritt nur zwischen zwei Vokalen, als Bindungs-s bzw. -x oder in der Schreibung „z" auf) wie in rasen: maison, les enfants, six heures, zéro
[ʃ]   „sch" wie in Tasche: chercher, chat
[ʒ]   wie in Garage: argent, jouer
[t]   tour, mettre
[v]   veste, livre, élève

### Les voyelles  Die Vokale

[a]   kurzes „a" wie in Ball: ami, femme
[ɑ]   langes „a" wie in Bahn: ne … pas, âge
[ɛ]   offenes „e" wie in Ende: mais, lunettes, c'est
[e]   geschlossenes „e" wie in See: école, exposé
[ə]   stummes „e" wie in Kabel: le, de, regarder
[i]   idée, lit
[o]   geschlossenes „o" wie in Floh: trop, pauvre
[ɔ]   offenes „o" wie in doch: porte, sortir
[ø]   geschlossenes „ö" wie in böse: jeudi, Monsieur
[œ]   offenes „ö" wie in öffnen: jeune, heure, sœur
[u]   „u" wie in Mut: où, bonjour, sous
[y]   „ü" wie in müde: unité, rue, résultat

ANNEXE

## Les semi-voyelles  Die Gleitlaute

[ɥ]  c**ui**sine, min**ui**t, aujourd'**hui**
[j]  fam**ill**e, boute**ill**e, nata**ti**on
[w]  av**oi**r, hist**oi**re, **oui**

## Les voyelles nasales  Die Nasalvokale

[ã]  **en**suite, **ca**ntine, **em**brasser
[ɔ̃]  **on**ze, m**on**de, pard**on**, garç**on**
[ɛ̃]  **un**, cop**ain**, ch**ien**, m**ain**tenant

## Les jours de la semaine  Die Wochentage

lundi [lɛ̃di]          vendredi [vãdʀədi]
mardi [maʀdi]         samedi [samdi]
mercredi [mɛʀkʀədi]   dimanche [dimãʃ]
jeudi [ʒødi]

## Les mois de l'année  Die Monate des Jahres

janvier [ʒãvje]    mai [mɛ]        septembre [sɛptãbʀ]
février [fevʀije]  juin [ʒɥɛ̃]      octobre [ɔktɔbʀ]
mars [maʀs]        juillet [ʒɥijɛ]  novembre [nɔvãbʀ]
avril [avʀil]      août [u(t)]     décembre [desãbʀ]

## Indications pour les exercices  Übungsanweisungen

| | |
|---|---|
| À vous. | Ihr seid dran! |
| Accordez (les adjectifs). | Gleicht (die Adjektive) an. |
| Choisissez (une situation). | Wählt (eine Situation) aus. |
| Comparez avec (l'allemand) / à ___ . | Vergleicht mit (dem Deutschen) / mit ___ . |
| Complétez (le tableau) / par ___ . | Ergänzt (die Tabelle) / mit ___ . |
| Continuez. | Macht weiter. |
| Corrigez (les phrases / le texte). | Korrigiert (die Sätze / den Text). |
| Décrivez (les dessins). | Beschreibt (die Bilder). |
| Écoutez encore une fois (le texte). | Hört euch (den Text) noch einmal an. |
| Écoutez et (répétez/notez). | Hört zu und (wiederholt/notiert). |
| Écrivez ___ . | Schreibt ___ . |
| Expliquez. | Gebt eine Erklärung. |
| Faites (un tableau / des devinettes). | Macht (eine Tabelle/Rätsel). |
| Formez (des phrases / des questions). | Bildet (Sätze/Fragen). |
| Imaginez (la suite / les dialogues). | Denkt euch (eine Fortsetzung / die Dialoge) aus. |
| Jouez (la scène / les dialogues). | Spielt (die Szene / die Dialoge). |
| Justifiez votre réponse. | Begründet eure Antwort. |
| Lisez (le dialogue / le poème). | Lest (den Dialog / das Gedicht). |
| Mettez les mots dans l'ordre. | Bringt die Wörter in die richtige Reihenfolge. |
| Mettez les verbes au passé composé. | Konjugiert die Verben im passé composé. |
| Notez (la solution) dans votre cahier. | Notiert (die Lösung) in euer Heft. |
| Parlez de ___ . | Erzählt von ___ . |
| Posez des questions et répondez. | Stellt Fragen und antwortet. |
| Préparez le dialogue. | Bereitet den Dialog vor. |
| Présentez vos résultats en classe / à vos camarades. | Tragt eure Ergebnisse der Klasse / euren Mitschülern/-innen vor. |
| Qu'est-ce que vous apprenez sur ___ ? | Was erfahrt ihr über ___ ? |
| Qu'est-ce qui va ensemble? | Was passt zusammen? |
| Racontez (une histoire). | Erzählt (eine Geschichte). |
| Regardez (le dessin / les photos). | Schaut euch die Zeichnung / die Fotos an. |
| Répondez. | Antwortet. |
| Retrouvez l'ordre des images. | Findet die richtige Reihenfolge der Bilder heraus. |
| Révisez. | Wiederholt. |
| Traduisez (les phrases / les questions). | Übersetzt (die Sätze / die Fragen). |
| Trouvez les intrus. | Findet die Wörter, die nicht passen. |
| Utilisez ___ . | Verwendet ___ . |
| Votre voisin / Vos camarades ___ . | Euer/Eure Nachbar(in) / Eure Mitschüler/innen ___ . |
| Vous (ne) connaissez (pas) ___ . | Ihr kennt (nicht) ___ . |
| Vrai ou faux? | Richtig oder falsch? |

## Les nombres en français  Die französischen Zahlen

### Les nombres cardinaux  Die Grundzahlen

| 0 | zéro | [zero] | |
|---|---|---|---|
| 1 | un/une | [ɛ̃] *(maskulin)* / [yn] *(feminin)* | |
| 2 | deux | [dø] | [døz] *in der Bindung:* deux_enfants [døzɑ̃fɑ̃] |
| 3 | trois | [tʀwa] | [tʀwaz] *in der Bindung:* trois_enfants [tʀwazɑ̃fɑ̃] |
| 4 | quatre | [katʀ] | |
| 5 | cinq | [sɛ̃k] | [sɛ̃] *vor Konsonanten:* cinq romans [sɛ̃ʀomɑ̃] |
| 6 | six | [sis] | [si] *vor Konsonanten:* six livres [silivʀ] |
|  |  |  | [siz] *in der Bindung:* six_heures [sizœʀ] |
| 7 | sept | [sɛt] | |
| 8 | huit | [ɥit] | [ɥi] *vor Konsonanten:* huit jours [ɥiʒuʀ] |
| 9 | neuf | [nœf] | *aber:* neuf ans [nœvɑ̃] *und* neuf heures [nœvœʀ] |
| 10 | dix | [dis] | [di] *vor Konsonanten:* dix livres [dilivʀ] |
|  |  |  | [diz] *in der Bindung:* dix_heures [dizœʀ] |
| 11 | onze | [ɔ̃z] | |
| 12 | douze | [duz] | |
| 13 | treize | [tʀɛz] | |
| 14 | quatorze | [katɔʀz] | |
| 15 | quinze | [kɛ̃z] | |
| 16 | seize | [sɛz] | |
| 17 | dix-sept | [disɛt] | |
| 18 | dix-huit | [dizɥit] | |
| 19 | dix-neuf | [diznœf] | *wie bei* neuf |
| 20 | vingt | [vɛ̃] | [vɛ̃t] *in der Bindung:* vingt_heures [vɛ̃tœʀ] |
| 21 | vingt **et** un[1] | [vɛ̃teɛ̃] *(maskulin)* | |
|  | vingt **et** une | [vɛ̃teyn] *(feminin)* | |
| 22 | vingt-deux | [vɛ̃tdø] | *wie bei* deux |
| 30 | trente | [tʀɑ̃t] | |
| 40 | quarante | [kaʀɑ̃t] | |
| 50 | cinquante | [sɛ̃kɑ̃t] | |
| 60 | soixante | [swasɑ̃t] | |
| 70 | soixante-dix[2] | [swasɑ̃tdis] | *wie bei* dix |
| 71 | soixante et onze | [swasɑ̃teɔ̃z] | |
| 72 | soixante-douze | [swasɑ̃tduz] | |
| 73 | soixante-treize | [swasɑ̃ttʀɛz] | |
| 74 | soixante-quatorze | [swasɑ̃tkatɔʀz] | |
| 75 | soixante-quinze | [swasɑ̃tkɛ̃z] | |
| 76 | soixante-seize | [swasɑ̃tsɛz] | |
| 77 | soixante-dix-sept | [swasɑ̃tdisɛt] | |
| 78 | soixante-dix-huit | [swasɑ̃tdizɥit] | *Bindung wie bei* huit |
| 79 | soixante-dix-neuf | [swasɑ̃tdiznœf] | *Bindung wie bei* neuf |
| 80 | quatre-vingt**s**[3] | [katʀəvɛ̃] | *Bindung wie bei* vingt |
| 81 | quatre-vingt-un[4] | [katʀəvɛ̃ɛ̃] | *(maskulin)* |
|  | quatre-vingt-une | [katʀəvɛ̃yn] | *(feminin)* |
| 82 | quatre-vingt-deux | [katʀəvɛ̃dø] | *Bindung wie bei* deux |
| 90 | quatre-vingt-dix[5] | [katʀəvɛ̃dis] | *Bindung wie bei* dix |
| 91 | quatre-vingt-onze | [katʀəvɛ̃ɔ̃z] | |
| 100 | cent | [sɑ̃] | [sɑ̃t] *in der Bindung:* cent_ans [sɑ̃tɑ̃] |
| 101 | cent un[6] | [sɑ̃ɛ̃] | |
| 102 | cent deux | [sɑ̃dø] | [-døz] *in der Bindung wie bei* deux |
| 110 | cent dix | [sɑ̃dis] | [-di] *vor Konsonanten wie bei* six |
|  |  |  | [-diz] *in der Bindung wie bei* six |

| | | | |
|---|---|---|---|
| 200 | deux cents[7] | [døsɑ̃] | [-sɑ̃z] *in der Bindung:* deux cents‿enfants [døsɑ̃zɑ̃fɑ̃] |
| 201 | deux cent un[8] | [døsɑ̃ɛ̃] | |
| 1.000 | mille | [mil] | |
| 1.001 | mille un | [milɛ̃] | |
| 2.000 | deux mille[9] | [dømil] | |
| 100.000 | cent mille | [sɑ̃mil] | |
| 200.000 | deux cent mille | [døsɑ̃mil] | |
| 1.000.000 | un million | [ɛ̃miljɔ̃] | |
| 2.000.000 | deux millions | [dømiljɔ̃] | |

1 *Bei 21, 31, 41, 51, 61 wird der Einer mit* et *an den Zehner gebunden. Die nachfolgenden Einer (z.B. 22, 23, 24, …) werden jedoch mit Bindestrich angeschlossen.*

2 *Ein eigenes Zahlwort für 70 hat das Französische nicht. Diese Zahl wird durch Zusammensetzen von 60 (+) 10 gebildet.*

3 *Das Zahlwort* vingt *hat eine Pluralform:* quatre-vingts. *Die Zahl 80 ist eine Zusammensetzung aus 4 (x) 20.*

4 *Wenn auf* vingt *eine weitere Zahl folgt, entfällt das Plural-s.*

5 *Auch bei 90 wird eine zusammengesetzte Form gebildet: 4 (x) 20 (+) 10.*

6 *Ab 100 werden die Einer und Zehner nicht mehr mit Bindestrich angeschlossen.*

7 *Das Zahlwort* cent *hat eine Pluralform:* deux cents, trois cents.

8 *Wenn noch eine Zahl folgt, hat* cent *kein -s.*

9 *Das Zahlwort* mille *ist unveränderlich:* deux mille, trois mille.

*Die Schreibung mit Bindestrich ist nach den neuen Empfehlungen zur französischen Rechtschreibung möglich. Du kannst also schreiben:* vingt-et-un, deux-cents, trois-mille-cinq-cents.
*(www.orthographe-recommandee.info)*

## Les nombres ordinaux  Die Ordnungszahlen

| | | |
|---|---|---|
| le 1er / la 1ère | le premier / la première | [ləpʀəmje]/[lapʀəmjɛʀ] |
| le/la 2e | le/la deuxième *oder* le/la second/e | [lə/ladøzjɛm] *oder* [lə/ləsəgɔ̃]/[lasəgɔ̃d] |
| le/la 3e | le/la troisième | [lə/latʀwazjɛm] |
| le/la 4e | le/la quatrième | [lə/lakatʀjɛm] |
| le/la 5e | le/la cinquième | [lə/lasɛ̃kjɛm] |
| le/la 6e | le/la sixième | [lə/lasizjɛm] |
| le/la 7e | le/la septième | [lə/lasɛtjɛm] |
| le/la 8e | le/la huitième | [lə/laɥitjɛm] |
| le/la 9e | le/la neuvième | [lə/lanœvjɛm] |
| le/la 10e | le/la dixième | [lə/ladizjɛm] |
| le/la 20e | le/la vingtième | [lə/lavɛ̃tjɛm] |
| le/la 21e | le/la vingt et unième | [lə/lavɛ̃teynjɛm] |

| | | | |
|---|---|---|---|
| *Man sagt:* | le 1er mai | le premier mai | [ləpʀəmjemɛ] |
| *aber:* | le 2 mai | le deux mai | [lədømɛ] |

*Bei Datumsangaben gebraucht man die Ordnungszahl nur beim ersten Tag eines Monats.*

## Solutions

**Unité 3, Séquence 3, Ex. 9b, p. 64**, Übersetzung des Zungenbrechers:
Sechzehn Hyazinthen trocknen in sechzehn trockenen Beutelchen.

**Unité 4, Séquence 2, Ex. 5a, p. 78**: 1. Montmartre; 2. la natation; 3. Mme Dulac; 4. Lila; 5. un CD; 6. S.V.T.

**Unité 6, Séquence 3, Ex. 6, p. 123**: le chewing-gum: 1869; la radio: 1895; le coca: 1886; la télé: 1929; le vélo: 1870; l'ordinateur: 1946; les rollers: 1980; l'horloge: ca. 1300; les jeans: 1850; le téléphone: 1876; le basket: 1891; les lunettes: 1280; le mp3: 2003

## Les verbes  Die Verben

Hier findest du die Konjugationen der Verben aus den sieben Unités von **À plus!** 1 Méthode intensive.

⚠ (ê) So gekennzeichnete Verben bilden das passé composé mit être.

### Les verbes auxiliaires «avoir» et «être»  Die Hilfsverben „avoir" und „être"

| infinitif | **avoir** | | | **être** | |
|---|---|---|---|---|---|
| présent | j' | ai | | je | suis |
| | tu | as | | tu | es |
| | il/elle/on | a | | il/elle/on | est |
| | nous | avons | | nous | sommes |
| | vous | avez | | vous | êtes |
| | ils/elles | ont | | ils/elles | sont |
| impératif | **Aie. Ayons. Ayez.** | | | **Sois. Soyons. Soyez.** | |
| participe passé | eu | | | été | |

### Les verbes réguliers en -er/-(d)re  Die regelmäßigen Verben auf -er/-(d)re

| infinitif | **regarder** | |
|---|---|---|
| présent | je | regarde |
| | tu | regardes |
| | il/elle/on | regarde |
| | nous | regardons |
| | vous | regardez |
| | ils/elles | regardent |
| impératif | Regarde. Regardons. Regardez. | |
| participe passé | regardé | |

⚠ Diese Verben auf -er bilden das passé composé mit être: (ê)arriver, (ê)entrer, (ê)monter, (ê)passer, (ê)rentrer, (ê)rester, (ê)tomber

| infinitif | **entendre** | |
|---|---|---|
| présent | j' | entends |
| | tu | entends |
| | il/elle/on | entend |
| | nous | entendons |
| | vous | entendez |
| | ils/elles | entendent |
| impératif | Entends. Entendons. Entendez. | |
| participe passé | entendu | |

ebenso: attendre, (ê)descendre, perdre, rendre, répondre, tendre

⚠ Diese Verben haben jeweils eine Besonderheit in der Schreibung:

-cer: nous avançons, nous (re-)commençons

-ger: nous changeons, nous échangeons, nous encourageons, nous mangeons, nous nageons, nous rangeons, nous nous engageons

-yer: j'essaie, tu essaies, il/elle/on essaie, nous essayons, vous essayez, ils/elles essaient; ebenso: envoyer, nettoyer, payer

préférer: je préfère, tu préfères, il/elle/on préfère, nous préférons, vous préférez, ils/elles préfèrent; ebenso: exagérer, régler

acheter: j'achète, tu achètes, il/elle/on achète, nous achetons, vous achetez, ils/elles achètent; ebenso: amener, se lever

(s')appeler: je/j' (m')appelle, tu (t')appelles, il/elle/on (s')appelle, nous (nous) appelons, vous (vous) appelez, ils/elles (s')appellent

*Les verbes irréguliers*  **Die unregelmäßigen Verben**

⚠ *Die unregelmäßigen Verben sind in alphabetischer Reihenfolge aufgelistet.*

| *infinitif* | <sup>(ê)</sup>**aller** | | **boire** | | **courir** | |
|---|---|---|---|---|---|---|
| *présent* | je | vais | je | bois | je | cours |
| | tu | vas | tu | bois | tu | cours |
| | il/elle/on | va | il/elle/on | boit | il/elle/on | court |
| | nous | allons | nous | buvons | nous | courons |
| | vous | allez | vous | buvez | vous | courez |
| | ils/elles | vont | ils/elles | boivent | ils/elles | courent |
| *impératif* | Va. Allons. Allez. | | Bois. Buvons. Buvez. | | Cours. Courons. Courez. | |
| *participe passé* | allé/e | | bu | | couru | |

| *infinitif* | **devoir** | | **dire** | | **écrire** | |
|---|---|---|---|---|---|---|
| *présent* | je | dois | je | dis | j' | écris |
| | tu | dois | tu | dis | tu | écris |
| | il/elle/on | doit | il/elle/on | dit | il/elle/on | écrit |
| | nous | devons | nous | disons | nous | écrivons |
| | vous | devez | vous | **dites** | vous | écrivez |
| | ils/elles | doivent | ils/elles | disent | ils/elles | écrivent |
| *impératif* | *(selten verwendet)* | | Dis. Disons. **Dites**. | | Écris. Écrivez. Écrivons. | |
| *participe passé* | dû | | dit | | écrit | |

| *infinitif* | **faire** | | **lire** | | **mettre** | |
|---|---|---|---|---|---|---|
| *présent* | je | fais | je | lis | je | mets |
| | tu | fais | tu | lis | tu | mets |
| | il/elle/on | fait | il/elle/on | lit | il/elle/on | met |
| | nous | faisons [fəzɔ̃] | nous | lisons | nous | mettons |
| | vous | **faites** | vous | lisez | vous | mettez |
| | ils/elles | font | ils/elles | lisent | ils/elles | mettent |
| *impératif* | Fais. Faisons. **Faites**. | | Lis. Lisons. Lisez. | | Mets. Mettons. Mettez. | |
| *participe passé* | fait | | lu | | mis | |

| *infinitif* | **offrir** | | <sup>(ê)</sup>**partir** | | **pleuvoir** | |
|---|---|---|---|---|---|---|
| *présent* | j' | offre | je | pars | | |
| | tu | offres | tu | pars | | |
| | il/elle/on | offre | il/elle/on | part | il | pleut |
| | nous | offrons | nous | partons | | |
| | vous | offrez | vous | partez | | |
| | ils/elles | offrent | ils/elles | partent | | |
| *impératif* | Offre. Offrons. Offrez. | | Pars. Partons. Partez. | | *(kein Imperativ)* | |
| *participe passé* | offert | | parti/e | | plu | |
| | *ebenso:* ouvrir | | *ebenso:* dormir, <sup>(ê)</sup>sortir | | | |

| infinitif | **pouvoir** | | **prendre** | | **savoir** | |
|-----------|-------------|---|-------------|---|------------|---|
| présent | je | peux | je | prends | je | sais |
| | tu | peux | tu | prends | tu | sais |
| | il/elle/on | peut | il/elle/on | prend | il/elle/on | sait |
| | nous | pouvons | nous | prenons | nous | savons |
| | vous | pouvez | vous | prenez | vous | savez |
| | ils/elles | peuvent | ils/elles | prennent | ils/elles | savent |
| impératif | *(kein Imperativ)* | | Prends. Prenons. Prenez. | | Sache. Sachons. Sachez. | |
| participe passé | pu | | pris | | su | |
| | | | *ebenso:* apprendre, comprendre | | | |

| infinitif | (ê)**venir** | | **voir** | | **vouloir** | |
|-----------|--------------|---|----------|---|-------------|---|
| present | je | viens | je | vois | je | veux |
| | tu | viens | tu | vois | tu | veux |
| | il/elle/on | vient | il/elle/on | voit | il/elle/on | veut |
| | nous | venons | nous | voyons | nous | voulons |
| | vous | venez | vous | voyez | vous | voulez |
| | ils/elles | viennent | ils/elles | voient | ils/elles | veulent |
| impératif | Viens. Venons. Venez. | | Vois. Voyez. Voyons. | | *(selten verwendet)* | |
| participe passé | venu/e | | vu | | voulu | |
| | *ebenso:* (ê)devenir, (ê)revenir | | | | | |

### *Les verbes pronominaux au présent*  **Die reflexiven Verben im Präsens**

| infinitif | **se lever** | | | **s'appeler** | | |
|-----------|--------------|---|---|---------------|---|---|
| présent | je | **me** | lève | je | **m'** | appelle |
| | tu | **te** | lèves | tu | **t'** | appelles |
| | il/elle/on | **se** | lève | il/elle/on | **s'** | appelle |
| | nous | **nous** | levons | nous | **nous** | appelons |
| | vous | **vous** | levez | vous | **vous** | appelez |
| | ils | **se** | lèvent | ils/elles | **s'** | appellent |

Die Angabe in Klammern zeigt dir an, in welcher Unité/Séquence der Begriff zum ersten Mal vorkommt: (→ U6/A) heißt z. B. Unité 6 / Approches.

### Personen

**Bourgeois, Léon** [buʁʒwaleɔ̃] (1851–1925)
Französischer Politiker. Engagierte sich nach dem Ersten Weltkrieg für die Wiederherstellung des Friedens in Europa. Als Mitgründer und erster Präsident des Völkerbundes (Société des nations) erhielt er 1920 den Friedensnobelpreis. (→ U4/3)

**Bruni, Carla** [bʁynikaʁla] (geb. 1968 in Turin, Italien)
Ehemaliges Top-Model, das auch als Sängerin Karriere gemacht hat. Veröffentlichte 2002 ihr erstes Album „Quelqu'un m'a dit". (→ U4/3)

**Charlemagne** [ʃaʁləmaɲ] **Karl der Große** (747–814)

Als König der Franken unternahm er zahlreiche Eroberungskriege, in denen er die anderen Völker christianisierte und sein Reich vergrößerte. Er setzte eine Bildungsreform durch und ließ Schulen einrichten. Im Jahre 800 wurde Karl zum Kaiser gekrönt. Eine seiner beliebtesten Pfalzen war → Aix-la-Chapelle (Aachen). (→ U7/2)

**Dion, Céline** [djɔ̃selin]
(geb. 1968 in Charlemagne, Québec)
Kanadische Popsängerin. Die Texte ihrer Lieder sind französisch, aber auch englisch. Hat 1997 den Titelsong des Films „Titanic" gesungen. (→ U3/2)

**Figuès, Solenne** [figɛssolɛn] (geb. 1979)
Französische Schwimmerin. Gewann bei den Olympischen Spielen in Athen 2004 die Bronzemedaille (200 m Freistil). 2005 wurde sie in der gleichen Disziplin Weltmeisterin. Gründete die Organisation „La Magie d'un rêve", die sich für Kinder einsetzt, die an Mukoviszidose erkrankt sind. (→ U6/1)

**Henry, Thierry** [ɑ̃ʁitjeʁi] (geb. 1977)
Französischer Fußballspieler. Spielt als Stürmer seit 1999 beim FC Arsenal in London. Mit der französischen Nationalmannschaft wurde er 1998 Weltmeister, 2000 Europameister und stand bei der Weltmeisterschaft 2006 im Finale. Als erfolgreicher Torschütze erhielt er bereits viele Auszeichnungen. (→ U6/A)

**Hugo, Victor** [ygoviktɔʁ] (1802–1885)
Einer der bedeutendsten französischen Schriftsteller des 19. Jahrhunderts. Als Verfechter demokratischer Werte war Hugo politisch stark engagiert. Zu seinen bekanntesten Romanen gehören „Notre-Dame de Paris" („Der Glöckner von Notre-Dame") sowie „Les Misérables" („Die Elenden"). Beide Romane dienten als Vorlage für die gleichnamigen weltbekannten Musicals. (→ U4/1)

**Leroy, Nolwenn** [lɛʁwanolwɛn] (geb. 1982)
Französische Popsängerin, Gewinnerin der zweiten Staffel der Fernsehsendung „Star Academy" 2002. Seitdem sind zwei CDs von ihr erschienen. (→ U3/2)

**Molière** [mɔljɛʁ] (1622–1673)
Großer französischer Theaterautor und Theaterdirektor, der vor allem durch seine Komödien bekannt wurde, in denen er die menschlichen Schwächen sowie die sozialen und politischen Probleme seiner Zeit satirisch beschreibt. Zu seinen bekanntesten Theaterstücken gehören „L'Avare" („Der Geizige") und „L'École des femmes" („Die Schule der Frauen"). (→ U4/1)

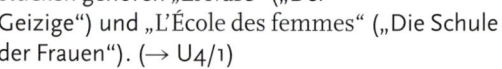

**Noah, Yannick** [noajanik] (geb. 1960)
Ehemaliger französischer Profi-Tennisspieler, der heute als Sänger bekannt ist. Großen Erfolg hatte er mit den Liedern „Saga Africa" und „Métis(se)". Er engagiert sich für französische Hilfsorganisationen wie z. B. → Les Restaurants du cœur oder für den von ihm gegründeten Verein „Les Enfants de la terre". 2005 wurde er nach einer Umfrage des „Journal du dimanche" zum beliebtesten Franzosen gewählt. (→ U6/1)

**Pompidou, Georges** [pɔ̃piduʒɔʁʒ] (1911–1974)
Französischer Politiker, Präsident Frankreichs von 1969 bis zu seinem Tod 1974. Nach ihm wurde das Centre Pompidou, ein großes Kultur- und Ausstellungszentrum im Stadtzentrum von → Paris, benannt. (→ U1/2)

**Raphaël** [ʁafaɛl] (geb. 1975)
Französischer Sänger und Gitarrist. Wurde mit seinem ersten Album „Hôtel de l'univers" (2000) bekannt. Häufige Themen seiner Lieder sind das Leben, die Liebe, Armut und Tod. (→ U3/2)

**Schuman, Robert** [ʃymanʀɔbɛʀ]
(geb. 1886 in Luxemburg, gest. 1962)
Französischer Politiker, nach 1945 mehrfach Minister,
1947–48 Premierminister Frankreichs. Sein politisches Ziel war nach den Erfahrungen des Zweiten
Weltkriegs eine Europäische Gemeinschaft. Erster
Schritt hierzu war 1951 die Montanunion, ein
wirtschaftliches Bündnis. Schuman wurde 1958
erster Präsident des Europäischen Parlaments.
(→ U7/2)

**Sinsemilia** [sɛ̃semilja]
Bei französischen Jugendlichen sehr beliebte Reggae-
Gruppe aus Grenoble; für ihre Texte gegen Intole-
ranz, Egoismus, soziale Ungleichheit und Rechts-
extremismus bekannt. (→ U2/3)

**Geographische Namen**

**Aix-la-Chapelle** [ɛkslaʃapɛl] **Aachen**
250 000 Einwohner
Französischer Name für die deutsche Stadt Aachen.
Im 9. Jahrhundert Pfalz von → Charlemagne, wo er
auch begraben wurde. Zahlreiche Monumente erin-
nern noch heute an diese Zeit und zeugen von deutscher und europäischer Geschichte. (→ U7/2)

**Arcachon** [aʀkaʃɔ̃] 11 450 Einwohner
Stadt an der Atlantikküste, südwestlich von Bor-
deaux. In Arcachon befindet sich die höchste Düne
Europas: la dune du Pilat (115 m hoch). Arcachon ist
bekannt für die Austernzucht im Becken von
Arcachon (Bassin d'Arcachon) und als beliebter
Wassersportort. (→ U7/3)

**l'Auvergne** [lovɛʀɲ] *f.*
Region im südfranzösischen Zentralmassiv mit der
Hauptstadt Clermont-Ferrand. Die Landschaft ist
geprägt von ca. 60 Vulkankegeln und bis zu 1900 m
hohen Bergketten. (→ U7/A)

**Bamako** [bamako] 950 000 Einwohner
Hauptstadt des westafrikanischen Staates Mali.
Amtssprache Malis ist Französisch, daneben spricht
man die Sprachen Bambara, Fulani und Shongai.
(→ U6/1)

**Brest** [bʀɛst] 150 000 Einwohner
Stadt in der → Bretagne an der Atlantikküste, im
Departement Finistère. Brest ist einer der bedeutendsten Handelshäfen in Frankreich. Eine Attraktion
der Stadt ist Océanopolis, ein großes Museumszen-
trum für Meeresforschung mit den größten Freilicht-
aquarien Europas und einer Klinik für Seehunde.
(→ U7/A)

**la Bretagne**
[labʀətaɲ]
Region auf einer
Halbinsel im
Nordwesten
Frankreichs, am
Atlantik gelegen.
Hauptstadt ist

Rennes. Die Bretagne ist u. a. bekannt für die crêpes
und die Hinkelsteine aus prähistorischer Zeit.
(→ U1/1)

**Briançon** [bʀiɑ̃sɔ̃] 11 850 Einwohner
Stadt in den französischen Alpen, nahe der Grenze
zu Italien. Mit 1320 Metern eine der höchst gelegenen Städte Europas. (→ U4/2)

**la Camargue** [lakamaʀg]
Landstrich und Naturschutzgebiet im Delta der
Rhône, die hier ins Mittelmeer fließt. Bekannt ist die
Camargue für ihre artenreiche Wasservogelwelt (z. B.
Flamingos), die Stiere und die frei lebenden Herden
weißer Camargue-Pferde. (→ U7/A)

**Courbevoie** [kuʀbəvwa] 70 000 Einwohner
Stadt am nordwestlichen Stadtrand von → Paris. Ein
Teil des Hochhausviertels → la Défense gehört zu
Courbevoie. (→ U1/1)

**Genève** [ʒənɛv] **Genf** 180 000 Einwohner
Hauptstadt des gleichnamigen Kantons der französischen Schweiz. Am Lac Léman (Genfer See)
gelegen. Genf liegt an der Rhône und ist Sitz vieler
internationaler Organisationen (UNO, Weltgesund-
heitsorganisation, Internationales Rotes Kreuz).
(→ Ici, on parle français)

**Lyon** [ljɔ̃] 445 000 Einwohner
Drittgrößte Stadt Frankreichs (nach → Paris und
→ Marseille), 460 km südöstlich von Paris gelegen.
Zentrum der französischen Textil-, besonders der
Seidenindustrie. Die historischen Stadtviertel von
Lyon, darunter la Croix-Rousse, wurden 1998 in das
Weltkulturerbe der UNESCO aufgenommen.
(→ U7/A)

**le Maroc** [ləmaʀɔk]
**Marokko**
25 Mio. Einwohner
Nordafrikanischer
Staat zwischen
Atlantik und
Mittelmeer mit der
Hauptstadt Rabat,
ehemalige französische Kolonie. Sprachen: Arabisch,
Sprache der Berber, Französisch und Spanisch.
(→ U7/3)

**Marrakech** [maʀakɛʃ] **Marrakesch**
848 000 Einwohner
Stadt im Südwesten von Marokko (→ le Maroc).
Liegt am Fuß des hohen Atlas und zählt neben
Meknes, Fes und Rabat zu den Königsstädten.
(→ Ici, on parle français)

**Marseille** [maʀsɛj] 800 000 Einwohner
Stadt an der Rhônemündung am Mittelmeer. Älteste
und nach → Paris zweitgrößte Stadt Frankreichs.
Frankreichs bedeutendster Hafen. Die Stadt wurde
600 v. Chr. von den Griechen gegründet, die den
Alten Hafen (le Vieux Port) anlegten. (→ U7/A)

**Montréal** [mɔ̃real] 1,8 Mio. Einwohner,
im Ballungsraum 3,4 Mio.
Zweitgrößte Stadt Kanadas; größte Stadt der Provinz
Québec sowie, nach → Paris, zweitgrößte fran-
zösischsprachige Stadt der Welt. (→ Ici, on parle
français)

**Nîmes** [nim] 137 200 Einwohner
Stadt in der → Provence mit zahlreichen erhaltenen
Bauten aus der Römerzeit, z. B. dem Amphitheater
Les Arènes und der Maison Carrée, einem römi-
schen Tempel. Die Bezeichnung Denim für den
Jeans-Stoff leitet sich vom Namen der Stadt ab
(de Nîmes = aus Nîmes). (→ U7/A)

**le Parc des Écrins** [ləpaʀkdezekʀɛ̃]
Das 1973 geschaffene, größte Naturschutzgebiet
Frankreichs (91 800 ha) befindet sich in den französischen Alpen, in den Departements Hautes-Alpes
und Isère. Höhenlage: zwischen 800 und 4102 m.
Dort leben noch Murmeltiere, Gemsen, Auerhähne
und Königsadler. (→ U4/3)

**Paris** [paʀi] 2,15 Mio. Einwohner,
im Ballungsraum 9,5 Mio.
Hauptstadt Frankreichs und größte Stadt des Landes.
An der → Seine gelegen. Politisches, wirtschaftliches
und kulturelles Zentrum Frankreichs; Knotenpunkt
des Eisenbahn-, Flug- und Straßenverkehrsnetzes.
(→ Ici, on parle français)

**le Pont du Gard** [ləpɔ̃dygaʀ]
Aquädukt in der → Provence, zwischen → Nîmes
und Uzès. Wurde von den Römern gebaut, um die
Wasserversorgung von Uzès zu sichern. Es handelt
sich um das höchste römische Aquädukt (48 Meter).
(→ U7/A)

**la Provence** [lapʀɔvɑ̃s]
Gebiet in Südfrank-
reich entlang des
Mittelmeers, von der
italienischen Grenze
bis etwa Montpellier,
nördlich von den
Alpen begrenzt.
Anbau von Wein, Oliven, Obst und Blumen. Die lila
blühenden Lavendelfelder gelten als typisch für die
Provence. Wichtigste französische Feriengegend
wegen des warmen Klimas, der schönen Landschaft
und vieler Sehenswürdigkeiten. (→ U7/A)

**Serre Chevalier** [sɛʀʃəvalje]
Wintersportort in den französischen Alpen, in der
Nähe von → Briançon gelegen. (→ U4/2)

**Valence** [valɑ̃s] 68 160 Einwohner
Stadt in Südfrankreich, zwischen den Alpen und dem
Mittelmeer, an der Rhône gelegen. Valence ist her-
vorgegangen aus der römischen Kolonie Valentia.
(→ U4/3)

**Vannes** [van] 52 000 Einwohner
Stadt in der → Bretagne. Vom gallischen Stamm der
Veneter gegründet, hieß die Stadt unter römischer
Herrschaft Darioritum. Vannes besitzt eine schöne
Altstadt mit noch erhaltener Stadtmauer. (→ U7/1)

### Sehenswürdigkeiten von Paris

**le bois de Boulogne** [ləbwadəbulɔɲ]
Waldgebiet am westlichen Stadtrand von → Paris, im
Stil eines englischen Gartens angelegt. Wichtiges
Erholungsgebiet der Stadt. Dort befindet sich auch
das Stadion Roland Garros, das durch das internatio-
nale Tennisturnier French Open bekannt ist.
(→ U6/2)

**(la cathédrale) Notre-Dame** [(lakatedʀal)nɔtʀdam]
Kathedrale des Erzbischofs von → Paris auf der Île
de la Cité, dem ältesten Teil von Paris. Vom 12. bis
zum 14. Jahrhundert im gotischen Stil erbaut. Die
Kathedrale wurde in der Franzö-
sischen Revolution stark be-
schädigt und im 19. Jahrhundert restauriert. Weltberühmt
wurde Notre-Dame nicht zu-
letzt durch den Film und das
Musical „Der Glöckner von
Notre-Dame" nach dem Ro-
man von → Victor Hugo.
(→ U1/A)

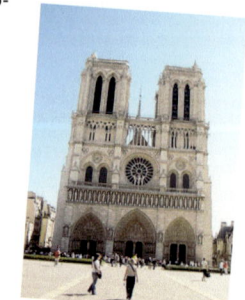

**le champ de Mars** [ləʃɑ̃dəmars]
Große Parkanlage am Fuße der → tour Eiffel. Hier trifft man viele erschöpfte Touristen, die sich auf Bänken und Wiesen von der Stadtbesichtigung erholen. (→ U7/3)

**la Défense** [ladefɑ̃s]
Hochhausviertel am westlichen Stadtrand von → Paris, Büro- und Geschäftszentrum. Bekanntestes Bauwerk ist la Grande Arche de la Défense, ein moderner Triumphbogen, der auf einer Achse mit dem Arc de Triomphe, der Prachtstraße Avenue des Champs Elysées und dem Louvre liegt. Die Grande Arche wurde anlässlich der 200-Jahrfeier der Französischen Revolution eingeweiht und ist den Menschenrechten gewidmet. Der große Platz vor der Grande Arche heißt „Esplanade de la Défense". (→ U1/A)

**la gare de Lyon** [lagardəljɔ̃]
Einer der fünf Fernverkehrsbahnhöfe von → Paris, im Südosten der Stadt gelegen. Die Gare de Lyon ist Abfahrts- bzw. Zielbahnhof für die Züge in bzw. aus südöstlicher Richtung. (→ U4/3)

**Montmartre** [mɔ̃martr]
Künstlerviertel im Norden von → Paris (18. Arrondissement); höchster Punkt der Stadt (130 m). Eines der malerischsten Viertel von Paris und Touristenmagnet z. B. durch die Basilika → Sacré-Cœur und die place du Tertre. (→ U1/A)

**le parc André Citroën** [ləparkɑ̃dresitroɛn]
Moderne Parkanlage, die 1992 auf dem ehemaligen Fabrikgelände des Automobilherstellers Citroën angelegt wurde. Bei schönem Wetter ist es möglich, in einen Heißluftballon zu steigen, um → Paris von oben zu betrachten. (→ U1/A)

**Paris-Plages** [paripla3]
In den Sommermonaten künstlich angelegter 3,5 km langer Strand auf der Schnellstraße Georges Pompidou im Stadtzentrum, direkt an der → Seine mit Blick auf → Notre-Dame. Seit 2006 wird Paris-Plages auch auf das rechte Seine-Ufer ausgedehnt. Man kann sich hier sonnen, Volleyball spielen, picknicken oder einfach seinen Feierabend genießen.
(→ U1/A)

**le Sacré-Cœur** [ləsakrekœr]
Die Basilique du Sacré-Cœur (Basilika vom Heiligen Herzen) ist eine römisch-katholische Kirche auf dem Hügel von → Montmartre und bildet den höchst gelegenen Punkt von → Paris. (→ U3/2)

**la Seine** [lasɛn]
776 km langer Fluss im Norden Frankreichs, entspringt in der Nähe von Dijon und fließt nach Nordwesten über → Paris und Rouen bis zum Ärmelkanal. (→ U1/A)

**la tour Eiffel** [laturefɛl]
Wahrzeichen von → Paris, benannt nach seinem Erbauer, dem Ingenieur Gustave Eiffel. Turm mit einer Höhe von 300 Metern; gebaut für die Pariser Weltausstellung 1889 aus über 6000 Tonnen Eisen. (→ U1/A)

**le Zénith** [ləzenit]
Veranstaltungsort für Konzerte und Theater in La Villette, im Nordosten von → Paris. Auch in anderen französischen Städten gibt es Zéniths. (→ U6/PR)

### Le Luxembourg

**Contern** [kɔ̃tərn]
Ortschaft in → Luxembourg mit alljährlichem „Festival de la bédé". (→ U7/2)

**Echternach** [eʃtərnax]
5100 Einwohner Stadt in → Luxembourg an der Grenze zu Deutschland. Jedes Jahr, am Dienstag nach Pfingsten, findet dort die „Echternacher Springprozession" statt. Es handelt sich um eine religiöse Tradition aus dem 15. Jahrhundert, die bis heute erhalten geblieben ist. (→ U7/2)

**Luxembourg (ville)** [lyksɑ̃bur(vil)] **Luxemburg (Stadt)**
82 300 Einwohner
Hauptstadt des Großherzogtums Luxemburg. Die Stadt Luxemburg ist bedeutender Bankenstandort und Sitz europäischer Institutionen. (→ Ici, on parle français)

**le Luxembourg** [ləlyksɑ̃bur] 468 600 Einwohner
Großherzogtum mit der Hauptstadt → Luxembourg (ville). Grenzt an Frankreich, Deutschland und Belgien. Mit 2586 km² nur wenig größer als das Saarland. In Luxemburg gibt es drei Amtssprachen: Französisch, Deutsch und Letzeburgisch, ein deutscher Dialekt. Luxemburg ist Mitglied der UNO und der NATO und Sitz wichtiger europäischer

Institutionen wie z. B. des Europäischen Gerichts-hofs. Aufgrund seiner geringen Größe, der Mehrspra-chigkeit und der wichtigen politischen Rolle, die Luxemburg in Europa spielt, könnte man es als Miniausgabe Europas bezeichnen. (→ U7/2)

**le palais Grand Ducal** [ləpalɛgʁɑ̃dykal]
**Großherzoglicher Palast**
1572–1574 gebautes Regierungsgebäude in → Luxem-bourg (ville). Wohnort der Familie des Großherzogs von → Luxembourg. (→ U7/2)

**Verwurelt Gedanke** [fɛʁvyʁɛltgedãkə]
Luxemburgisch für „verworrene Gedanken". Knotenförmiges, mit Zucker bestäubtes Gebäck aus Luxemburg, das ursprünglich zu Karneval verzehrt wurde. (→ U7/2)

## Sonstiges

**Action contre la faim** [aksjɔ̃kɔ̃tʁlafɛ̃] *f.*
Organisation, die 1979 von einer Gruppe franzö-sischer Intellektueller gegründet wurde. Ihr Ziel ist der Kampf gegen den Hunger in Krisengebieten. An den „courses contre la faim" beteiligen sich jährlich in Frankreich viele Schulen. (→ U6/A/2)

**Euro Disney** [øʁodisnɛ]
Größter Freizeitpark Europas in Marne-la-Vallée bei → Paris. (→ U6/1)

**le Futuroscope** [ləfytyʁoskɔp]
1987 eröffneter Freizeitpark in der Nähe von Poitiers, dessen Schwerpunkt zukunftsweisende hochmo-derne Technologien (Multimedia ...) bilden. Der Futuroscope war mehrmals Etappenort der Tour de France. (→ U6/3)

**les Galeries Lafayette** [legalʁilafajɛt] *f. pl.*
Französische Kaufhaus-kette (→ U2/3)

**Handicap International** [ãdikapɛ̃tɛʁnasjonal]
1982 in Frankreich gegründete internationale Organisation, die sich für Menschen mit Behinde-rung einsetzt. Handicap leistet auch Hilfe in Kriegsgebieten und kümmert sich um die Opfer von Landminen. Die Organisation erhielt 1997 den Friedensnobelpreis. (→ U6/A)

**Nettoyons la nature** [netwajɔ̃lanatyʁ]
1998 von der französischen Supermarktkette E. Leclerc und der FJPN (Fédération des Jeunes Pour la Nature) ins Leben gerufene Kampagne zur Müllvermeidung und Mülltrennung. (→ U6/A)

**Planète enfants** [planɛtɑ̃fɑ̃]
1992 in Frankreich gegründet. Ziel dieser Organisa-tion ist die Anerkennung der Internationalen Konven-tion für Kinderrechte. Planète enfants bekämpft jede Form von Kinderausbeutung. (→ U6/A)

**les Restaurants du cœur** [leʁɛstoʁɑ̃dykœʁ]
Von Coluche (französischer Schauspieler, Sänger und Sketcheschreiber [1944–1986]) 1985 gegründete Organisation, in deren Restaurants freiwillige Helfer kostenlos Essen an Bedürftige verteilen. Seit 2000 bietet die Organisation auch Wohn-, Freizeit- und Ferienmöglichkeiten für Menschen mit geringem Einkommen an. (→ U6/1)

**SOS-Racisme** [ɛsoɛsʁasism]
1984 in Paris gegründete Organisation, die sich gegen Rassismus und Diskriminierung einsetzt. Symbol der Vereinigung ist die kleine Hand mit dem Slogan „Touche pas à mon pote!" („Rühr meinen Kumpel nicht an!"). (→ U6/Pr)

**Standup Speakup** [stãdœpspikœp]
Von → Thierry Henry ins Leben gerufene europawei-te Aktion gegen Rassismus im Fußball. Die Aktion wird von anderen bekannten Fußballspielern wie Ronaldinho und Christoph Metzelder unterstützt. Symbol der Kampagne ist das schwarz-weiße Armband. (→ U6/A)

**le TGV** [ləteʒeve]
Abkürzung für „train à grande vitesse". Hochge-schwindigkeitszug, der 1990 mit 513 km/h einen neuen Geschwindigkeitsrekord aufstellte. Der TGV fährt u. a. auf den Strecken Paris–Marseille, Paris–Nantes, Paris–Bordeaux und Paris–Lille. Von → Paris nach → Marseille braucht er nur drei Stunden. Seit 2007 ist es möglich, in Frankfurt/Main in den TGV zu steigen, um nach Paris zu fahren. (→ U4/3)

**Un regard, un enfant** [ɛ̃ʁəgaʁɛ̃nɑ̃fɑ̃]
1994 gegründete Organisation, die sich weltweit für die Rechte und die Bildung von Kindern einsetzt. (→ U6/A)

**Grundschrift:** obligatorischer Wortschatz
*kursiv:* fakultativer Wortschatz

Symbole und Abkürzungen

~ bezeichnet die Lücke, in die das neue Wort einzusetzen ist.
~¹ Die Fußnote zeigt dir an, dass du auf die Angleichung des Wortes achten musst.
Die richtige Lösung findest du auf einem grauen Streifen am Ende jeder Séquence.
⚠ Hier musst du besonders gut aufpassen.
≠ Gegenteil von
*le ~ die ~* Vergleiche mit dem deutschen Artikel.
→ Les verbes, p. 163 zeigt dir an, dass du in Les verbes, S. 163f., die Konjugation des Verbs findest.

| | | |
|---|---|---|
| *etw.* etwas | *pron.* pronom (Pronomen) | *f.* féminin (weiblich) |
| *jdm/jdn* jemandem/jemanden | *adj.* adjectif (Adjektiv) | *m.* masculin (männlich) |
| *f.* feminin (weiblich) | *adv.* adverbe (Adverb) | *pl.* pluriel (Plural) |
| *m.* maskulin (männlich) | *conj.* conjonction (Bindewort) | *qc* quelque chose (etwas) |
| *umg.* umgangssprachlich | *prép.* préposition (Präposition) | *qn* quelqu'un (jemand) |
| *Pers.* Person | *fam.* familier (umgangssprachlich) | *angl.* anglais (englisch) |
| *Sg.* Singular (Einzahl) | | *lat.* latin (lateinisch) |
| *Pl.* Plural (Mehrzahl) | | |

**Lerntipp**

Viele Wörter kannst du verstehen, wenn du dir überlegst, ob du ein ähnlich lautendes Wort aus einer anderen Sprache kennst. Lege dir deshalb ein mehrsprachiges Vokabelheft an, in dem du solche ähnlich lautenden Wörter sammelst. Manchmal schreiben sich diese Wörter aber anders oder sie sprechen sich anders aus. Markiere in deinem Vokabelheft also auch immer die Unterschiede, die du beachten musst.

## *Ici, on parle français*

| | | |
|---|---|---|
| **ici** [isi] *adv.* | hier | |
| **on** [ɔ̃] | man *Personalpron. 3. Pers. Sg. wird auch im Sinne von* wir *verwendet.* | |
| **on parle** [ɔ̃paʀl] | man spricht → Les verbes, p. 163 | |
| **français** [fʀɑ̃sɛ] | Französisch *Sprache* | Ici, on parle ~. |
| **Bonjour!** [bɔ̃ʒuʀ] | Guten Tag! Guten Morgen! | |
| **je** [ʒə] | ich *Personalpron. 1. Pers. Sg.* | |
| **je suis** [ʒəsɥi] | ich bin *1. Pers. Sg. von* être (sein) → Les verbes, p. 163 | |
| **de** [də] *prép.* | *hier:* aus | Je suis ~ Passau. |
| **et** [e] *conj.*<br>*lat.* et | und | |
| **anglais** [ɑ̃glɛ] | Englisch *Sprache* | Ici, on parle ~. |
| **je m'appelle** [ʒəmapɛl] | ich heiße → Les verbes, p. 163 | ~ Jana. |
| **je parle** [ʒəpaʀl] | ich spreche | ~ anglais et français. |
| **arabe** [aʀab] | Arabisch *Sprache* | |
| **un peu** [ɛ̃pø] *adv.* | ein bisschen | |

ANNEXE

| | | |
|---|---|---|
| **moi** [mwa] | ich *betonte Form des Personal- pronomens 1. Pers. Sg.* | ~, je m'appelle Noémie. |
| **aussi** [osi] | auch | Je suis ~ de Genève. |
| **Salut!** [saly] | Hallo! | |
| **mais** [mɛ] *conj.* | aber | |
| **luxembourgeois** [lyksãbuʀʒwa] | Luxemburgisch *Sprache* | |
| **allemand** [almã] | Deutsch *Sprache* | Je parle anglais et ~. |
| **toi** [twa] | du *betonte Form des Personal- pronomens 2. Pers. Sg.* | Je m'appelle Florian. Et ~? |
| **tu** [ty] | du *Personalpron. 2. Pers. Sg.* | |
| **Tu t'appelles comment?** [tytapɛlkɔmã] | Wie heißt du? | |
| **comment?** [kɔmã] | wie? | |
| **Tu es d'où?** [tyɛdu] | Wo kommst du her? | |
| **où?** [u] | wo? | |

*Weitere Sprachen → p. 9/1*
*turc* [tyʀk] Türkisch    *chinois* [ʃinwa] Chinesisch
*russe* [ʀys] Russisch    *japonais* [ʒapɔnɛ] Japanisch
*polonais* [polɔnɛ] Polnisch    *italien* [italjɛ̃] Italienisch
    *espagnol* [ɛspaɲɔl] Spanisch

## UNITÉ 1 À Paris

| | |
|---|---|
| **à Paris** [apaʀi] | in Paris |

**Approches:** Paris, c'est ...

*Informationen über Orte in Frankreich findest du im Landeskundlichen Wörterbuch, S. 166.*

| | | |
|---|---|---|
| **c'est** [sɛ] | das ist | |
| **la tour** [latuʀ] | *hier:* der Turm, das Hochhaus | |
| **ce sont** [səsɔ̃] | das sind | |
| **de** [də] *prép.* | *hier:* von | Ce sont les tours ~ la Défénse. |
| **le jardin** [ləʒaʀdɛ̃] | der Garten | |
| **le parc** [ləpaʀk] *angl.* park | der Park | C'est le ~ André Citroën. |
| **comme** [kɔm] | wie, als | |
| **l'île** [lil] *f.* *angl.* island | die Insel | Pour moi, Paris, c'est l'~ de la Cité. |
| **avec** [avɛk] *prép.* | mit | |
| **la cathédrale** [lakatedʀal] *angl.* cathedral | die Kathedrale | |

| | | |
|---|---|---|
| **la rue** [laʀy]<br>*angl.* road | die Straße | |
| **la place** [laplas]<br>*angl.* place | der Platz | C'est la ~ du Tertre. |
| **le métro** [ləmetʀɔ] | die U-Bahn | |
| **le stress** [ləstʀɛs]<br>*angl.* stress | der Stress | Le métro, c'est le ~! |
| **la manif** [lamanif] *fam.* /<br>**la manifestation**<br>[lamanifɛstasjɔ̃] | die Demonstration | |
| **la politique** [lapɔlitik]<br>*angl.* politics | die Politik | |
| **la mode** [lamɔd] | die Mode | |
| **l'élégance** [lelegɑ̃s] *f.* | die Eleganz | |
| **pour** [puʀ] *prép.* | für | |
| **devant** [dəvɑ̃] *prép.* | vor | |
| **l'hôtel de ville**<br>[lotɛldəvil] *m.* | das Rathaus | |
| **le monde** [ləmɔ̃d]<br>*lat.* mundus | die Welt | |
| **l'Afrique** [lafʀik] *f.*<br>*angl.* Africa | Afrika | |
| **la Chine** [laʃin]<br>*angl.* China | China | |
| **tout** [tu] *adv.* | alles | |

---

## SÉQUENCE 1

### Nous arrivons

| | | |
|---|---|---|
| **nous** [nu] | wir *Personalpron. 1. Pers. Pl.* | |
| **nous arrivons** [nuzaʀivɔ̃] | wir kommen an → Les verbes,<br>p. 163 | ~ de Genève. |
| **arriver** [aʀive]<br>*angl.* to arrive | (an)kommen | J'~! |
| **Hé!** [e] | Hey! *Ausruf* | |
| **oui** [wi] | ja | |
| **les vacances** [levakɑ̃s] *f. pl.* | die Ferien, der Urlaub | |
| **les vacances passent**<br>[levakɑ̃spɑs] | die Ferien vergehen | |
| **passer** [pɑse]<br>*angl.* to pass | *hier:* vergehen | |
| **vite** [vit] *adv.* | schnell | |
| **non** [nɔ̃] | nein, *hier:* nicht wahr? | |

| | | |
|---|---|---|
| **je ne sais pas** [ʒənəsɛpɑ] | ich weiß nicht | |
| **regarde** [ʀəgaʀd] | schau mal, sieh doch mal  *Imperativ Sg. von* regarder | |
| **regarder qc** [ʀəgaʀde] | etw. anschauen, etw. betrachten | |
| **le chien** [ləʃjɛ̃] / **la chienne** [laʃjɛn] | der Hund / die Hündin | Regarde le ~! |
| **le garçon** [ləgaʀsɔ̃] | der Junge | Le ~, c'est Jérémie. |
| **il** [il] | er *Personalpron. 3. Pers. Sg. m.* | |
| **il est** [ilɛ] | er ist *3. Pers. Sg. von* être | |
| **être** [ɛtʀ] | sein → Les verbes, p. 163 | |
| **sympa** [sɛ̃pa] | nett, sympathisch | |
| **tu photographies** [tyfɔtogʀafi] | du fotografierst | ~ l'hôtel de ville? |
| **photographier qc** [fɔtogʀafje] | etw. fotografieren | Je ~² la cathédrale. |
| **oh là là** [olala] | oh je | |
| **la photo** [lafɔto]  *angl.* photo | das Foto | Regarde la ~! |
| **elle** [ɛl] | sie *Personalpron. 3. Pers. Sg. f.* | ~ est sympa. |
| **super** [sypɛʀ] *adj.* | super | Paris, c'est ~! |
| **bien** [bjɛ̃] *adv.* | gut | Il est ~. |
| **ça** [sa] | das, das da | ~, c'est super! |
| **vous** [vu] | ihr *Personalpron. 2. Pers. Pl. /* Sie *höfliche Anrede* | ~ êtes de Marrakech? |

Ihr *oder* Sie – beides heißt vous.

| | | |
|---|---|---|
| **en vacances** [ɑ̃vakɑ̃s] | im Urlaub, in Ferien | Tu es ~? |
| **ou** [u] *conj.* | oder | C'est une photo de Paris ~ de Genève? |

Unterscheide:  où – wo → *Fragewort, mit* accent grave  ou – oder → *Konjunktion, ohne* accent

**Merktipp**
*Auf dem „wo" sitzt ein „Floh".*

| | | |
|---|---|---|
| **vous habitez** [vuzabite] | ihr wohnt | |
| **habiter** [abite]  *lat.* habitare | wohnen | Louis et Anne ~³ ici. |
| **à** [a] *prép.* | in | Lila habite ~ Courbevoie. |
| **encore** [ɑ̃kɔʀ] *adv.* | *hier:* noch | Ils sont ~ à Brest. |
| **jusqu'à** [ʒyska] *prép.* | bis | |
| **demain** [dəmɛ̃] *adv.* | morgen | Il est en vacances jusqu'à ~. |

| | | |
|---|---|---|
| **Tu habites où?** [tyabitu] | Wo wohnst du? | |
| **dans** [dɑ̃] *prép.* | in  *örtlich* | Pascal est ~ le métro. |
| **le train** [lətʀɛ̃] *angl.* train | der Zug | Le ~ arrive de Brest. |
| **ils** [il] *m. pl.* | sie *Personalpron. 3. Pers. Pl. m.* | ~ sont d'où? |

1 arrive  2 photographie  3 habitent

## SÉQUENCE 2

### Il prépare son sac

| | | |
|---|---|---|
| **préparer qc** [pʀepaʀe] *angl.* to prepare | etw. vorbereiten | |
| **son** [sɔ̃] **/sa** [sa] | sein(e), ihr(e) *Possessivbegl. der 3. Pers. Sg.* | ~¹ chien, c'est Nestor. |
| **le sac** [ləsak] | die Tasche | C'est son ~. |
| **Monsieur, M.** [məsjø] | Herr *Anrede für einen Herrn* | Bonjour, ~. |
| **Madame, Mme** [madam] | Frau *Anrede für eine Frau* | Bonjour, ~. |

*Im Französischen begrüßt und verabschiedet man sich, indem man dem Gruß noch die Anrede* Madame, Monsieur *hinzufügt, ohne aber den Namen zu nennen.*

| | | |
|---|---|---|
| **ils ont** [ilzɔ̃] | sie haben | ~ un chien? |
| **avoir** [avwaʀ] *lat.* habere | haben → Les verbes, p. 163 | Il ~² un jardin. |

*Unterscheide:* ils ont [ilzɔ̃] – ils sont [ilsɔ̃]

| | | |
|---|---|---|
| **deux** [dø] | zwei | Nicolas a ~ chiens. |
| **l'enfant** [lɑ̃fɑ̃] *m./f.* *lat.* infans | das Kind | Madame Gloesener a deux ~³. |
| **la rentrée** [laʀɑ̃tʀe] | *der Beginn des neuen Schuljahres* | La ~, c'est super! |
| **ton** [tɔ̃] **/ ta** [ta] | dein(e) *Possessivbegl. der 2. Pers. Sg.* | ~⁴ sac est super! |
| **la veste** [lavɛst] | die Jacke | Tu as ta ~? |

⚠ «faux ami»:  la veste ≠ die Weste *(le gilet)*

| | | |
|---|---|---|
| **(la) maman** [mamɑ̃] | Mama | Regarde, ~, c'est le chien de Nadine. |
| **mes** [me] | meine *Possessivbegl. der 1. Pers. Pl.* | Ce sont ~ vestes. |
| **les affaires** [lezafɛʀ] *f. pl.* | die Sachen | Je prépare mes ~. |
| **mon** [mɔ̃] **/ ma** [ma] | mein(e) *Possessivbegl. 1. Pers. Sg.* | Regarde, c'est ~⁵ chien. |
| **le cahier** [ləkaje] | das Heft | J'ai mon ~. |

| | | |
|---|---|---|
| **Salut!** [saly] | *hier:* Tschüss! | ~, maman! |
| **ses** [se] | seine, ihre *Possessivbegl. der 3. Pers. Pl.* | Elle prépare ~ affaires. |
| **le trac** [lətʀak] | das Lampenfieber | J'ai le ~. |
| **passer devant qn** [pasedəvɑ̃] | *hier:* an jdm vorbeigehen | Pierre ~[6] Paul. |
| **le gardien** [ləgaʀdjɛ̃] / **la gardienne** [lagaʀdjɛn] | der Hausmeister / die Hausmeisterin | Dans la tour, le ~, c'est Monsieur Diouf. |
| **Ça va?** [sava] | Wie geht's? | – ~? – Oui, ça va. |
| **merci** [mɛʀsi] | danke | – Ça va? – Oui, ~. |
| **très bien** [tʀɛbjɛ̃] | sehr gut | – Ça va? – Oui, ~, merci. |
| **là-haut** [lao] | da oben | Regarde ~, c'est Madame Gloesener! |
| **sur** [syʀ] | auf | La veste est ~ le sac. |
| **le balcon** [ləbalkɔ̃] | der Balkon | Aurélie est sur le ~. |
| **le nom** [lənɔ̃] *angl.* name; *lat.* nomen | der Name | Mon ~ est Schmidt. |
| **Au revoir!** [oʀəvwaʀ] | Auf Wiedersehen! | ~ Fabrice! |
| **l'école** [lekɔl] *f.* *angl.* school; *lat.* schola | die Schule | Où est l'~ de Marie? |
| **le collège** [ləkɔlɛʒ] | das Collège *Schultyp in Frankreich, entspricht etwa der Sekundarstufe I ab Klasse 6. Im Anschluss an die fünfjährige Grundschule gehen alle Schüler/innen für vier Jahre auf das* Collège. | Le ~ de Marie et Tarik est à Paris. |
| **pardon** [paʀdɔ̃] | Verzeihung, Pardon | |
| **nouveau** [nuvo] / **nouvelle** [nuvɛl] *adj.* | neu | Justine est ~[7]. |
| **chercher qc/qn** [ʃɛʀʃe] | etw./jdn suchen | Tu ~[8] ta veste? |
| **la classe** [laklɑs] *angl.* classroom | die Klasse, das Klassenzimmer | Sylvain est dans ma ~. |
| **le/la surveillant/e** [ləsyʀvɛjɑ̃/lasyʀvɛjɑ̃t] | *Aufsichtsperson in einer französischen Schule* | Le ~ est nouveau aussi. |
| **l'élève** [lelɛv] *m./f.* | der Schüler, die Schülerin | Ce sont les ~[9] de mon collège. |
| **la fille** [lafij] | 1. das Mädchen, 2. die Tochter | 1. La ~ avec le chien est sympa. 2. Lou est la ~ de Madame Gloesener. |
| **là-bas** [labɑ] *adv.* | dort | Regarde, ~, c'est Valentin. |
| **le livre d'anglais** [ləlivʀdɑ̃glɛ] | das Englischbuch | Mon ~ est super. |
| **le livre** [ləlivʀ] *lat.* liber | das Buch | C'est le ~ de Pauline. |

1 son  2 a  3 enfants  4 ton  5 mon  6 passe devant  7 nouvelle  8 cherches  9 élèves

*Die Zahlen bis 10 findest du auf S. 161.*

| | | |
|---|---|---|
| **le CDI** [ləsedei] (= le Centre de Documentation et d'Information [ləsɑ̃tʀədədɔkymɑ̃tasjɔ̃edɛ̃fɔʀmasjɔ̃]) | das Informations- und Dokumentationszentrum *Bezeichnung für die Bibliothek an französischen Schulen* | Le ~ est dans le collège. |
| **qu'est-ce que …?** [kɛskə] | was …? | – – ~ c'est? – C'est mon cahier. |
| **il y a** [ilja] | es gibt | Qu'est-ce qu'~ à Paris? |
| **un** [ɛ̃] / **une** [yn] | ein/e *unbestimmter Artikel Sg.* | Bruno, c'est ~¹ garçon et Nicole, c'est ~² fille. |
| **des** [de] | *unbestimmter Artikel Pl.* | Jérémie a ~ livres. |
| **le professeur** [ləpʀɔfɛsœʀ] / **le/la prof** [lə/lapʀɔf] *fam.* | der Lehrer / die Lehrerin | Le ~ est sympa. |
| **la cantine** [lakɑ̃tin] | die Kantine | Pardon, où est la ~? |
| **la bibliothèque** [labibljɔtɛk] | die Bibliothek | Le CDI, c'est la ~ d'un collège. |
| **la revue** [laʀəvy] | die Zeitschrift | Elle a deux ~³. |
| **le film** [ləfilm] *angl.* film | der Film | On regarde un ~. |
| **le/la documentaliste** [lə/ladokymɑ̃talist] | der Bibliothekar / die Bibliothekarin | La ~ parle anglais. |
| **bien sûr** [bjɛ̃syʀ] | natürlich | – Salut, ça va? – ~, ça va! |
| **là** [la] | dort | ~, regarde! Il y a un chien! |
| **travailler** [tʀavaje] | arbeiten, lernen | Les élèves ~⁴. |
| **l'exposé** [lɛkspoze] *m.* | das Referat | On prépare l'~ demain? |
| **emprunter qc** [ɑ̃pʀɛ̃te] | etw. ausleihen | Pierre ~⁵ un livre et deux films. |
| **voilà** [vwala] | da ist, da sind | ~ Madame Gloesener. |
| **C'est qui?** [sɛki] | Wer ist das? | ~, là-haut? |
| **s'il te plaît** [siltəplɛ] / **s'il vous plaît** [silvuplɛ] | bitte | Ton nom, ~⁶. |
| **Épèle.** [epɛl] / **Épelez.** [epəle] | Buchstabiere. Buchstabiert. Buchstabieren Sie. | ~⁷ ton nom, s'il te plaît … |
| **en quatrième** [ɑ̃katʀijɛm] | in der „Vierten" | |

in:

→ Je suis en vacances.   → Je suis dans le train.   → Je suis à Paris.

| la quatrième [lakatʀijɛm] | die „Vierte" *die dritte Jahrgangs-stufe des* collège *(in Frankreich wer-den die Klassen rückwärts gezählt!); entspricht der 8. Klasse in Deutsch-land* | Lila et Sébastien sont en ~. |
|---|---|---|
| l'adresse [ladʀɛs] *f.*<br>*angl.* ad**d**ress | die Adresse | – Tu as mon ~? – Oui, oui. |
| trop [tʀo] | *hier*: zu viel *auch*: zu + *Adj*; zu sehr | Quatre livres et deux revues, c'est ~. |
| Je suis désolé/e.<br>[ʒəsɥidezole] | Es tut mir leid. | |
| le maximum [ləmaksimɔm]<br>*angl.* maximum | das Maximum | On emprunte trois livres, c'est le ~. |
| ouvert/e [uvɛʀ/uvɛʀt] | geöffnet | La bibliothèque est ~[8] demain. |
| le jour [ləʒuʀ] | der Tag | Il arrive dans trois ~[9]. |
| le DVD [lədevede] | die DVD | Le ~ est dans mon sac. |

1 un  2 une  3 revues  4 travaillent  5 emprunte  6 s'il te plaît  7 épèle  8 ouverte  9 jours

## UNITÉ 2 *La famille et les copains*

*Die Zahlen bis 20 findest du auf S. 161.*

| la famille [lafamij]<br>*angl.* family; *lat.* familia | die Familie | Ma ~ est à Paris. |
|---|---|---|
| le copain [ləkɔpɛ̃] /<br>la copine [lakɔpin] | der Freund / die Freundin | Tarik, c'est le ~ de Paul. |

### ▬▬ Approches: Ils habitent dans le même quartier

| même [mɛm] *adj.* | der/die/das gleiche, der-/die-/dasselbe | Nathalie et Marine ont la ~ veste. |
|---|---|---|
| le quartier [ləkaʀtje]<br>*angl.* quarter | das Viertel | Montmartre est un ~ de Paris. |
| le prénom [ləpʀenɔ̃]<br>*lat.* praenomen | der Vorname | Mon ~, c'est Nicolas. |
| l'âge [lɑʒ] *m.*<br>*angl.* age | das Alter | On a le même ~. |
| l'an [lɑ̃] *m.*<br>*lat.* annus | das Jahr | Caroline a treize ~[1]. |

*Im Französischen gibt man das Alter mit dem Verb* avoir (haben) *an. Vergleiche:* Il a treize ans. Er ist 13 Jahre alt.

| aimer qc [ɛme] | etw. lieben, etw. mögen  *Nach* aimer *steht das Nomen mit dem bestimmten Artikel.* | J'~[2] les chiens. |
|---|---|---|

| | | |
|---|---|---|
| **le tennis** [lətɛnis] *angl.* tennis | das Tennis *Sportart* | Il aime le ~. |
| **le roller** [lərɔlœr] | Inlineskaten *Sportart* | Pauline aime ~. |
| **les rollers** [lerɔlœr] *m. pl.* | die Inlineskates | |
| **le frère** [ləfrɛr] *lat.* frater | der Bruder | Mon ~, c'est Bruno. |
| **demi** [dəmi] | halb | J'ai douze ans et ~. |
| **la photo** [lafɔto] *angl.* photo | *hier:* das Fotografieren | Ils aiment la ~. |
| **les maths** [lemat] *f. pl. fam.* / **les mathématiques** [lematematik] *angl.* maths | Mathe, Mathematik | Les ~, c'est bien. |
| **la musique** [lamyzik] *angl.* music | die Musik | Tu aimes la ~? |
| **le sport** [ləspɔr] *angl.* sports | der Sport | Vous aimez le ~? |
| **surtout** [syrtu] *adv.* | vor allem | Il aime ~ le roller. |
| **la natation** [lanatasjɔ̃] | das Schwimmen *Sportart* | |
| **Tu as quel âge?** [tyakɛlɑʒ] | Wie alt bist du? | Et toi, David, ~? |

### Écouter

| | | |
|---|---|---|
| *le cinéma* [ləsinema] / *le ciné* [ləsine] *fam. angl.* cinema | das Kino | Manon aime le ~. |
| *MSN* [ɛmɛsɛn] | ICQ *Chatprogramm* | J'aime ~. |

1 ans  2 aime

## SÉQUENCE 1

### Les grands-parents arrivent

| | | |
|---|---|---|
| **les grands-parents** [legrɑ̃parɑ̃] *m. pl. angl.* grandparents | die Großeltern | Ses ~ habitent à Courbevoie. |
| **entrer** [ɑ̃tre] | hineingehen | Le professeur ~ dans la classe. |
| **l'appartement** [lapartəmɑ̃] *m. angl.* apartment | die Wohnung | Mon ~ est bien. |

⚠ «faux ami»: l'appartement ≠ das Apartment

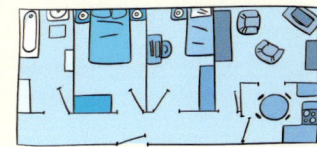
l'appartement (die Wohnung)

le studio (das Apartment, die Einzimmer-wohnung)

| la mère [lamɛʀ] | die Mutter | La ~ de Léa est documentaliste. |
| *lat.* mater | | |
| la sœur [lasœʀ] | die Schwester | Ma ~ aime le sport. |

⚠ les frères et sœurs die Geschwister

| le père [ləpɛʀ] | der Vater | Mon ~ travaille à l'hôtel de ville. |
| *lat.* pater | | |
| porter qc [pɔʀte] | etw. tragen | Tu ~¹ mon sac, s'il te plaît? |
| la valise [lavaliz] | der Koffer | Lucas porte ma ~. |
| votre [vɔtʀ] / vos [vo] | euer, eure *Possessivbegleiter der 2. Pers. Pl.* | Où est ~² prof? |
| la chambre [laʃɑ̃bʀ] | das Schlafzimmer | Et ça, c'est ta ~? |
| la pièce [lapjɛs] | das Zimmer | La ~, là-bas, c'est ma chambre. |
| en face [ɑ̃fas] | gegenüber | Regarde ~, c'est ma chambre. |
| la salle de séjour [lasaldəseʒuʀ] | das Wohnzimmer | Mon père est dans la ~. |
| pas mal [pɑmal] | nicht schlecht | – Ça va? – Oui, ça va ~. |
| à gauche [agoʃ] | links | – Où est le collège? – Là-bas, ~. |
| la cuisine [lakɥizin] | die Küche | Mon père est dans la ~. |
| à droite [adʀwat] | rechts | Les revues sont ~. |
| les toilettes [letwalɛt] *f. pl.* | die Toilette | Les ~ sont à gauche. |
| *angl.* toilets | | |
| derrière [dɛʀjɛʀ] *prép.* | hinter | Le sac est ~ la valise. |
| le lit [ləli] | das Bett | Voilà mon ~. |
| la salle de bains [lasaldəbɛ̃] | das Badezimmer | Sandra est dans la ~. |
| notre [nɔtʀ] / nos [no] | unser, unsere *Possessivbegleiter der 1. Pers. Pl.* | ~³ parents travaillent. |
| toujours [tuʒuʀ] *adv.* | immer | J'ai ~ un livre dans mon sac. |

*«Toujours» a toujours un «-s»!*

| leur/leurs [lœʀ] | ihr, ihre *Possessivbegleiter der 3. Pers. Pl.* | ~⁴ chien, c'est Chaipas. |
| le problème [ləpʀɔblɛm] | das Problem | J'ai un ~: je cherche ma veste. |
| *angl.* problem | | |
| le canapé [ləkanape] | das Sofa | Le ~ est dans la salle de séjour. |
| À plus! [aplys] | Bis später! | – Salut! – ~! |
| filer [file] *fam.* | abhauen | Vite, on ~⁵! |
| Tu parles! [typaʀl] | *hier:* Von wegen! | |
| le fils [ləfis] ≠ la fille | der Sohn | Regarde, c'est le ~ de ma prof. |
| *lat.* filius | | |

| | | |
|---|---|---|
| **les parents** [lepaʀɑ̃] *m. pl.*<br>*angl.* parents | die Eltern | Mes ~ sont à Lyon. |
| **C'est clair.** [sɛklɛʀ] | Das ist klar. | – ~? – Oui, bien sûr, ~! |

| | | |
|---|---|---|
| **le grand-père** [ləgʀɑ̃pɛʀ]<br>*angl.* grandfather | der Großvater | Mon ~ est sympa. |
| **la grand-mère** [lagʀɑ̃mɛʀ]<br>*angl.* grandmother | die Großmutter | Ma ~ parle anglais. |

1 portes  2 votre  3 nos  4 leur  5 file

# SÉQUENCE 2

## Préparer la lecture / Découvrir

| | | |
|---|---|---|
| **ne ... pas** [nə...pɑ] | nicht | Valentin ~ travaille ~, il parle. |

Ne *und* pas *drücken zusammen die Verneinung aus, das konjugierte Verb steht immer zwischen den beiden Teilen der Verneinung.*

ne
Verbe
pas

| | | |
|---|---|---|
| **ranger qc** [ʀɑ̃ʒe]<br>⚠ nous rang**e**ons | etw. aufräumen → Les verbes, p. 163 | Annette ~¹ ses affaires. |
| **rêver** [ʀɛve] | träumen | Elle ~². |

## Un test

| | | |
|---|---|---|
| **le test** [lətɛst]<br>*angl.* test | der Test | |
| **est-ce que ...?** [ɛskə] | *wird nicht übersetzt; zeigt an, dass es sich um eine Frage handelt* | ~ tu habites à Paris? |
| **une fois par semaine** [ynfwapaʀsəmɛn] | einmal in der Woche | Je range ma chambre ~. |
| **la fois** [lafwa] | das Mal | |
| **la semaine** [lasəmɛn] | die Woche | Une ~ passe vite! |
| **souvent** [suvɑ̃] *adv.* | oft | Jérôme passe ~ devant le collège. |
| **Qu'est-ce que ça veut dire?** [kɛskəsavødiʀ] | Was bedeutet das? Was heißt das? | «Chien», ~? |
| **passer** [pɑse] | *hier:* verbringen | Camille et David ~³ leurs vacances à Vannes. |

Les vacances **passent** vite.
(= vergehen)

Il **passe** devant la tour.
(= an jdm/etw. vorbeigehen)

Jérémie **passe** une semaine chez ses grands-parents.
(= verbringen)

| | | |
|---|---|---|
| l'heure [lœʀ] f.<br>*angl.* hour | die Stunde | |
| **téléphoner** [telefɔne] | telefonieren | Elle ~[4] toujours dans la salle de séjour. |
| **écouter qc/qn** [ekute] | etw. anhören, jdm zuhören | Marie et Anne ~[5] leur prof. |
| **le CD** [ləsede]<br>⚠ **les CD** | die CD | Le ~ de Raphaël est bien. |
| **l'ordinateur** [lɔʀdinatœʀ] m. | der Computer | Voilà l'~ de Monsieur Mercier. |
| **par** [paʀ] *prép.* | aus | |
| **la fenêtre** [lafənɛtʀ]<br>*lat.* fenestra | das Fenster | David regarde par la ~. |
| **l'écriteau** [lekʀito] m.<br>⚠ **les écriteaux** | das Schild | «~», qu'est-ce que ça veut dire? |
| **la porte** [lapɔʀt]<br>*lat.* porta | die Tür | Qu'est-ce qu'il y a derrière la ~? |
| **Bienvenue!** [bjɛ̃vny] | Willkommen! | – ~!<br>– Merci. |
| **chez** [ʃe] *prép.* | bei | Anne est ~ Marie. |
| **Chut!** [ʃyt] | Pst! Still! | ~, le prof arrive! |
| **frapper** [fʀape] | anklopfen | |
| **l'armoire** [laʀmwaʀ] f. | der Schrank | La veste est dans l'~. |
| **la chaise** [laʃɛz] | der Stuhl | Dans la cuisine, il y a quatre ~[6]. |
| **la table** [latabl]<br>*angl.* table | der Tisch | Les livres sont sur la ~. |
| **le tapis** [lətapi] | der Teppich | Il y a un ~ dans la salle de séjour. |
| **Je ne comprends pas la question.** [ʒənəkɔ̃pʀɑ̃palakɛstjɔ̃] | Ich verstehe die Frage nicht. | |
| **la question** [lakɛstjɔ̃]<br>*angl.* question | die Frage | J'ai une ~, Madame. |
| **même** [mɛm] *adv.* | *hier:* sogar | Il a ~ un ordinateur dans sa chambre! |
| **le bus** [ləbys]<br>*angl.* bus | der Bus | – Voilà mon ~. À plus!<br>– Salut. À demain. |
| **sous** [su] *prép.* | unter | Ton cahier est ~ tes affaires. |
| **le résultat** [ləʀezylta]<br>*angl.* result | das Ergebnis | Demain, on a les ~[7] de notre test … |
| **être dans les nuages** [ɛtʀdɑ̃lenɥaʒ] | verträumt sein | Aurélie ~ toujours ~[8]. |
| **le nuage** [lənɥaʒ]<br>*lat.* nubes | die Wolke | Magalie regarde les ~[9]. |
| **provoquer qn** [pʀɔvɔke] | jdn provozieren | Mon frère ~[10] toujours mes parents. |

| | | |
|---|---|---|
| **continuer** [kɔ̃tinɥe]<br>*angl.* to continue | weitermachen | Tu ~¹¹? |

## SÉQUENCE 3

### Ils parlent de leurs amis

| | | |
|---|---|---|
| **parler de qc/qn** [paʀledə] | von etw. reden, von jdm reden | Mon père ~¹ souvent de son frère. |
| **l'ami/e** [lami] *m./f.*<br>*lat.* amicus | der Freund / die Freundin | Marc est l'~² de Sophie. Manon est l'~³ de Tarik. |
| **différent/e** [difeʀɑ̃/difeʀɑ̃t]<br>*adj.*<br>*angl.* different | anders | Léo et Julien sont très ~⁴. |
| **je dis** [ʒədi] | ich sage | |
| **parce que** [paʀskə] | weil | Il parle français ~⁵ il est de Genève. |
| **drôle** [dʀol] *adj.* | lustig, komisch | Omar est ~. |
| **serviable** [sɛʀvjabl] *adj.* | hilfsbereit | Paul est ~. |
| **aimer bien qc** [ɛmebjɛ̃] | etw. gerne mögen | J'~⁶ la tour Eiffel. |
| **l'idée** [lide] *f.*<br>*angl.* idea | die Idee | Ton ~ est sympa! |
| **le look** [ləluk] | der Stil | J'aime bien le ~ de Camille. |
| **aller** [ale] | gehen, fahren → Les verbes,<br>p. 163 | Avec Miriam, on ~⁷ à Paris demain. |

aller à + *Ort*
aller à l'école

aller chez + *Person*
aller chez ses grands-parents

| | | |
|---|---|---|
| **le cinéma** [ləsinema] / **le ciné** [ləsine] *fam.*<br>*angl.* cinema | das Kino | Manon aime le ~. |
| **le spectacle** [ləspɛktakl]<br>*lat.* spectaculum | die Aufführung, die Vorstellung | Le ~ est à Nantes. |
| **le chanteur** [ləʃɑ̃tœʀ] / **la chanteuse** [laʃɑ̃tøz] | der Sänger / die Sängerin | Le ~ est super. |
| **la piscine** [lapisin] | das Schwimmbad | Je vais à la ~ avec mon ami. |
| **le foot** [ləfut] | Fußball  *Sportart* | Mon père aime le ~. |
| **détester qc** [detɛste]<br>*angl.* to detest | etw. hassen, etw. nicht mögen<br>*Nach* détester *steht das Nomen*<br>*mit dem bestimmten Artikel.* | Naïma ~⁸ les maths. |

| | | |
|---|---|---|
| **préférer qc** [pʀefeʀe] <br> *angl.* to prefer | etw. bevorzugen, etw. lieber mögen  *Nach* préférer *steht das Nomen mit dem bestimmten Artikel.* → Les verbes, p. 163 | J'aime les revues, mais je ~[9] les livres. |
| **le handball** [ləɑ̃dbal] | Handball  *Sportart* | Demain, on va au ~ avec les copains. |
| **maintenant** [mɛ̃tnɑ̃] | jetzt | Jérémie est en quatrième ~. |
| **grand/e** [gʀɑ̃/gʀɑ̃d] *adj.* | groß | Notre école est très ~[10]. |
| **brun/e** [bʀɛ̃/bʀyn] *adj.* | dunkelhaarig | Clémence est ~[11]. |
| **le groupe** [ləgʀup] <br> *angl.* group | die Gruppe | Devant l'école, il y a un ~ d'enfants. |
| **intéressant/e** [ɛ̃teʀɛsɑ̃/ ɛ̃teʀɛsɑ̃t] *adj.* <br> *angl.* interesting | interessant | Ton livre est très ~. |
| **à mon avis ...** [amɔ̃navi] | meiner Meinung nach ... | ~, c'est un garçon serviable. |
| **l'avis** [lavi] *m.* | die Meinung | Ton ~ est intéressant. |

**Merke** à **mon** avis, à **ton** avis, à **son** avis, à **notre** avis, à **votre** avis, à **leur** avis

| | | |
|---|---|---|
| **craquer pour qn** [kʀakepuʀ] | für jdn schwärmen | Jérémie ~[12] Yasmina. |
| **la chanson** [laʃɑ̃sɔ̃] | das Lied | Lila chante une ~ de Sinsemilia. |
| **le poème** [ləpɔɛm] <br> *angl.* poem | das Gedicht | Mes grands-parents aiment les ~[13]. |
| **il dit** [ildi] | er sagt | |
| **le mail** [ləmɛl] | die E-Mail | Regarde, c'est un ~ de Malo. |
| **ensemble** [ɑ̃sɑ̃bl] | zusammen | Isabelle et Patrick travaillent ~. |
| **adorer qc** [adɔʀe] <br> ≠ détester <br> *angl.* to adore | etw. sehr lieben/mögen  *Nach* adorer *steht das Nomen mit dem bestimmten Artikel.* | Sylvie ~[14] la natation. |
| **tout le monde** [tuləmɔ̃d] | alle | Lila parle avec ~. |
| **la guitare** [lagitaʀ] <br> *angl.* guitar | die Gitarre | Yann a une ~. |
| **chanter (qc)** [ʃɑ̃te] <br> *lat.* cantare <br> ▶ le chanteur / la chanteuse, la chanson | (etw.) singen | Nous ~[15] ensemble. |
| **curieux** [kyʀjø] / **curieuse** [kyʀjøz] *adj.* | neugierig | Ma sœur est ~[16]. |
| **poser une question** [pozeynkɛstjɔ̃] | eine Frage stellen | Marie ~[17]. |
| **poser qc** [poze] | etw. stellen, hinstellen | Je ~[18] ma valise dans la chambre! |

1 parle  2 ami  3 amie  4 différents  5 parce qu'  6 aime bien  7 va  8 déteste  9 préfère  10 grande  11 brune  12 craque pour  13 poèmes  14 adore  15 chantons  16 curieuse  17 pose une question  18 pose

**la journée** [laʒuʀne]     der Tag                Annette parle de sa ~ avec sa sœur.
⚠ «faux ami»: la journée ≠
the journey (le voyage)

| Unterscheide: | le jour | der Tag *als Zähleinheit* | Le CDI est ouvert quatre **jours** par semaine. |
| | la journée | der Tag *in seinem Verlauf* | Il parle de sa **journée**. |

## ▬▬▬ Approches: Il est quelle heure?

*Die Zahlen über 20 findest du auf S. 161.*

**Il est quelle heure?**     Wie viel Uhr ist es?       Maman, ~, s'il te plaît?
[ilɛkɛlœʀ]               Wie spät ist es?

**l'horloge** [lɔʀlɔʒ] *f.*     die Uhr                Regarde l'~!

*une montre* [ynmɔ̃tʀ] eine Armbanduhr                une horloge

**midi** [midi]             12 Uhr mittags, Mittag      À ~, je vais à la cantine.

**passer** [pɑse]          *hier:* laufen              Le film ~[1] à trois heures.

**le quart** [ləkaʀ]        das Viertel, die Viertelstunde   Il est trois heures et ~.
*angl.* quarter

**le temps** [lətɑ̃]         die Zeit                   Aujourd'hui, j'ai le ~.
*lat.* tempus

**la librairie** [lalibʀɛʀi]   die Buchhandlung           La ~ est ouverte.

⚠ «faux ami»:

la bibliothèque (the library) ≠ la librairie (the bookshop)

**fermer qc** [fɛʀme]       etw. schließen             La librairie ~[2] à dix-neuf heures.

**À quelle heure?** [akɛlœʀ]   Um wie viel Uhr?           ~ est-ce que tu vas à la piscine?

**manger qc** [mɑ̃ʒe]        etw. essen *wird wie* ranger   Ils ~[3] dans la cuisine.
⚠ nous mang**e**ons        *konjugiert*

**moins** [mwɛ̃]            *hier:* vor                Il est huit heures ~ dix.

1 passe  2 ferme  3 mangent

**Préparer la lecture / Découvrir**

| | | |
|---|---|---|
| **avoir cours** [avwaʀkuʀ] | Unterricht haben | Sophie ~[1] jusqu'à cinq heures. |
| **le cours** [ləkuʀ]<br>*angl.* course; *lat.* cursus | der Unterricht | Lila a son ~ de guitare. |
| **aujourd'hui** [oʒuʀdɥi] *adv.* | heute | ~, elle va à son cours de guitare. |
| **pourquoi?** [puʀkwa] | warum? | ~ est-ce que vous n'allez pas au cinéma? |
| **rentrer** [ʀɑ̃tʀe] | zurückkommen, nach Hause kommen | Paul et Nadine ~[2] avec Annabelle. |
| **quand?** [kɑ̃]<br>*lat.* quando | wann? | ~ est-ce que Fabien a cours demain? |

**Un lundi**

| | | |
|---|---|---|
| **lundi** [lɛ̃di] *m.* | (am) Montag | ~, j'ai cours de maths. |
| **la radio** [laʀadjo]<br>*angl.* radio | das Radio | |
| **s'allumer** [salyme] | angehen → Les verbes, p. 163 | Ma radio ~[3] à sept heures. |
| **allumer qc** [alyme] | etw. einschalten | Tu ~[4] la radio, s'il te plaît? |
| **se lever** [sələve] | aufstehen → Les verbes, p. 163 | À quelle heure est-ce que tu ~[5] demain? |
| **se doucher** [səduʃe] | duschen | Je ~[6] souvent. |
| **le bouton** [ləbutɔ̃] | der Pickel | Mon frère a des ~[7]. |
| **vendredi** [vɑ̃dʀədi] *m.* | (am) Freitag | ~, je vais au ciné avec Paul. |
| **l'anniversaire**<br>[laniveʀsɛʀ] *m.* | der Geburtstag | Vendredi, c'est l'~ de Camille. |
| **alors** [alɔʀ] *adv.* | also | ~, tu vas à la piscine ou non? |
| **C'est l'heure!** [sɛlœʀ] | Es ist Zeit! | ~, Camille! |
| **prendre qc** [pʀɑ̃dʀ] | etw. nehmen | Je ~[8] mon sac et j'arrive. |

| prendre le petit-déjeuner | prendre le métro | prendre son sac | prendre un «s» |
|---|---|---|---|

| | | |
|---|---|---|
| **le petit-déjeuner**<br>[ləpətideʒœne] /<br>⚠ **les petits-déjeuners** | das Frühstück | Tu prends le ~ avec tes parents? |
| **déjà** [deʒa] *adv.* | schon | Il est midi. Clémence est ~ à la maison. |
| **de ... à** [də...a] *prép.* | von ... bis | Aujourd'hui, Lila a cours ~ 8 heures ~ 16 heures. |
| **le poisson** [ləpwasɔ̃] | der Fisch | À la cantine, Camille prend le ~. |

| | | |
|---|---|---|
| **se disputer (avec qn)** [sədispyte] | sich (mit jdm) streiten | Tu ~⁹ souvent avec tes parents ? |
| **se dire qc** [sədiʀ] | sich etw. sagen | Ils ~¹⁰ bonjour. |
| **dire qc** [diʀ] | etw. sagen | |
| **n'importe quoi** [nẽpɔʀtəkwa] | dummes Zeug | Tu dis ~! |
| **méchant/e** [meʃɑ̃/meʃɑ̃t] *adj.* | böse | Jonathan n'est pas ~, il est sympa. |
| **après** [apʀɛ] | *hier:* danach *auch:* nach | ~, c'est ton problème. Elle rentre ~ les cours. |
| **la maison** [lamɛzɔ̃] | das Haus | Voilà la ~ de mes grands-parents. |
| **la télé** [latele] *fam.* / **la télévision** [latelevizjɔ̃] *angl.* television | der Fernseher | Yasmina regarde la ~, . |
| **le biscuit** [ləbiskɥi] | der Keks | Camille et sa copine mangent des ~¹¹. |
| **le téléphone** [lətelefɔn] *angl.* telephone | das Telefon | – Où est le ~? – Il est sur la table. |
| **parler avec/à qn** [paʀle] | mit jdm sprechen | Nadine ~¹² sa mère. |
| **penser (à qn/qc)** [pɑ̃se] | (an jdn/etw.) denken | |
| **que** [kə] | *hier:* dass | Lila pense ~ Jérémie est sympa. |
| **pendant** [pɑ̃dɑ̃] | während | ~ le cours, Julie travaille. |
| **pendant des heures** [pɑ̃dɑ̃dezœʀ] | stundenlang | |
| **ensuite** [ɑ̃sɥit] *adv.* | anschließend | Elle travaille, et ~, elle regarde la télé. |
| **Au lit !** [oli] | Ins Bett! | ~, les enfants ! C'est l'heure ! |
| **embrasser qn** [ɑ̃bʀase] | jdn küssen | Camille rêve qu'elle ~¹³ Jonathan. |

**Activités**

*à pied* [pje]  *à vélo* [velo]  *en voiture* [vwatyʀ]  **en** bus  **en** métro  **en** rollers  *en tram* [tʀam]  **en** train

1 a cours  2 rentrent  3 s'allume  4 allumes  5 te lèves  6 me douche  7 boutons  8 prends  9 te disputes  10 se disent
11 biscuits  12 parle à  13 embrasse

## SÉQUENCE 2

### Un mercredi

| | | |
|---|---|---|
| **mercredi** [mɛʀkʀədi] *m.* | am Mittwoch | ~, nous allons au foot. |
| **l'après-midi** [lapʀɛmidi] ⚠ *m./f.* | der Nachmittag | Les élèves n'ont pas cours mercredi ~. |

| | | |
|---|---|---|
| **l'appareil photo** [laparεjfɔto] *m.* | der Fotoapparat | Yasmina a un ~. Et toi? |
| **se balader** [səbalade] | spazieren gehen | ~ à Paris, c'est sympa. |
| **se retrouver** [sərətruve] | sich (wieder-)treffen | Ils ~[1] devant le collège. |
| **retrouver qc** [rətruve] | etw. wiederfinden | |
| **la station** [lastasjɔ̃] ⚠ «faux ami»: *angl.* station = der Bahnhof | die Station, die Haltestelle | La ~ de métro est grande. |
| **la ligne** [laliɲ] *angl.* line; *lat.* linea | die Linie | À Paris, il y a 14 ~[2] de métro. |
| **pour** + *inf.* [pur] | um … zu | ~ aller à la Défense, tu prends la ligne 1. |
| **changer / changer (de qc)** [ʃɑ̃ʒe] *angl.* to change | umsteigen *wird wie* ranger *konjugiert* | À la station Étoile, tu ~[3]. |
| **le chanteur d'opéra** [ləʃɑ̃tœrdɔpera] | der Opernsänger | Le ~ est allemand. |
| **l'opéra** [lɔpera] *m.* | die Oper | Sophie adore l'~. |
| **en général** [ɑ̃ʒeneral] *adv.* *angl.* in general | normalerweise, im Allgemeinen | ~, Lila aime bien les chansons de Raphaël. |
| **ne … pas de** [nə…pɑdə] | kein, keine, keinen | Paul ~ a ~[4] amis. |
| **ringard/e** [rɛ̃gar/rɛ̃gard] *adj.* | altmodisch, spießig | L'opéra! C'est un peu ~, non? |
| **le jeune homme** [ləʒœnɔm] | der junge Mann | Un ~ chante dans le métro. |
| **le rap** [lərap] | der Rap | Est-ce que tu aimes le ~? |
| **trouver (qc/qn)** [truve] | (etw./jdn) finden | Yasmina et Lila ~[5] un CD pour Camille. |
| **acheter qc** [aʃte] | etw. kaufen → Les verbes, p. 163 | J'~[6] un livre. |
| **un peu** [ɛ̃pø] | ein bisschen | David parle ~ anglais. |
| **pouvoir** [puvwar] | können → Les verbes, p. 163 | Pascal ne ~[7] pas aller au cinéma demain. |
| **demander qc** [dəmɑ̃de] | etw. fragen | «On va à la piscine?» ~[8] Paul. |
| **gagner qc** [gaɲe] | verdienen *Geld* | |
| **beaucoup (de)** [boku] *adv.* | viel/e | Paul a ~[9] copains. |
| **l'argent** [larʒɑ̃] *m.* | das Geld | Fabian gagne son ~ dans le métro. |
| **Ça peut arriver.** [sapøarive] | Das kann vorkommen. | – Tu gagnes beaucoup d'argent? – Pas toujours, mais ~. |
| **la fête** [lafεt] | die Party, das Fest | Les ~[10] de Manon sont toujours drôles. |
| **samedi** [samdi] | (am) Samstag | ~, on mange chez ma grand-mère. |
| **un peu de** [ɛ̃pødə] | ein bisschen | |
| **Ce n'est pas mal.** [sənepɑmal] | Das ist nicht schlecht. | |
| **mal** [mal] *lat.* malus | schlecht | |
| **combien?** [kɔ̃bjɛ̃] | wie viel? | C'est ~, le CD? |

| | | |
|---|---|---|
| l'euro [løʀo] *m.* | der Euro | J'ai encore dix ~[11]. |
| trop cher [tʀoʃɛʀ] | zu teuer | 25 euros pour un CD? C'est ~! |
| cher/chère [ʃɛʀ] *lat.* carus | teuer | |
| assez (de) [ase] | genug | Yasmina a ~[12] argent: elle achète un CD pour Camille. |
| la direction [ladiʀɛksjɔ̃] *angl.* direction | die Richtung | Pour aller chez Martin, je prends le bus ligne 12 ~ rue Lenôtre. |
| trop de [tʀodə] | zu viel | |
| ne ... plus [nə...ply] *adv.* ≠ encore | nicht mehr | Il ~ habite ~[13] à Paris. |
| comme ça [kɔmsa] *adv.* | so | Pourquoi est-ce que tu parles ~? |
| l'autorisation [lotɔrizasjɔ̃] *f.* | die Erlaubnis | Sébastien n'a pas l'~ de ses parents pour aller au ciné demain. |
| jeune [ʒœn] *adj.* | jung | Lila est trop ~: elle ne peut pas chanter dans le métro. |

1 se retrouvent  2 lignes  3 changes  4 n'a pas d'  5 trouvent  6 achète  7 peut  8 demande
9 beaucoup de  10 fêtes  11 euros  12 assez d'  13 n'habite plus

## SÉQUENCE 3

### Préparer la lecture

| | | |
|---|---|---|
| le litre [ləlitʀ] | der Liter | |
| le lait [lələ] *lat.* lac | die Milch | |
| le pot [ləpo] *angl.* pot | der Becher | |
| la crème [lakʀɛm] | die Sahne | Elle achète un pot de ~. |
| le kilo [ləkilo] | das Kilo | On achète un ou deux ~[1] de poisson? |
| la farine [lafaʀin] | das Mehl | |
| la bouteille [labutɛj] *angl.* bottle | die Flasche | On prend une ou deux ~[2] de lait? |
| le jus d'orange [ləʒydɔʀɑ̃ʒ] | der Orangensaft | Julie adore le ~. |
| le jus [ləʒy] *angl.* juice | der Saft | Mais où est le ~ d'orange? |
| l'orange [lɔʀɑ̃ʒ] *f.* *angl.* orange | die Orange | Paul n'aime pas les ~[3]. |
| le paquet [ləpakɛ] *angl.* packet | die Packung, das Paket | |
| le bocal [ləbɔkal] / ⚠ les bocaux [lebɔko] | das (Einmach-)Glas ⚠ *nicht das Trinkglas* | |
| la cerise [lasəʀiz] | die Kirsche | J'adore les ~[4]. |

| l'œuf [lœf] m. / **▲ les œufs** [lezø] *lat.* ovum | das Ei | – Julien, tu manges un ~? – Oui, merci. |

un litre de

un kilo de

une bouteille de

un pot de

un paquet de

un bocal de

## Bon anniversaire, Camille!

| **Bon anniversaire!** [bɔnanivɛʀsɛʀ] | Alles Gute zum Geburtstag! | ~, Camille! |
|---|---|---|
| **ne … plus de** [nə…plydə] | kein/keine/keinen … mehr | Marine ~ a ~5 farine. |
| **le coca** [ləkoka] | die Cola | |
| **le matin** [ləmatɛ̃] | der Morgen | Samedi ~, je prends mon petit-déjeuner avec ma mère et mon frère à dix heures. |
| **faire les courses** [fɛʀlekuʀs] | einkaufen *Lebensmittel* | Aujourd'hui, je ~6. |
| **faire qc** [fɛʀ] *lat.* facere | etw. tun, machen → Les verbes, p. 163 | – Qu'est-ce que vous ~7? – On travaille. |
| **les courses** [lekuʀs] *f. pl.* | die Einkäufe | |
| **le clafoutis** [ləklafuti] | *eine Art Auflauf mit Kirschen – oder auch mit anderem Obst (Äpfeln, Pflaumen)* | David adore le ~ de sa sœur. |
| **hésiter** [ezite] *angl.* to hesitate | zögern | Camille ~8, puis elle allume la télé. |
| **le numéro** [lənymero] | die Nummer | – Tu as le ~ de Jonathan? – Non, désolé! |
| **le zéro** [ləzero] *angl.* zero | die Null | |
| **Allô!** [alo] | Ja, bitte? *am Telefon* | |
| **quoi?** [kwa] | was? *am Satzende* | |
| **sourd/e** [suʀ/suʀd] *adj.* *lat.* surdus | taub | Mon chien a 18 ans et il est ~. |
| **le judo** [ləʒydo] *angl.* judo | das Judo | Michel a un cours de ~. |
| **bon ben** [bɔ̃bɛ̃] | na dann … | – ~, à demain alors! – Oui, salut! |
| **offrir qc** [ɔfʀiʀ] *angl.* to offer; *lat.* offere | etw. schenken → Les verbes, p. 163 | Charlotte et Loïc ~9 un livre. |
| **ouvrir qc** [uvʀiʀ] ≠ fermer | etw. öffnen *wird wie* offrir *konjugiert* | Aurélie ~10 son livre. |
| **le cadeau** [ləkado] / **▲ les cadeaux** | das Geschenk | – Voilà un ~ pour toi. – Merci! |
| **rigoler** [ʀigɔle] | lachen, herumalbern | Avec les copains, on ~11 beaucoup. |

| | | |
|---|---|---|
| **le chant** [ləʃɑ̃]<br>*lat.* cantus | das Lied  *klassische Musik* | Les ~[12], c'est ringard, non? |
| **vexé/e** [vɛkse] *adj.* | beleidigt | Lila est ~[13]. |
| **Bonjour l'ambiance!**<br>[bɔ̃ʒuʀlɑ̃bjɑ̃s] | Na toll! | |
| **l'ambiance** [lɑ̃bjɑ̃s] *f.* | die Stimmung | Il n'y a pas d'~. |
| **sonner** [sɔne] | klingeln | Le téléphone ~[14]. |
| **rouge** [ʀuʒ] *adj.* | rot | Regarde, elle est ~! |

1 kilos  2 bouteilles  3 oranges  4 cerises  5 n'a plus de  6 fais les courses  7 faites  8 hésite  9 offrent  10 ouvre  11 rigole
12 chants  13 vexée  14 sonne

# UNITÉ 4 *La vie du collège*

| | | |
|---|---|---|
| **la vie du collège**<br>[lavidykɔlɛʒ] | das Leben in der Schule, der<br>Schulalltag | |
| **la vie** [lavi]<br>*lat.* vita | das Leben | |

## Approches: L'emploi du temps de la quatrième C

*Die Wochentage findest du auf S. 160.*

| | | |
|---|---|---|
| **l'emploi du temps**<br>[lɑ̃plwadytɑ̃] *m.* | der Stundenplan | Regarde mon ~. |
| **le mercredi** [ləmɛʀkʀədi] | mittwochs | Le ~ après-midi, je travaille pour l'école. |

⚠ *Unterscheide:*
le dimanche = sonntags, jeden Sonntag:     → *mehrmals oder immer;*
✕ dimanche = am Sonntag, an diesem Sonntag: → *nur einmal*

| | | |
|---|---|---|
| **l'E.P.S.** [ləpeɛs] / **l'éduca-**<br>**tion physique et sportive**<br>[ledykasjɔ̃fizikespɔʀtiv] *f.* | der Sportunterricht | Demain, on a ~. |

*Um zu sagen, welches Fach du hast,<br>verwendest du – wie im Deutschen –<br>avoir (haben) + Fach ohne Artikel.*

Mardi, nous avons maths.

| | | |
|---|---|---|
| **la récréation** [laʀekʀeasjɔ̃] /<br>**la récré** [laʀekʀe] *fam.* | die Pause | Je n'aime pas l'école, mais j'aime la ~! |
| **la physique** [lafizik]<br>*angl.* physics | die Physik | La prof de ~ est sympa. |
| **la chimie** [laʃimi]<br>*angl.* chemistry | die Chemie | J'adore la ~. |
| **l'histoire** [listwaʀ] *f.*<br>*angl.* history; *lat.* historia | die Geschichte | Le prof d'~ est très drôle. |

| | | |
|---|---|---|
| **la géo** [laʒeo] *fam.* / **la géographie** [laʒeoɡʀafi] *angl.* geography; *lat.* geographia | die Geographie, die Erdkunde | Madame Pic, c'est la prof de ~? |
| **l'espagnol** [lɛspaɲɔl] *m.* | Spanisch *Sprache* | On a ~ demain. |

| | | |
|---|---|---|
| **les S.V.T.** [leɛsvete] / **les sciences de la vie et de la terre** [lesjɑ̃sdəlaviedəlatɛʀ] *f. pl.* | die Biologie, Mensch – Natur – Umwelt *Unterrichtsfach* | Tu as ~ demain? |
| **les arts plastiques** [lezaʀplastik] *m. pl.* | der Kunstunterricht | La quatrième C a ~ le mardi après-midi. |
| **les I.D.D.** [lezidede]/ **les itinéraires de découverte** [lezitinerɛʀdədekuvɛʀt] *m. pl.* | *fächerübergreifender Projekt-unterricht* | |
| **l'éducation civique** [ledykasjɔ̃sivik] *f.* | *Unterrichtsfach in Frankreich, bedeutet so viel wie staatsbürger-liche Erziehung, entspricht in etwa Sozialkunde/Gemeinschaftskunde* | Jeudi, Jérémie et Camille ont cours d'~. |
| **la technologie** [latɛknɔloʒi] / **la techno** [latɛknɔ] *fam.* | die Arbeitslehre | Jérémie n'aime pas beaucoup la ~. |
| **le club-vidéo** [ləklœbvideo] | der Videoclub | Demain, les élèves vont au ~. |
| **l'horreur** [lɔʀœʀ] *f.* *angl.* horror | der Horror | Huit heures de cours le mardi, c'est l'~! |
| **dur/e** [dyʀ] *adj.* *lat.* durus | hart, schwierig | Les maths, c'est ~! |
| **cool** [kul] *adj. fam.* *angl.* cool | cool | Le mercredi, c'est ~! |
| **la matière** [lamatjɛʀ] *lat.* materia | das Unterrichtsfach | I.D.D., c'est une ~? |
| **préféré/e** [pʀefeʀe] *adj.* | Lieblings- *in Verbindung mit einem Nomen* | Les maths, c'est la matière ~¹ de Yasmina. |
| **supposer qc** [sypoze] *angl.* to suppose | etw. vermuten | Je ~² qu'E.P.S., c'est «éducation physique et sportive». |
| **où** [u] | *hier:* wo *Relativpronomen* | |
| **discuter de qc** [diskyte] *angl.* to discuss | über etw. diskutieren, sich über etw. unterhalten | Jérémie ~³ avec son prof de français. |
| **le voyage** [ləvwajaʒ] | die Reise | Les ~⁴? C'est super, non? |

1 préférée  2 suppose  3 discute  4 voyages

**Qu'est-ce qu'on pourrait faire? – Le blog de Jérémie**

| | | |
|---|---|---|
| **on pourrait** [ɔ̃puʀɛ] | wir könnten / man könnte | Qu'est-ce qu'~ faire mercredi? |
| **le blog** [ləblɔg] | der Blog | J'adore regarder le ~ de mon copain. |
| **les devoirs** [ledəvwaʀ] *m. pl.* | die Hausaufgaben | Tu as beaucoup de ~ pour demain? |
| **écrire qc** [ekʀiʀ] | etw. schreiben → Les verbes, p. 163 | Qu'est-ce que tu ~[1] dans ton blog? |
| **entre** [ɑ̃tʀ] *prép.* | zwischen | Lyon est ~ Paris et Marseille. |
| **l'exercice** [legzɛrsis] *m.* *angl.* an exercise; *lat.* exercitatio | die Übung, die Hausaufgabe | J'ai des ~[2] de français. |
| **petit/e** [pti/ptit] *adj.* ≠ grand/e | klein | Ma chambre est ~[3]. |
| **rencontrer qn** [ʀɑ̃kɔ̃tʀe] | jdn treffen | Jérémie ~[4] toujours Monsieur Diouf. |
| **la solution** [lasolysjɔ̃] *angl.* solution; *lat.* solutio | die Lösung | Alors, est-ce que tu as la ~ de l'exercice de maths? |
| **interdit/e** [ɛ̃tɛʀdi/ɛ̃tɛʀdit] *adj.* | verboten | Dans la tour Ève, les chiens sont ~[5]. |
| ⚠ **l'œil** [lœj] *m.* / **les yeux** [lezjø] *pl.* *lat.* oculus | das Auge | Tes ~[6] sont rouges! |
| **d'accord** [dakɔʀ] | einverstanden | – Tu es ~? – Oui, bien sûr. |
| **entendre qc/qn** [ɑ̃tɑ̃dʀ] | etw./jdn hören → Les verbes, p. 163 | M. et Mme Ménas ~[7] Chaipas. |

Il écoute mais il n'entend pas.

| | | |
|---|---|---|
| **mieux** [mjø] *adv.* *lat.* melior | besser | – Ça va, Nadine? – Oui, ça va ~. |
| **le chat** [ləʃa] / **la chatte** [laʃat] *angl.* cat | die Katze | J'ai un ~. |
| **assez** [ase] *adv.* | ziemlich | Son ami va ~ mal. |
| **bon** [bɔ̃] / **bonne** [bɔn] *adj.* *lat.* bonus | gut | Camille est ~[8] en allemand. |
| **lire qc** [liʀ] | etw. lesen → Les verbes, p. 163 | Est-ce que vous ~[9] souvent des poèmes? |
| **la poésie** [lapɔezi] *lat.* poesis | die Poesie, die Dichtung | Jérémie adore la ~. |
| **la main** [lamɛ̃] *lat.* manus | die Hand | |

| | | |
|---|---|---|
| **lever qc** [ləve]<br>*lat.* levare | etw. heben | Pourquoi est-ce que tu ~[10] ta main? |
| **content/e** [kɔ̃tɑ̃/kɔ̃tɑ̃t] *adj.*<br>*lat.* contentus | zufrieden | Lila est ~[11]: elle a son cours de guitare aujourd'hui. |
| **attendre qn/qc** [atɑ̃dʀ] | auf jdn/etw. warten *wird wie* entendre *konjugiert* | David ~[12] Camille devant le collège. |
| **la réponse** [laʀepɔ̃s] | die Antwort | Tu trouves toujours la ~! |
| **qui** [ki] | *hier:* der, die, das *Relativpronomen* | |
| **dessiner qc** [desine] | etw. zeichnen | Mon frère ~[13] toujours notre maison. |
| **la chose** [laʃoz] | die Sache, das Ding | Nous faisons beaucoup de ~[14] ensemble. |
| **nul/le** [nyl] *adj.* ≠ bon/ne<br>*lat.* nullus | schlecht, *auch:* blöd | Anne est ~[15] en anglais. |

*Das Adjektiv* nul/nulle *darfst du nicht für die Zahl Null verwenden. Diese heißt auf Französisch* zéro.

| | | |
|---|---|---|
| **mauvais/e** [movɛ/movɛz] *adj.* ≠ bon/ne | schlecht | Il n'est pas ~, le clafoutis de David! |
| **la note** [lanɔt] | die Note, die Zensur | Il a encore une mauvaise ~ en maths. |
| **le volcan** [ləvɔlkɑ̃] | der Vulkan | Il n'y a pas beaucoup de ~[16] en France. |
| **expliquer qc** [ɛksplike]<br>*angl.* to explain | etw. erklären | Le prof de S.V.T. ~[17] bien. |
| **écrire comme un chat** [ekʀiʀkɔmɛ̃ʃa] | unsauber schreiben | David ~[18]. |
| **la trace** [latʀas] | die Spur | Regarde la ~ là-bas! Qu'est-ce que c'est? |
| **la craie** [lakʀɛ] | die Kreide | Le prof de S.V.T. a toujours des traces de ~ sur sa veste. |
| **apprendre qc** [apʀɑ̃dʀ] | etw. lernen *wird wie* prendre *konjugiert* | J'~[19] le français. |
| **amoureux** [amuʀø] /<br>**amoureuse** [amuʀøz] *adj.* | verliebt | À ton avis, est-ce que Jérémie est ~ de Yasmina? |
| **Elle ne fait pas de cadeaux.** [ɛlnəfɛpadəkado] | Sie schenkt einem nichts. | |
| **moyen** [mwajɛ̃] / **moyenne** [mwajɛn] *adj.* | mittelmäßig | Jonathan est ~ en allemand. |

1 écris  2 exercices  3 petite  4 rencontre  5 interdits  6 yeux  7 entendent  8 bonne  9 lisez  10 lèves  11 contente  12 attend
13 dessine  14 choses  15 nulle  16 volcans  17 explique  18 écrit comme un chat  19 apprends

## SÉQUENCE 2

### Une chose que je peux faire …

| | | |
|---|---|---|
| **que** [kə] | *hier:* den, die, das *Relativpronomen* | |
| **le prof principal** [ləpʀɔfpʀɛ̃sipal] | der Klassenlehrer | Monsieur Laval est le ~ de la quatrième C. |

| | | |
|---|---|---|
| **avoir lieu** [avwaʀljø] | stattfinden | Les cours de natation ~¹ à la piscine du collège. |
| **une semaine sur deux** [ynsəmɛnsyʀdø] | alle zwei Wochen, jede zweite Woche | La quatrième C a «vie du collège» ~. |

| **Merke** | un jour **sur deux** | jeden zweiten Tag |
|---|---|---|
| | une semaine **sur trois** | jede dritte Woche |

| | | |
|---|---|---|
| **vouloir qc** [vulwaʀ] <br> *lat.* velle | etw. wollen → Les verbes, p. 163 | Est-ce que tu ~² aller au ciné? |
| **la classe de neige** [laklas- dənɛʒ] | die Klassenfahrt *hier:* zum Wintersport | Quand est-ce que les élèves vont en ~? |
| **la neige** [lanɛʒ] <br> *lat.* nix | der Schnee | À Serre Chevalier, il y a beaucoup de ~. |
| **dans** [dã] *prép.* | in *zeitlich* | On va à Paris ~ une semaine. |
| **le mois** [ləmwa] | der Monat | Je vais en vacances en France pendant un ~. |

*Du kennst nun schon die folgenden Maßeinheiten für die Zeit:*
un quart d'heure – une demi-heure – une heure – un jour – une semaine – un mois – un an

| | | |
|---|---|---|
| **d'abord** [dabɔʀ] *adv.* | zuerst | Je fais ~ mes devoirs, et ensuite, je regarde la télé. |
| **le travail** [lətʀavaj] / <br> ⚠ **les trav**aux [letʀavo] <br> ▶ travailler | die Arbeit | Ma mère aime beaucoup son ~: elle est prof. |

⚠ «faux ami»:
le travail ≠ the travel *(le voyage)*

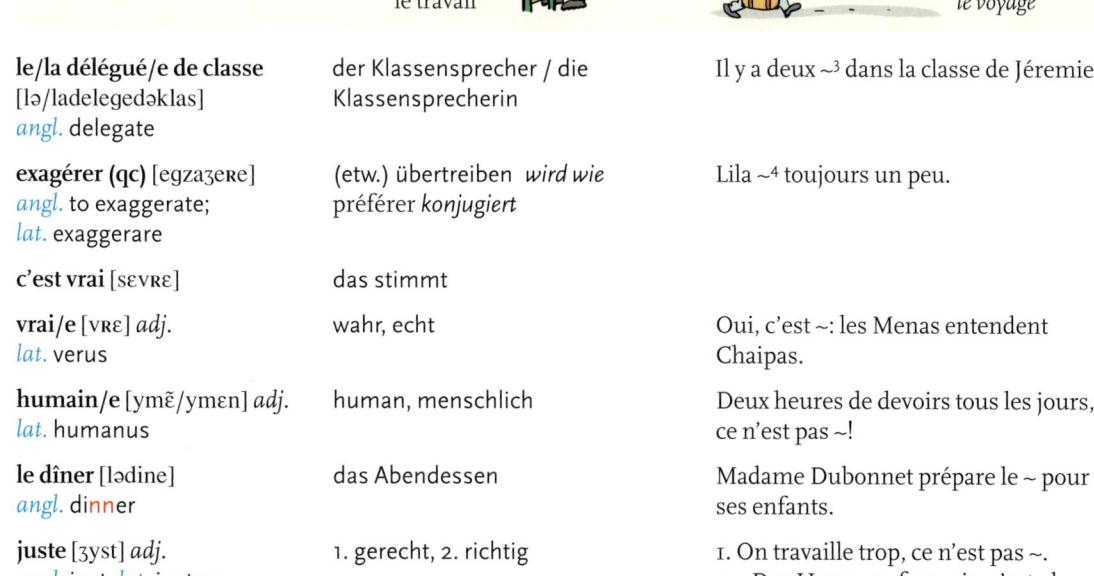

le travail      DÉPART ▶      *le voyage*

| | | |
|---|---|---|
| **le/la délégué/e de classe** [lə/ladelegedəklas] <br> *angl.* delegate | der Klassensprecher / die Klassensprecherin | Il y a deux ~³ dans la classe de Jéremie. |
| **exagérer (qc)** [ɛgzaʒeʀe] <br> *angl.* to exaggerate; <br> *lat.* exaggerare | (etw.) übertreiben *wird wie* préférer *konjugiert* | Lila ~⁴ toujours un peu. |
| **c'est vrai** [sɛvʀɛ] | das stimmt | |
| **vrai/e** [vʀɛ] *adj.* <br> *lat.* verus | wahr, echt | Oui, c'est ~: les Menas entendent Chaipas. |
| **humain/e** [ymɛ̃/ymɛn] *adj.* <br> *lat.* humanus | human, menschlich | Deux heures de devoirs tous les jours, ce n'est pas ~! |
| **le dîner** [lədine] <br> *angl.* dinner | das Abendessen | Madame Dubonnet prépare le ~ pour ses enfants. |
| **juste** [ʒyst] *adj.* <br> *angl.* just; *lat.* justus | 1. gerecht, 2. richtig | 1. On travaille trop, ce n'est pas ~. <br> 2. «Das Haus» en français, c'est «la maison». C'est ~? |

| | | |
|---|---|---|
| **par exemple** [paʀɛgzãplə] <br> *angl.* for ex**a**mple; <br> *lat.* exemplum | zum Beispiel | – Qu'est-ce qu'on fait mercredi après-midi? <br> – On peut aller au cinéma, ~. |
| **l'exemple** [lɛgzãpl] *m.* | das Beispiel | |
| **pareil/le** [paʀɛj] *adj.* | ähnlich, gleich | – J'ai des problèmes en anglais. <br> – Moi aussi, c'est ~. |
| **il faut** [ilfo] + *inf.* | man muss, wir müssen | Ma mère dit toujours: «Vite, vite, ~ se préparer!» |
| **le soir** [ləswaʀ] ≠ le matin | der Abend, abends | Le ~, mes parents regardent la télé. |
| **tout de suite** [tutsɥit] | sofort | – Hé, Nicolas! <br> – Oui, oui, j'arrive ~. |
| **le directeur** [lədiʀɛktœʀ] / <br> **la directrice** [ladiʀɛktʀis] <br> *angl.* director | der Direktor / die Direktorin | Le ~ de l'école s'appelle M. Schmitt. |
| **facile** [fasil] *adj.* <br> *lat.* facilis | leicht, einfach | Je cherche un cadeau pour ma copine, mais ce n'est pas ~. |
| **compliqué/e** [kõplike] *adj.* | kompliziert | Ta sœur est très ~[5]. |
| **le dépliant** [lədeplijã] | der Prospekt | Monsieur Laval a des ~[6] de Serre Chevalier pour la quatrième C. |
| **le formulaire** [ləfɔʀmylɛʀ] | das Formular | Écris ton nom sur le ~, s'il te plaît. |
| **oublier qc** [ublije] <br> *lat.* obliviscor | etw. vergessen | Ma copine ~[7] souvent son livre de français à la maison. |
| **près de** [pʀɛdə] *prép.* | nahe bei, in der Nähe von | Anne habite ~ son collège. |

1 ont lieu  2 veux  3 délégués de classe  4 exagère  5 compliquée  6 dépliants  7 oublie

## SÉQUENCE 3

### Préparer la lecture / Découvrir

| | | |
|---|---|---|
| **quel/quelle** [kɛl] | welcher, welche, welches | ~[1] musique est-ce que tu aimes? |
| **l'escalade** [lɛskalad] *f.* | das Klettern  *Sportart* | À Serre Chevalier, on peut faire de l'~. |
| **le ski** [ləski] <br> *angl.* ski | der Ski, das Skifahren | Tu fais souvent du ~? |
| **le vélo** [ləvelo] | das Fahrrad | – Tu vas au collège à ~ aujourd'hui? <br> – Non, je prends le bus. |
| **le basket** [ləbaskɛt] <br> *angl.* basketball | das Basketball  *Sportart* | Le ~, c'est mon sport préféré! |
| **le surf** [ləsœʀf] <br> *angl.* surf | das Wellenreiten, das Surfen | Mon frère adore le ~. |

### La classe de neige

*Die Monate findest du auf S. 160.*

| | | |
|---|---|---|
| **filmer qc** [filme] | etw. filmen | Les élèves du club-vidéo ~[2] leur classe. |

| | | |
|---|---|---|
| **le/la camarade** [lə/lakamaʀad] | der Mitschüler / die Mitschülerin | Tu téléphones souvent à tes ~3? |
| **la gare** [lagaʀ] | der Bahnhof | La ~ est près d'ici. |
| **voir qc** [vwaʀ] | etw. sehen → Les verbes, p. 163 | Tu ~4 la fille là-bas? C'est Lila, non? |
| **le TGV** [ləteʒeve] | der Hochgeschwindigkeitszug *entspricht dem ICE* | Je ne prends pas souvent le ~. |
| **Les voilà!** [levwala] | Da sind sie ja! | Regarde, ~! |
| **à côté de** [akotedə] *prép.* | neben | Jérémie est ~ Camille. |
| **si** [si] | doch | – Tu ne vas pas au collège demain?<br>– Mais ~! |
| **lourd/e** [luʀ/luʀd] *adj.* | schwer | Mon sac est ~. |
| **fort/e** [fɔʀ/fɔʀt] *adj.*<br>*lat.* fortis | stark | Jonathan est très ~. |
| **aider qn** [ɛde] | jdm helfen | Tu peux m'~, s'il te plaît? |

⚠ jdm helfen → aider qn    *Im Deutschen steht das Verb* helfen *mit Dativobjekt. Im Französischen folgt auf* aider *ein direktes Objekt.*

| | | |
|---|---|---|
| **le centre** [ləsɑ̃tʀ]<br>*lat.* centrum | das Zentrum | Les élèves habitent au ~ Léon Bourgeois. |
| **magnifique** [maɲifik] *adj.*<br>*lat.* magnificus | wundervoll | Ta photo est ~. |
| **le moniteur** [ləmɔnitœʀ] /<br>**la monitrice** [lamɔnitʀis] | der Betreuer /die Betreuerin | Mon ~ de surf est super sympa. |
| **la piste** [lapist] | die (Ski-)Piste | Il y a beaucoup de ~5 de ski à Serre Chevalier. |
| **l'acrobatie** [lakʀɔbasi] *f.*<br>*angl.* acrobatics | die Akrobatik | Élodie fait de ~. |
| **marcher** [maʀʃe] | gehen | Les élèves ~6 dans la neige. |
| **la montagne** [lamɔ̃taɲ]<br>*angl.* mountain | die Berge, das Gebirge | J'adore la ~. |
| **le chamois** [ləʃamwa] | die Gemse | Ici, on voit souvent des ~. |
| **l'animal** [lanimal] *m.* /<br>⚠ **les animaux** [lezanimo]<br>*angl./lat.* animal | das Tier | Est-ce que tu as des ~7 à la maison? |
| **le loup** [ləlu]<br>*lat.* lupus | der Wolf | Il n'y a plus beaucoup de ~8 en France. |
| **le dos** [lədo] | der Rücken | M. Laval a un poisson dans le ~. |
| **la soirée** [laswaʀe] | der Abend | La ~ est très sympa. |

*Unterscheide:*

| | | |
|---|---|---|
| le soir | der Abend | Demain **soir**, je ne suis pas là. |
| la soirée | der Abend *in seinem Verlauf* | Je passe la **soirée** avec des copains. |

| | | |
|---|---|---|
| **le jeu** [ləʒø] / ⚠ **les jeux** | das Spiel | C'est un ~ très drôle. |

1 quelle  2 filment  3 camarades  4 vois  5 pistes  6 marchent  7 animaux  8 loups

ANNEXE

| | | |
|---|---|---|
| **le goût** [ləgu] *lat.* gustatus | der Geschmack | |
| **la couleur** [lakulœʀ] *angl.* colour; *lat.* color | die Farbe | Est-ce que tu aimes la ~ de mon sac? |

⚠ De quelle couleur est (ta veste)? = Welche Farbe hat (deine Jacke)?

---

### ▬▬▬▬ Approches: Les vêtements

| | | |
|---|---|---|
| **le vêtement** [ləvɛtmã] *lat.* vestimentum | das Kleidungsstück | J'aime acheter des ~¹. |
| **les vêtements** [levɛtmã] | die Kleidung | |
| **la jupe** [laʒyp] | der Rock | Camille a une ~ super. |
| **vert/e** [vɛʀ/vɛʀt] *adj.* | grün | Le sac de Lila est ~. |
| **le pull** [ləpyl] *fam.* / **le pullover** [ləpylovɛʀ] *angl.* pullover | der Pulli, der Pullover | J'aime bien le ~ de David. |
| **gris/e** [gʀi/gʀiz] *adj.* | grau | Nathalie a un pull ~. |
| **les lunettes** [lelynɛt] *f. pl.* | die Brille | Mais où sont mes ~? |

⚠ *Die Brille steht im Französischen immer im Plural: les lunettes. Das kannst du dir daran merken, dass eine Brille aus zwei Brillengläsern besteht. (Englisch: glasses)*

| | | |
|---|---|---|
| **noir/e** [nwaʀ] *adj.* | schwarz | Nathalie a un chat ~. |
| **le tee-shirt** [lətiʃœʀt] *angl.* t-shirt | das T-Shirt | Comment est-ce que tu trouves mon ~? |
| **blanc** [blã] / ⚠ **blanche** [blãʃ] *adj.* | weiß | Laure a une chienne ~². |
| **la casquette** [lakaskɛt] | das Basecap, die Schirmmütze | David cherche sa ~. |
| **la chemise** [laʃəmiz] | das Hemd | Les ~³, c'est ringard. |
| **à carreaux** [akaʀo] *adj.* | kariert | Mon père adore les chemises ~. |
| **marron** [maʀõ] *adj.* ⚠ *unveränderlich* | braun | Est-ce que tu as un pantalon ~? |
| **la robe** [laʀɔb] | das Kleid | Ma copine a une ~ noire. |
| **la chaussure** [laʃosyʀ] | der Schuh | Comment tu trouves mes ~⁴? |
| **le pantalon** [ləpãtalõ] | die Hose | Camille a beaucoup de ~⁵. |
| **la botte** [labɔt] | der Stiefel | Loïc n'aime pas les ~⁶ noires de sa sœur. |
| **le blouson** [ləbluzõ] | die Jacke, das Blouson | Tu portes le ~ de ton frère, aujourd'hui? |
| **jaune** [ʒon] *adj.* | gelb | Est-ce que tu aimes les vêtements ~⁷? |
| **l'anorak** [lanɔʀak] *m.* | der Anorak | Est-ce que je peux emprunter ton ~, aujourd'hui? |

| | | |
|---|---|---|
| **bleu/e** [blø] *adj.*<br>*angl.* blue | blau | Est-ce que tu as un vélo ~? |
| **la basket** [labaskɛt] | der Turnschuh, der Sportschuh | Mes ~8 sont au collège. |

Les couleurs

 noir

 vert

 gris

blanc

 marron

 jaune

bleu

rouge

*rose* [ʀoz]

*orange* [ɔʀɑ̃ʒə]

*turquoise* [tyʀkwɑz]

*beige* [bɛʒ]

1 vêtements  2 blanche  3 chemises  4 chaussures  5 pantalons  6 bottes  7 jaunes  8 baskets

## SÉQUENCE 1

### Je rêve d'un piercing

| | | |
|---|---|---|
| **rêver de qc** [ʀevedə] | von etw. träumen | |
| **le piercing** [ləpeʀsiŋ] | das Piercing | Ma sœur déteste les ~1. |
| **le printemps** [ləpʀɛ̃tɑ̃] | der Frühling | Le ~, c'est super. |
| **essayer qc** [eseje] | etw. anprobieren, etw. ver-<br>suchen → Les verbes, p. 163 | J'~2 la jupe noire et le pull gris et j'arrive! |
| **l'année dernière** [lane-<br>dɛʀnjɛʀ] *f.* | letztes Jahr | Mais où est mon sac de l'~? |
| **l'année** [lane] *f.*<br>*lat.* annus | das Jahr | |

*Unterscheide:*

Jérémie a 13 **ans**.

Bonne **année**!

| | | |
|---|---|---|
| **dernier** [dɛʀnje] / **dernière**<br>[dɛʀnjɛʀ] *adj.* | letzter, letzte, letztes; voriger,<br>vorige, voriges | Regarde. C'est le ~ CD de Yannick Noah. |
| **court/e** [kuʀ/kuʀt] *adj.* | kurz | Mais, il est trop ~ ton pantalon! |
| **à la mode** [alamɔd] | modisch | Ta veste est très ~. |
| **le jean** [lədʒin]<br>⚠ *ohne -s am Ende* | die Jeans | Sophie a un nouveau ~. |
| **étroit/e** [etʀwa/etʀwat] *adj.* | eng | Mon pull est trop ~. |
| **mettre qc** [mɛtʀ] | etw. anziehen *auch:* etw. stellen,<br>etw. (hin-)legen → Les verbes,<br>p. 163 | Tu ~3 ta veste noire aujourd'hui? |
| **faire les magasins**<br>[fɛʀlemagazɛ̃] | shoppen, einkaufen | Yasmina et Lila ~ souvent ~4. |

**le magasin** [ləmagazɛ̃]    das Geschäft

*Unterscheide:*

le magasin
[ləmagazɛ̃]
das Geschäft

le magazine
[ləmagazin]
das Magazin

**long** [lɔ̃] / **longue** [lɔ̃g] *adj.*    lang    J'adore les robes ~[5].
≠ court
*lat.* longus

**échanger qc (contre qc)**    etw. (gegen etw.) tauschen,
[eʃɑ̃ʒe]    etw. austauschen
*angl.* to exchange

**aller avec qc** [aleavɛk]    zusammenpassen    Le jaune, ça ~[6] avec le vert, non?

**le grand magasin**    das Kaufhaus    Noémie adore faire ses courses dans
[ləgʀɑ̃magazɛ̃]    les ~[7].
⚠ **les grands magasins**

**ce** [sə] / **cet** [sɛt] / **cette**    dieser, dieses, diese
[sɛt] / **ces** [se]

| | |
|---|---|
| **ce** matin | = heute Morgen |
| **ce** soir | = heute Abend |
| **cet** après-midi | = heute Nachmittag |
| **cette** semaine | = diese Woche, in dieser Woche |

**la poche** [lapɔʃ]    die Tasche *an einem Kleidungs-*    Il a des lunettes dans sa ~.
*angl.* pocket    *stück*

*Unterscheide:*
Tasche → la poche
      → le sac

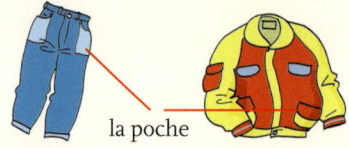

la poche          le sac

**le vendeur** [ləvɑ̃dœʀ] / **la**    der Verkäufer / die Verkäuferin    Marie est ~[8] dans un grand magasin.
**vendeuse** [lavɑ̃døz]

**Ils coûtent combien?**    Wie teuer sind sie?    ~, ces pantalons?
[ilkutkɔ̃bjɛ̃]

**coûter** [kute]    kosten    La revue ~[9] trois euros.
*angl.* to cost

**joli/e** [ʒɔli] *adj.*    hübsch, niedlich    Ton pullover est très ~.

**l'été** [lete] *m.*    der Sommer    En ~, je suis en vacances.

le printemps        l'été        *l'automne* [lotɔn] *m.*        *l'hiver* [livɛʀ] *m.*

| | | |
|---|---|---|
| **ça fait** [safɛ] | das macht, das kostet | Alors, le pantalon avec la jupe, ~ 65 euros, s'il vous plaît. |
| **autre** [otʀ] *adj.*<br>*lat.* alter | anderer, andere, anderes | Lila essaie un ~ tee-shirt. |
| **Pas question!** [pakɛstjɔ̃] | Das kommt nicht in Frage! | – On va à la piscine demain?<br>– Non, ~! |
| **payer qc** [peje]<br>*angl.* to pay | etw. bezahlen *wird wie* essayer *konjugiert* | Aujourd'hui, je ~10 le ciné. |
| **la caisse** [lakɛs] | die Kasse | On se retrouve à la ~? |
| **mini-** [mini] *adj.* | Mini- *vor Nomen* | Yasmina a une jolie ~-jupe. |
| **avoir l'air (de)** [avwaʀlɛʀ(də)] | aussehen (wie) | Tu ~11 vexé! Qu'est-ce qu'il y a? |
| **le canari** [ləkanaʀi] | der Kanarienvogel | Mon copain a un ~. |
| **exister** [ɛgziste]<br>*angl.* to exist | existieren | Regarde, cette jupe ~12 aussi en rouge. |
| **en noir** [ɑ̃nwaʀ] | in schwarz | Nathalie a aussi ce tee-shirt ~. |
| **la taille** [lataj] | die Größe *nur für Kleider* | Quelle est ta ~? |
| **se décider** [sədeside] | sich entscheiden | Camille ~13 toujours très vite. |
| **le prix** [ləpri] / ⚠ **les prix**<br>*angl.* price | der Preis | Je ne vois pas le ~ de ce CD. |
| **un seul** [ɛ̃sœl] / **une seule** [ynsœl] | ein einziger, ein einziges, eine einzige | J'ai ~ cours aujourd'hui. |
| **l'affaire** [lafɛʀ] *f.* | *hier:* das Schnäppchen | 15 euros pour ce pull! Ça c'est une ~! |
| **la publicité** [lapyblisite] /<br>**la pub** [lapyb] *fam.*<br>*angl.* publicity | die Werbung | À la télé, il y a trop de ~. |

1 piercings  2 essaie  3 mets  4 font souvent les magasins  5 longues  6 va  7 grands magasins  8 vendeuse  9 coûte
10 paie  11 as l'air  12 existe  13 se décide

## SÉQUENCE 2

### Préparer la lecture / Découvrir

| | | |
|---|---|---|
| **le sel** [ləsɛl]<br>*lat.* sal | das Salz | Tu as le ~, s'il te plaît? |
| **le jambon** [ləʒɑ̃bɔ̃] | der Schinken | J'adore le ~. |
| **l'eau** [lo] *f.* | das Wasser | Il y a de l'~ sur la table. |
| **le beurre** [ləbœʀ] | die Butter | Yasmina n'aime pas le ~. |
| **le cornichon** [ləkɔʀniʃɔ̃] | die Essiggurke | On n'a plus de ~1. |
| **le vin** [ləvɛ̃]<br>*angl.* wine; *lat.* vinum | der Wein | Julien n'aime pas le ~. |
| **le pain** [ləpɛ̃]<br>*lat.* panis | das Brot | Paul achète du ~. |

| | | |
|---|---|---|
| **la soupe** [lasup]<br>*angl.* soup | die Suppe | Jonathan n'aime pas la ~ de poisson. |
| **la pomme de terre** [lapɔmdətɛʁ] / ⚠ **les pommes de terre** | die Kartoffel | Mon frère adore la soupe de ~². |
| **la salade** [lasalad]<br>*angl.* salad | der Salat | On fait une ~ de pommes de terre? |
| **la mousse au chocolat** [lamusoʃɔkɔla] | *französische Schokoladencreme* | |
| **la mousse** [lamus] | *hier:* die Mousse, die Creme | |
| **le chocolat** [ləʃɔkɔla]<br>*angl.* chocolate | die Schokolade | J'adore le ~. |
| **la viande** [lavjɑ̃d] | das Fleisch | Nadine déteste la ~. |

### ▬▬▬ Tu veux de la mousse au chocolat?

| | | |
|---|---|---|
| **rester** [ʁɛste] | bleiben | |
| **l'argument** [laʁgymɑ̃] *m.*<br>*lat.* argumentum | das Argument | Ne discute pas. Tu n'as pas d'~³. |
| **le moment** [ləmɔmɑ̃]<br>*angl.* moment;<br>*lat.* momentum | der Moment, der Augenblick | Un ~, s'il vous plaît! |
| **en** [ɑ̃] | *hier:* davon | – Tu prends du pain?<br>– Oui, j'~ prends. |
| **la boucle d'oreille** [labukldɔʁɛj] /<br>**les boucles d'oreilles** | der Ohrring | Tu as des jolies ~⁴! |
| **la boucle** [labukl] | *hier:* der Ring | |
| **l'oreille** [lɔʁɛj] *f.* | das Ohr | |
| **le sourire** [ləsuʁiʁ] | das Lächeln | Sébastien a un grand ~. |
| **la paire** [lapɛʁ]<br>*lat.* par | das Paar | Julien achète une ~ de boucles d'oreilles pour l'anniversaire de sa copine. |
| **en fait** [ɑ̃fɛt] | eigentlich | |
| **je voudrais** [ʒəvudʁɛ] | ich möchte gern | ~ du pain, s'il te plait! |
| **Dis toujours!** [dituʒuʁ] | Na sag doch! | |
| **quand** [kɑ̃] *conj.* | wenn | Qu'est-ce que tu fais ~ tu ne travailles pas? |
| **ma puce** [mapys] | mein Floh *Kosewort* | – Alors, ma ~, ça va?<br>– Bof, ça va, ouais. |
| **la puce** [lapys] | der Floh | |
| **le signe** [ləsiɲ]<br>*angl.* sign; *lat.* signum | das Zeichen, das Symbol | Tu comprends ce ~? |
| **boire qc** [bwaʁ]<br>*lat.* bibere | etw. trinken → Les verbes, p. 163 | Tu veux ~ quelque chose? |

**avant** [avɑ̃] *prép.*      vor *zeitlich*      Je fais toujours mes devoirs ~ 18 heures.

*Unterscheide:*

avant – après *(zeitlich)* =  
avant les cours – après les cours =  
vor/nach dem Unterricht

devant – derrière *(räumlich)* =  
devant la maison – derrière la maison =  
vor/hinter dem Haus

| | | |
|---|---|---|
| **avaler de travers** [avaledətravɛʀ] | sich verschlucken | Il ~⁵. |
| **avaler qc** [avale] | etw. schlucken | |
| **le nez** [ləne] | die Nase | Une boucle d'oreilles dans le ~, c'est un piercing. |
| **la vache** [lavaʃ] *lat.* vacca | die (Milch-)Kuh | La ~ est mon animal préféré. |
| **passer qc à qn** [pɑse] | jdm etw. reichen | Tu ~⁶ les cornichons à ton père, s'il te plaît? |
| **calme** [kalm] *adj.* *angl.* calm | ruhig | Paris n'est pas une ville ~. |
| **répondre à qn** [ʀepɔ̃dʀə] | jdm antworten *wird wie* entendre *konjugiert* | Lila ne ~⁷ pas à la question de David. |

répondre au téléphone = ans Telefon gehen

| | | |
|---|---|---|
| **la lèvre** [lalɛvʀ] | die Lippe | Julie veut un piercing à la ~. |
| **au coin de** [okwɛ̃də] *lat.* cuneus | in der Ecke von | |
| **le coin** [ləkwɛ̃] | der Winkel, die Ecke | Lila veut un piercing au ~ de la lèvre. |
| **berk** *fam.* [bɛʀk] | igitt | ~, je n'aime pas ce goût! |
| **la mutilation** [lamytilasjɔ̃] | die Verstümmelung | |
| **le dessert** [lədesɛʀ] *angl.* dessert | das Dessert, der Nachtisch | – Tu prends un ~? – Non, merci. |
| **l'herbe** [lɛʀb] *f.* | das Gras | Les vaches mangent de l'~. |
| **pauvre** [povʀ] *adj.* *lat.* pauper | arm | Regarde ce ~ chien, devant la bibliothèque … |
| **donner qc à qn** [dɔne] *lat.* donare | jdm etw. geben | Tu ~⁸ ce livre ~ Jacques, s'il te plaît? |

*Die folgenden Verben, die du kennst, schließen ein indirektes Objekt an:*

| | | | | |
|---|---|---|---|---|
| acheter qc **à qn** | donner qc **à qn** | faire qc **à qn** | passer qc **à qn** | répondre **à qn** |
| demander qc **à qn** | écrire qc **à qn** | offrir qc **à qn** | poser une question **à qn** | téléphoner **à qn** |
| dire qc **à qn** | expliquer qc **à qn** | parler **à qn** | | |

| | | |
|---|---|---|
| **quitter qc** [kite] | etw. verlassen | Elle ~⁹ la maison à huit heures, le lundi. |
| **c'est raté** [sɛʁate] | es ist vorbei | |

1 cornichons  2 pommes de terre  3 arguments  4 boucles d'oreilles  5 avale de travers  6 passes  7 répond  8 donnes  9 quitte

## SÉQUENCE 3

### Parlez de vos problèmes

| | | |
|---|---|---|
| **contre** [kɔ̃tʁ] *prép.*<br>≠ pour | gegen | Je pense que mes parents sont ~ le piercing. |
| **beau(x)** [bo] / **bel** [bɛl] /<br>**belle(s)** [bɛl] *adj.* | schön | Clémence a un ~ pull vert. |
| **moche** [mɔʃ] *fam. adj.* | hässlich | Je ne veux pas mettre ce pull. Il est ~. |
| **sale** [sal] *adj.* | schmutzig | Ce pull est ~. |
| **dangereux** [dɑ̃ʒəʁø] /<br>**dangereuse** [dɑ̃ʒəʁøz] *adj.*<br>*angl.* dangerous | gefährlich | |
| **malheureux** [maløʁø] /<br>**malheureuse** [maløʁøz]<br>*adj.* | unglücklich | Pierre est ~. Il a des mauvaises notes en maths et en français. |
| **ce que** [səkə] | was *Relativpronomen* | |
| **normal/e** [nɔʁmal] *adj.*<br>*angl.* normal | normal | |
| **presque** [pʁɛsk] | fast | Oh, il est ~ midi! Vite, rentrons! |
| **comprendre qc/qn**<br>[kɔ̃pʁɑ̃dʁ]<br>*lat.* comprehendere | etw./jdn verstehen *wird wie*<br>prendre *konjugiert* | – Est-ce que tu ~¹ la question?<br>– Oui, pourquoi? |
| **ce qui** [səki] | was *Relativpronomen* | J'aime ~ est cool. |
| **faire partie de qc**<br>[fɛʁpaʁtidə] | zu etw. gehören, etw. angehören | Sébastien ~² un groupe de rap. |
| **la jeunesse** [laʒœnɛs] | die Jugend | La ~, c'est la vie … |
| **savoir qc** [savwaʁ]<br>*lat.* scire | etw. wissen | Qu'est-ce que vous ~³ sur la France? |
| **sans** [sɑ̃] | ohne | |
| **sexy** [sɛksi] *adj.* | sexy | |
| **la pierre** [lapjɛʁ] | der Stein | Les boucles d'oreilles de Lila ont des ~⁴. |
| **le nombril** [lenɔ̃bʁil] | der Bauchnabel | Est-ce que tu as un piercing au ~? |
| **peut-être** [pøtɛtʁ] *adv.* | vielleicht | – Tu vas au spectacle de Raphaël?<br>– Je ne sais pas encore, ~. |
| **accepter qn/qc** [aksɛpte]<br>*angl.* to accept; *lat.* accipere | jdn/etw. akzeptieren, jdn/etw. gelten lassen | La prof de maths n'~⁵ pas quand on ne fait pas nos devoirs. |
| **le courage** [ləkuʁaʒ]<br>*angl.* courage | der Mut | Il faut du ~ pour faire de la politique. |
| **insister** [ɛ̃siste]<br>*angl.* to insist | auf etw. bestehen | Je ne veux pas t'offrir de vélo: n'~⁶ pas! |

| | | |
|---|---|---|
| **avoir raison** [avwaʀɛzɔ̃] | Recht haben | Tu ~⁷: Camille est sympa. |
| **provoquer qc** [prɔvɔke] | *hier:* etw. verursachen | |
| **l'infection** [lɛ̃fɛksjɔ̃] *f.* | die Infektion, die Entzündung | Les piercings peuvent provoquer des ~⁸. |
| **attention** [atɑ̃sjɔ̃] *interj.* | Achtung! | ~, c'est dangereux! |
| **faire attention à qc** [fɛʀatɑ̃sjɔ̃] | auf etw. aufpassen | |

*le visage*

les cheveux
les yeux — l'oreille
la lèvre
le nez

1 comprends  2 fait partie d'  3 savez  4 pierres  5 accepte  6 insiste  7 as raison  8 infections

# UNITÉ 6 S'engager

**Approches:** On peut toujours faire quelque chose!

| | | |
|---|---|---|
| **s'engager (pour/contre qc)** [sɑ̃gaʒe] | sich (für/gegen etw.) engagieren | ~, c'est bien. |
| **quelque chose** [kɛlkəʃoz] | etwas | |
| **la pyramide** [lapiʀamid] | die Pyramide | Il y a une ~ devant le Louvre à Paris. |
| **l'action** [laksjɔ̃] *f.* <br> *lat.* actio | die Aktion | |
| **venir** [vəniʀ] <br> *lat.* venire | kommen, mitkommen <br> → Les verbes, p. 163 | On va au cinéma. Vous ~ ¹aussi? |
| **ajouter qc** [aʒute] | etw. hinzufügen | Quand j'~² trois à cinq, ça fait huit. |
| **partir** [paʀtiʀ] | weggehen → Les verbes, p. 163 | Je prends mon sac et je ~³. |
| **la nature** [lanatyʀ] <br> *angl.* nature; *lat.* natura | die Natur | Tim aime faire du sport dans la ~. |
| **sortir** [sɔʀtiʀ] | hinausgehen *auch:* ausge-hen *wird wie* partir *konjugiert* | Le moment de la journée que je préfère, c'est quand je ~⁴ de l'école … |
| **nettoyer qc** [nɛtwaje] | etw. reinigen, etw. säubern *wird wie* payer *konjugiert* | Demain, il faut ~ la maison. |
| **la ville** [lavil] | die Stadt | Paris est une belle ~. |
| **courir** [kuʀiʀ] | laufen → Les verbes, p. 163 | En sport, on ~⁵ beaucoup. |
| **la faim** [lafɛ̃] <br> *lat.* fames | der Hunger | Les élèves ont ~. |
| **le kilomètre** [ləkilɔmɛtʀ] | der Kilometer | Il y a 800 ~⁶ entre Paris et Marseille. |
| **le million** [ləmilijɔ̃] | die Million | Je voudrais m'acheter un ~ de CD! |
| **l'association** [lasɔsjasjɔ̃] *f.* <br> *angl.* association | die Vereinigung, der Verband | Mélanie travaille dans une ~. |
| **dormir** [dɔʀmiʀ] <br> *lat.* dormire | schlafen *wird wie* partir *konjugiert* | Les chats ~⁷ beaucoup. |

| | | |
|---|---|---|
| **la planète** [laplanɛt] | der Planet | |
| **le concert** [ləkɔ̃sɛʀ] *angl.* concert | das Konzert | C'est quand, le ~ de Sinsemilia? |
| **le racisme** [ləʀasism] *angl.* racism | der Rassismus | Au collège, on s'engage contre le ~. |
| **le regard** [ləʀəgaʀ] ▶ regarder | der Blick | Jérémie a un joli ~. |
| **le stylo** [ləstilo] | der Füller, der Kugelschreiber | C'est le ~ de David. |
| **défavorisé/e** [defavɔʀize] *adj.* | benachteiligt | Il y a beaucoup d'associations qui s'engagent pour aider les familles ~[8]. |

1 venez  2 ajoute  3 pars  4 sors  5 court  6 kilomètres  7 dorment  8 défavorisées

---

███████  **Nos héros**

| | | |
|---|---|---|
| **le héros** [ləeʀo] / **l'héroïne** [leʀoin] *lat.* heros | der Held / die Heldin | C'est qui ton ~? |
| **non plus** [nɔ̃ply] | auch nicht | – Je n'aime pas les cornichons. – Moi ~. |

| | | |
|---|---|---|
| **organiser qc** [ɔʀganize] *angl.* to organize | etw. organisieren | J'~[1] une grande fête pour mon anniversaire. |
| **la salle de classe** [lasaldəklɑs] | das Klassenzimmer | L'ordinateur est dans la ~. |
| **le papier** [ləpapje] *angl.* paper | das Papier, der Zettel | Nous cherchons le ~ avec le numéro de téléphone d'Amélie. |
| **devenir** [dəvniʀ] | werden *wird wie* venir *konjugiert* | Qu'est-ce que tu veux ~? |
| **pâle** [pɑl] *adj.* *lat.* pallidus | blass | Qu'est-ce que tu as? Tu es très ~. |
| **le champion** [ləʃɑ̃pjɔ̃] / **la championne** [laʃɑ̃pjɔn] *angl.* champion | der Meister / die Meisterin, der Champion | Mon ~ préféré, c'est Thierry Henry. |
| **admirer qn/qc** [admiʀe] *angl.* to admire | jdn/etw. bewundern | Jérémie ~[2] Yannick Noah. |
| **faire sa pub** [fɛʀsapyb] | für sich selbst Werbung machen | |
| **s'intéresser à qc** [sɛ̃teʀese] | sich für jdn/etw. interessieren | Je ~[3] beaucoup aux animaux. |

*Vergleiche:*
intéressant/e   intéresser **qn = jdn** interessieren   s'intéresser **à qn/qc = sich für jdn/etw.** interessieren

| | | |
|---|---|---|
| **les gens** [leʒɑ̃] *m. pl.* | die Leute | Qu'est-ce qu'ils font, les ~ là-bas? |
| **célèbre** [selɛbʀ] *adj.* | berühmt | Est-ce qu'il est très ~, Yannick Noah? |
| **le nageur** [lənaʒœʀ] / **la nageuse** [lanaʒøz] | der Schwimmer / die Schwimmerin | David est un bon ~. |
| **la médaille** [lamedaj] | die Medaille | Solenne Figuès a déjà beaucoup de ~⁴. |
| **les Jeux olympiques** [leʒøzolɛ̃pik] | die Olympischen Spiele | Les ~ de 2008 ont lieu en Chine. |
| **fonder qc** [fɔ̃de] *lat.* fundare | etw. gründen | Qui a ~⁵ l'association «Nettoyons la nature»? |
| **la magie** [lamaʒi] | die Magie, der Zauber | Mon petit frère adore la ~. |
| **le rêve** [ləʀɛv] ▶ rêver | der Traum | Cette nuit, j'ai fait un ~ drôle. |
| **malade** [malad] *adj.* | krank | Camille ne va pas au collège aujourd'hui. Elle est ~. |
| **Ça vous dit quelque chose?** [savudikɛlkəʃoz] | Sagt euch/Ihnen das was? | – La Rochelle, ~? – Oui, c'est une ville en France. |
| **réaliser qc** [realize] *angl.* to realise | etw. verwirklichen | Yannick Noah a ~⁶ son rêve: être champion de tennis. |
| **l'autre** [lotʀ] *m./f.* *lat.* alter | der/die/das andere | |
| **nager** [naʒe] ⚠ nous nageons ▶ le nageur / la nageuse, la natation | schwimmen *wird wie* ranger *konjugiert* | Charlotte va souvent à la piscine parce qu'elle adore ~. |
| **le dauphin** [lədofɛ̃] | der Delphin | Je voudrais nager avec des ~⁷. |
| **formidable** [fɔʀmidablə] *adj.* | hervorragend, toll | Nous avons passé des vacances ~⁸. |
| **tout le temps** [tulətɑ̃] | die ganze Zeit | Lila travaille ~. |
| **montrer qc à qn** [mɔ̃tʀe] | jdm etw. zeigen | Yasmina ~⁹ ses photos à Julien. |
| **le mot** [ləmo] | das Wort | Est-ce que tu peux épeler le ~ «manifestation», s'il te plaît? |

Les mots *(pl.)* hat im Deutschen zwei Entsprechungen:
1. Écris ces mots dans ton agenda. = Schreib diese **Wörter** in deinen Taschenkalender.
2. Contre le racisme, les mots ne sont pas assez forts. = **Worte** sind gegen Rassismus nicht stark genug.

| | | |
|---|---|---|
| **hier** [jɛʀ] *adv.* *lat.* heri | gestern | ~, j'ai fait mes devoirs de maths pour mardi. |
| **gagner (qc)** [gaɲe] | *hier:* (etw.) gewinnen | Ma classe a ~¹⁰ une semaine de vacances à Serre Chevalier. |
| **perdre (qc)** [pɛʀdʀ] | (etw.) verlieren *wird wie* entendre *konjugiert* | Martin n'est pas content: il a ~¹¹ au handball, et il déteste ~. |

1 organise  2 admire  3 m'intéresse  4 médailles  5 fondé  6 réalisé  7 dauphins  8 formidables  9 montre
10 gagné  11 perdu

**Ils courent contre la faim**

*Die Ordnungszahlen findest du auf Seite 162.*

| | | |
|---|---|---|
| **commencer par qc** [kɔmɑ̃separ] | mit etw. anfangen, mit etw. beginnen | Ma journée ~ toujours ~[1] un bon petit-déjeuner. |
| **la course** [lakurs] | der Lauf, das Rennen | Samedi, c'est la ~ contre la faim. |
| **le parrain** [ləparɛ̃] / **la marraine** [lamarɛn] | der Pate, die Patin *hier:* der Sponsor | J'ai trois ~[2] pour la course, et toi? |
| **encourager qn** [ɑ̃kuraʒe] | jdn anfeuern | Pendant la course, Lou ~[3] son frère. |
| **devoir** [dəvwar] | müssen → Les verbes, p. 163 | Pourquoi est-ce que tu ~[4] déjà rentrer? |
| **Bravo!** [bravo] | Bravo! | ~! Tu as gagné une belle médaille! |
| **crier** [krije] <br> ▲ «faux ami»: crier (schreien) ≠ to cry (weinen) | schreien | Pourquoi est-ce que tu ~[5] comme ça? |
| **garder qc** [garde] | etw. behalten, etw. aufbewahren | Est-ce que tu peux ~ mon sac? |
| **la force** [lafɔrs] <br> ▶ fort/e | die Kraft | Ce petit garçon a déjà beaucoup de ~. |
| **le tour** [lətur] | die Runde | |
| **souffler** [sufle] | schnaufen | |
| **avancer** [avɑ̃se] | vorankommen *wird wie* commencer *konjugiert* | Aujourd'hui, je n'~[6] pas dans mon travail. |
| **chercher qn du regard** [ʃɛrʃedyrəgar] | nach jdm Ausschau halten | |
| **la troisième** [latrwazjɛm] | *entspricht der 9. Klasse in Deutschland* | David est en ~. |
| **il y a du monde** [iljadymɔ̃d] | es sind viele Leute da | ~ au bois de Boulogne. |
| **avoir mal (à)** [avwarmal] | Schmerzen haben, wehtun | Où est-ce que tu ~[7]? |
| **le pied** [ləpje] <br> *lat.* pes | der Fuß | J'ai mal au ~. |
| **ouais** [wɛ] *fam.* | *umgangssprachliche Form von* oui | – Alors, tu viens? – ~, j'arrive! |
| **calculer** [kalkyle] | rechnen | ~[8] combien font 25 et 12. |
| **s'arrêter** [sarɛte] | stehen bleiben, aufhören | |
| **compter** [kɔ̃te] | zählen | Tu sais déjà ~ jusqu'à 1000 en français. |
| **le centime** [ləsɑ̃tim] | der Cent | 50 ~[9] pour un stylo, ce n'est pas cher! |
| **se motiver** [səmotive] | sich motivieren | Il faut ~ pour la course. |
| **la tête** [latɛt] | der Kopf | Jérémie a mal à la ~: il ne peut pas faire ses devoirs. |
| **la jambe** [laʒɑ̃b] | das Bein | Après 6 km, Jérémie a mal aux ~[10]. |
| **avoir mal au cœur** [avwarmalokœr] | Übelkeit empfinden | Lila ne peut plus courir: elle ~[11]. |

| | | |
|---|---|---|
| **le cœur** [ləkœʀ]<br>*lat.* cor | das Herz | M. Tourmente n'a pas de ~. |

le nez — l'œil / les yeux *m. pl.*

*le ventre* [ləvɑ̃tʀ] — la tête

les cheveux *m. pl.* [leʃəvø]

la jambe — l'oreille f.

le pied — le cœur

*le bras* [ləbʀɑ]

la main

| | | |
|---|---|---|
| **la demi-heure** [ladəmiœʀ] | die halbe Stunde | Dans une ~, j'arrête de travailler. |
| **enfin** [ɑ̃fɛ̃] | endlich | Tu arrives ~! |
| **le/la jeune** [ləjœn] | der/die Jugendliche | Qui sont les ~¹² devant le collège? |
| **crevé/e** [kʀəve] *adj.* | todmüde | Yasmina et Martin sont ~¹³. |
| <sup>(ê)</sup>**tomber** [tɔ̃be] | (hin)fallen | Martin est crevé: il ~¹⁴. |
| **quelque** [kɛlk] *adj.* | einige | ~¹⁵ jeunes font beaucoup de sport. |
| **le mètre** [ləmɛtʀ] | der Meter | |
| <sup>(ê)</sup>**revenir** [ʀəvniʀ] | zurückkommen *wird wie* venir *konjugiert* | Après les cours, les enfants ~¹⁶ crevés à la maison. |
| **tendre** [tɑ̃dʀ] | etw. reichen *wird wie* entendre *konjugiert* | Yasmina ~¹⁷ la main à Martin. |

1 commence toujours par  2 parrains  3 encourage  4 dois  5 cries  6 avance  7 as mal  8 calculez  9 centimes  10 jambes
11 a mal au cœur  12 jeunes  13 crevés  14 tombe  15 quelques  16 reviennent  17 tend

## SÉQUENCE 3

**Le concert**

| | | |
|---|---|---|
| **le buffet** [ləbyfe] | das Büffet | Il y a beaucoup de salades au ~. |
| **le taboulé** [lətabule] | *Couscoussalat* | Camille adore le ~. |
| **la cour** [lakur] | der Hof | Voilà l'école et la ~ de récréation. |

le cours        la cour        les courses        la course

| | | |
|---|---|---|
| **le marché** [ləmaʀʃe] | der Markt | Ma mère fait les courses au ~. |
| **le marché aux puces**<br>[ləmaʀʃeopys] | der Flohmarkt | Dimanche, il y a un ~ dans notre quartier. |
| **le/la petit/e** [ləpti/laptit] | der/die Kleine | Regarde le ~ là-bas … Il est super joli! |
| **l'activité** [laktivite] *f.*<br>*angl.* activity | die Aktivität | Les élèves ont organisé des ~¹. |
| **le concours** [ləkɔ̃kuʀ] | der Wettbewerb | C'est super, Clothilde a gagné le ~. |

| | | |
|---|---|---|
| **le forum** [ləfɔrɔm]<br>*lat.* forum | das Forum | |
| **le rire** [ləʀiʀ]<br>*lat.* risus | das Lachen | Le ~ de Julie est très drôle. |
| **raconter qc à qn** [ʀakɔ̃te] | jdm etw. erzählen | M. Laval ~² une histoire aux petits. |
| **⁽ᵉ⁾descendre** [desɑ̃dʀ] | hinuntergehen, aussteigen<br>*wird wie* entendre *konjugiert* | Alors, tu ~³? |
| **l'acteur** [laktœʀ] / **l'actrice**<br>[laktʀis]<br>*angl.* actor | der/die Schauspieler/in | Gérard Depardieu est un ~ célèbre. |
| **né/e** [ne] | geboren | – Tu es ~ quand? – Le 22 août. |
| **en 1944** [ɑ̃milnœfsɑ̃kaʀɑ̃t-<br>katʀ] | 1944 | Mon prof est né en ~. |
| **mort/e** [mɔʀ] | gestorben | Coluche est ~ en 1986. |
| **l'exposition** [lɛkspozisjɔ̃] *f.*<br>*angl.* exposition | die Ausstellung | Les élèves ont organisé une ~. |
| **la bédé** *fam.* [labede] /<br>**la bande dessinée**<br>[labɑ̃dədesine] | der Comic | Nathalie aime les ~⁴. |
| **le match** [ləmatʃ]<br>*angl.* match | das (Fußball-)Spiel | Aujourd'hui, mes copains regardent le ~<br>de foot à la télé. |
| **le tennis de table**<br>[lətɛnisdətablə]<br>*angl.* table tennis | das Tischtennis | Nicolas aime le handball, Mélanie<br>préfère le ~. |
| **le bâtiment** [ləbɑtimɑ̃] | das Gebäude | Le ~ à gauche, c'est l'hôtel de ville. |
| **il y a** [ilja] | *hier:* vor *zeitlich* | J'ai vu mon copain ~ deux jours. |
| **la minute** [laminyt]<br>*angl.* minute | die Minute | Le film à la télé, c'est dans vingt ~⁵. |
| **la balle** [labal] | der Ball | J'ai perdu la ~. Est-ce que tu la vois? |
| **imprimer qc** [ɛ̃pʀime] | etw. (aus-)drucken | Mon père ~⁶ souvent des photos. |
| **faire la connaissance de qn**<br>[fɛʀlakɔnesɑ̃sdə] | jdn kennen lernen | Julia ~⁷ de la famille Bouvet. |
| **ce jour-là** [səʒuʀla] | an jenem Tag | ~, Camille et Lila se sont disputées. |
| **le haïku** [ləaiky] | der Haiku | |
| **la colère** [lakɔlɛʀ] | der Ärger, die Wut | Je suis en ~ parce que j'ai perdu. |
| **⁽ᵉ⁾monter** [mɔ̃te] | hinaufsteigen, einsteigen,<br>hochgehen | Charlotte et Julia ~⁸ dans le bus. |

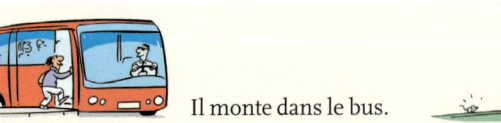 Il monte dans le bus.  Il monte sur une chaise.

| | | |
|---|---|---|
| **la scène** [lasɛn] | die Bühne | La ~ est grande. |

1 activités  2 raconte  3 descends  4 bédés  5 minutes  6 imprime  7 (a) fait la connaissance  8 montent

# UNITÉ 7 C'est les vacances!

**Approches:** Cartes postales de vacances

| | | |
|---|---|---|
| **la carte postale** [lakaʀtpɔstal] <br> *angl.* postcard | die Postkarte | En vacances, on écrit des ~¹. |
| **le pont** [lepɔ̃] <br> *lat.* pons | die Brücke | Voilà un ~ très célèbre. |
| **visiter qc** [vizite] <br> *angl.* to visit | etw. besichtigen, besuchen <br> ⚠ *Nicht bei Personen!* | – Où est David? – Il ~² la ville. |
| **l'arène** [laʀɛn] *f.* <br> *lat.* arena | die Arena | Il y a souvent des spectacles dans les ~³. |
| **imaginer qc** [imaʒine] <br> *angl.* to imagine | sich etw. vorstellen | Est-ce que tu peux ~ une vie sans télé? |
| **la foule** [laful] | die Menschenmenge | Il y a une ~ devant le ciné. |
| **le/la Romain/e** [ləʀɔmɛ̃/ laʀɔmɛn] | der/die Römer/in | |
| **à leur place** [alœʀplas] | an ihrer Stelle | |

à **ma** place, à **ta** place, à **sa** place, à **notre** place, à **votre** place, à **leur** place

| | | |
|---|---|---|
| **le/la touriste** [lə/latuʀist] <br> *angl.* tourist | der Tourist / die Touristin | En Bretagne, il y a beaucoup de ~⁴. |
| **grosses bises** [grɔsbiz] | viele Grüße und Küsse *Briefende* | Léa écrit toujours «~» dans ses mails. |
| **il fait beau** [ilfɛbo] | Es ist schönes Wetter. | Aujourd'hui, ~. |
| **chouette** [ʃuɛt] *adj.* | toll | Les vacances, c'est super ~. |
| **le port** [ləpɔʀ] <br> *lat.* portus | der Hafen | Pierre et Sylvie sont allés au ~ de Nantes hier. |
| **la mer** [lamɛʀ] <br> *lat.* mare | das Meer | J'adore nager dans la ~. |
| **explorer qc** [eksplɔʀe] | etw. erforschen | ~ la nature, c'est super. |
| **la voiture** [lavwatyʀ] | der Wagen, das Auto | Mme Bouvier a une ~ verte. |
| **nous voilà** [nuvwala] | hier sind wir | |
| **le lac** [ləlak] <br> *angl.* lake; *lat.* lacus | der See | À côté de la maison, il y a un petit ~. |
| **la colline** [lakɔlin] | der Hügel | Le quartier de la Croix-Rousse est sur une ~. |
| **le trajet** [lətraʒɛ] | die Strecke | Le ~ de Marseille à Paris est long. |
| **le car** [ləkaʀ] | der (Reise-)Bus | On va à Nîmes en ~. |

⚠ *Verkehrsmittel, auf die man aufsteigt, gibt man mit à an, z. B. aller à vélo. Verkehrsmittel, in die man einsteigt oder hineinschlüpft, hingegen mit en, z. B. aller en rollers und aller en car.*

| | | |
|---|---|---|
| **(la) mamie** [mami] | (die) Oma, Omi *Kosename für Großmutter* | Ce soir, je téléphone à ~. |

| | | |
|---|---|---|
| **on mange bien** [ɔ̃mɑ̃ʒbjɛ̃] | das Essen ist gut | |
| **le camping** [ləkɑ̃piŋ] *angl.* camping | das Zelten, der Zeltplatz, der Campingplatz | En été, on fait souvent du ~. |
| **loin** [lwɛ̃] *adv.* | weit | Lyon, c'est encore ~? |
| **il pleut** [ilplø] | es regnet | |
| **chaud/e** [ʃo/ʃod] *adj.* | warm, heiß | Il fait très ~ aujourd'hui. |
| **la balade** [labalad] | der Spaziergang, die Fahrt, die Tour | Alain fait une ~ à vélo dans le quartier. |
| **à pied** [apje] | zu Fuß | On va se balader ~ ou à vélo demain? |
| **Quel temps fait-il?** [kɛltɑ̃fɛtil] | Wie ist das Wetter? | ~ à Marseille, aujourd'hui? |
| **il fait chaud** [ilfɛʃo] | es ist heiß/warm | Aujourd'hui, ~. |

1 cartes postales  2 visite  3 arènes  4 touristes

---

## SÉQUENCE 1

### Un certain Jonathan

| | | |
|---|---|---|
| **certain/e** [sɛʀtɛ̃/sɛʀtɛn] *adj.* *lat.* certus | gewisser, gewisse, gewisses | Ma sœur parle toujours d'un ~ Marc. |
| **l'oncle** [lɔ̃kl] *m.* *angl.* uncle | der Onkel | Mon ~, c'est le frère de ma mère. |
| **la tante** [latɑ̃t] | die Tante | Ma ~ et mon oncle habitent à Lyon. |
| **la lettre** [lalɛtʀ] *angl.* letter | der Brief | Camille écrit une ~ à Jonathan. |
| **la plage** [laplaʒ] | der Strand | Hier, on est allés à la ~. |
| **la chance** [laʃɑ̃s] *angl.* chance | das Glück, die Chance | Pierre a perdu son sac. Il n'a pas de ~. |
| **froid/e** [fʀwa/fʀwad] *adj.* ≠ chaud/e | kalt | L'eau de la piscine est très ~[1]. |

*Präge dir folgende Wendungen ein, die mit dem Verb* avoir *gebildet werden:*
J'ai chaud = Mir ist warm. Tu as froid? = Ist dir kalt?

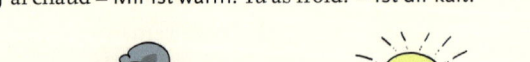

Il pleut.        Il fait beau.        Il fait chaud.        Il fait froid.

| | | |
|---|---|---|
| **ennuyeux** [ɑ̃nɥijø] / **ennuyeuse** [ɑ̃nɥijøz] *adj.* ≠ intéressant/e | langweilig | C'est un film ~! |
| **déchirer qc** [deʃiʀe] | etw. zerreißen | Cédric est tombé: il a ~[2] son pantalon. |
| **recommencer qc** [ʀəkɔmɑ̃se] | etw. von neuem, noch einmal anfangen *wird wie* commencer *konjugiert* | Avec Madame Pasquier, il faut toujours ~ les exercices … |

| | | |
|---|---|---|
| **le ciel** [ləsjɛl] | der Himmel | Quel beau ~ bleu! C'est magnifique! |
| **la crêpe** [lakʁɛp] | die Crêpe  *dünner Eierpfann-kuchen; bretonische Spezialität* | Isabelle prépare des ~³ pour ses amis. |
| **le bateau** [ləbato] / ⚠ **les bateaux** | das Boot, das Schiff | Charlotte et Julia font une promenade en ~. |
| **la méduse** [lamedyz] | die Qualle | Aujourd'hui, il y a des ~⁴ sur la plage. |
| **brûler qn/qc** [bʁyle] | jdn/etw. (ver-)brennen | |
| **la crème** [lakʁɛm] | *hier:* die Salbe | Il a mal au pied: il doit mettre de la ~. |
| **la pharmacie** [lafaʁmasi] | die Apotheke | Près du collège, il y a une ~. |

⚠ *Apotheken erkennst du in Frankreich an einem grünen Kreuz.*

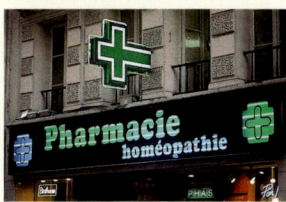

| | | |
|---|---|---|
| **pas du tout** [padytu] | gar nicht | Je n'aime ~ cet acteur. |
| **le pays** [ləpei] | das Land | La France est un grand ~. |
| **puis** [pɥi] | dann | |
| **même quand** [mɛmkɑ̃] | selbst wenn | Mon père adore courir. Il court ~ il pleut. |
| **appeler qn** [apəle] | jdn rufen  → Les verbes, p. 163 | |
| **mettre le couvert** [mɛtʁələkuvɛʁ] | den Tisch decken | Tu ~⁵, s'il te plaît? |
| **le couvert** [ləkuvɛʁ] | das Besteck | Est-ce que tout le monde a son ~? |
| **C'est ton tour!** [sɛtɔ̃tuʁ] | Du bist dran! Du bist an der Reihe! | Aurélie fait un tour avec le chien: c'est son ~ de le sortir … |

c'est **mon** tour, c'est **ton** tour, c'est **son** tour, c'est **notre** tour, c'est **votre** tour, c'est **leur** tour

| | | |
|---|---|---|
| **la montre** [lamɔ̃tʁ] | die Armbanduhr | Lila cherche sa ~. |
| **Qu'est-ce qui se passe?** [kɛskisəpas] | Was ist los? | ~? Tu es encore tombé? |

1 froide  2 déchiré  3 crêpes  4 méduses  5 mets le couvert

---

# SÉQUENCE 2

## Préparer la lecture

| | | |
|---|---|---|
| **le quiz** [ləkwiz] | das Quiz | Camille est toujours nulle aux ~. |
| **le Luxembourg** [ləlyksɑ̃buʁ] | Luxemburg | |
| **l'ONU** [lony] **l'Organisation des Nations Unies** *f.* | die UNO | |

7

ANNEXE

| | | |
|---|---|---|
| **l'OTAN** [lotã] **l'Organisation du traité de l'Atlantique nord** *f.* | die NATO | |
| **la capitale** [lakapital] *angl.* capital | die Hauptstadt | Comment s'appelle la ~ de la France? |
| **la langue** [lalãg] *angl.* language; *lat.* lingua | die Sprache | Monsieur Laval parle trois ~¹? |
| **en miniature** [ãminjatyʀ] | im Kleinen, im Miniaturformat | Regarde, c'est une voiture ~! |
| **le festival** [ləfɛstival] / ⚠ **les festivals** *angl.* festival | das Festival | Il y a un ~ de rap à Nantes. |

🔴 **Bienvenue au Luxembourg!**

| | | |
|---|---|---|
| **la forteresse** [lafɔʀtəʀɛs] | die Festung | La ~ de Luxembourg est très jolie. |
| **la vue** [lavy] | die Sicht, die Aussicht | D'ici, on a une jolie ~ sur les montagnes. |
| **le centre-ville** [ləsãtʀvil] | das Stadtzentrum | Le ~ de Lyon est très intéressant. |
| **rapporter qc à qn** [ʀapɔʀte] | jdm etw. mitbringen | Je te ~² ta veste demain. |
| **(le) papi** [ləpapi] | (der) Opa, Opi *Kosename für den Großvater* | Mon ~ m'a offert un livre. |
| **envoyer qc à qn** [ãvwaje] | jdm etw. schicken *wird wie* payer *konjugiert* | Camille a ~³ une lettre à ses copines. |
| **le palais** [ləpalɛ] | der Palast, das Palais | Le ~ est très grand. |
| **inviter qn** [ɛ̃vite] *angl.* to invite | jdn einladen | C'est l'anniversaire de Louisa. Elle a ~⁴ ses amis. |
| **le salon de thé** [ləsalɔ̃dəte] | das Café | Il y a des bons clafoutis dans ce ~. |

le salon de thé          le café

| | | |
|---|---|---|
| **le thé** [ləte] | der Tee | Est-ce que tu bois souvent du ~? |
| **la grand-mère** [lagʀãmɛʀ] | die Großmutter | Je suis en vacances chez ma ~. |
| **la pomme** [lapɔm] | der Apfel | Les ~⁵ du jardin sont très bonnes. |
| **la serveuse** [lasɛʀvøz] | die Kellnerin | La ~ arrive! |

la serveuse    le garçon de café

| | | |
|---|---|---|
| **proposer qc à qn** [pʀɔpoze] *angl.* to propose | jdm etw. vorschlagen | Qu'est-ce qu'on regarde? Je ~⁶ un film sur Lyon. |

| | | |
|---|---|---|
| **le gâteau** [ləɡɑto] / ⚠ **les gâteaux** | der Kuchen | On fait un ~ pour l'anniversaire de ma sœur. |
| **le café** [ləkafe] | der Kaffee | Je ne bois pas de ~. |
| **le verre** [ləvɛʀ] | das Glas | Camille met les ~⁷ sur la table. |

⚠ *Nicht verwechseln:*

le verre  le pot

| | | |
|---|---|---|
| **plat/e** [pla/plat] *adj.* | *hier:* still  *Wasser* | Je bois toujours de l'eau ~⁸. |
| **se reposer** [səʀəpoze] | sich ausruhen | Dimanche, je ~⁹. |
| **l'Allemagne** [lalmaɲ] *f.* | Deutschland | Tu habites en ~? |
| **l'empereur** [lɑ̃pəʀœʀ] *m.* *angl.* emperor; *lat.* impera-tor | der Kaiser | Comment s'appelle cet ~ qui a habité à Aix-la-Chapelle? |
| **inventer qc** [ɛ̃vɑ̃te] | etw. erfinden | Lila a ~¹⁰ une histoire drôle. |
| **régler qc** [ʀegle] | etw. regeln, etw. erledigen | Le problème est ~¹¹! C'est chouette! |
| **manquer à qn** [mɑ̃ke] | jdm fehlen | Chaipas va ~ à Jérémie et Lou. |
| **heureux** [øʀø] / **heureuse** [øʀøz] *adj.* | glücklich | Antoine est très ~: il part chez ses grands-parents demain. |
| **la surprise** [lasyʀpʀiz] *angl.* surprise | die Überraschung | Aujourd'hui, c'est l'anniversaire d'Hélène: ses amis ont préparé une ~. |

1 langues  2 rapporte  3 envoyé  4 invité  5 pommes  6 propose  7 verres  8 plate  9 me repose  10 inventé  11 réglé

## SÉQUENCE 3

### Le feu d'artifice

| | | |
|---|---|---|
| **le feu d'artifice** [ləfødaʀtifis] | das Feuerwerk | Le ~ du 14 Juillet est toujours très joli. |
| **le/la marchand/e** [ləmaʀʃɑ̃/lamaʀʃɑ̃d] | der/die (Markt-)Händler/in | Mon grand-père est ~. |
| **la glace** [laglas] | das (Speise-)Eis | En été, j'aime manger de la ~. |
| **la vanille** [lavanij] | die Vanille | Hier, j'ai mangé de la glace à la ~. |
| **la fraise** [lafʀɛz] | die Erdbeere | Lila adore les ~¹. |
| **le fruit de la passion** [ləfʀɥidəlapasjɔ̃] | die Passionsfrucht | ~, c'est la glace préférée d'Antoine. |
| **si** [si] | *hier:* ob | Il nous demande ~ on a le temps. |
| **faire plaisir à qn** [fɛʀplesiʀ] | jdm eine Freude bereiten | Jérémie adore ~ à Yasmina. |
| **le Maroc** [ləmaʀɔk] | Marokko | |
| **oser** + *inf.* [oze] | sich trauen | Il n'~² pas téléphoner à sa copine. |
| **tard** [taʀ] *adv.* | spät | Va au lit, Antoine, c'est ~! |

7

ANNEXE

| | | |
|---|---|---|
| **la nuit** [lanɥi]<br>≠ le jour<br>*angl.* night; *lat.* nox | die Nacht, nachts | La ~, on dort. |
| **bientôt** [bjɛ̃to] *adv.* | bald | On arrive ~. |
| **noir/e de monde**<br>[nwaʀdəmɔ̃d] | *hier:* voller Leute | La place est ~3. |
| **sortir qc de** [sɔʀtiʀ] | etw. herausholen | Il ~4 les boucles d'oreilles de sa poche. |
| **ailleurs** [ajœʀ] *adv.* | woanders | Lila trouve que Paris, c'est génial. Elle ne veut pas habiter ~. |
| **vers** [vɛʀ] *prép.* | *hier:* in Richtung | Camille est allée ~ la pharmacie. |
| **affreux** [afʀø]/ **affreuse** [afʀøz] *adj.* | furchtbar | Quelle horreur ce pantalon à carreaux! Il est ~. |
| **la faute** [lafot] | die Schuld | On a perdu, c'est la ~ de Pierre. |
| **bousculer qn** [buskyle] | jdn (an-)stoßen, jdn schubsen | Valérie ~5 Marie. |
| **partout** [paʀtu] | überall | J'ai fait trop de sport hier: aujourd'hui, j'ai mal ~! |
| **la peur** [lapœʀ]<br>*lat.* pavor | die Angst | Nathalie a ~ des chiens. |
| **quelqu'un** [kɛlkɛ̃] | jemand | Est-ce que ~ a trouvé mon cahier? |
| **pleurer** [plœʀe] | weinen | L'enfant tombe et ~6. |
| **amener qn/qc** [amne] | jdn/etw. mitbringen *wird wie* lever *konjugiert* | Laure ~7 ses CD à l'anniversaire de Julien. |
| **le commissariat** [ləkɔmisaʀja] | die Polizeidienststelle | Mon père travaille dans un ~. |
| **le gendarme** [ləʒɑ̃daʀm] | der Polizist | Le ~ aide Lou. |
| **au moins** [omwɛ̃] | mindestens | |
| **rendre qc à qn** [ʀɑ̃dʀ] | jdm etw. zurück-/wiedergeben *wird wie* prendre *konjugiert* | Je dois ~ les livres au CDI demain. |
| **au moment où** [omɔmɑ̃u] | in dem Moment als, gerade als | ~ je suis arrivé, elle est tombée. |
| **gronder qn** [gʀɔ̃de] | mit jdm schimpfen | |

1 fraises  2 ose  3 noire de monde  4 sort  5 bouscule  6 pleure  7 amène

Grundschrift: obligatorischer Wortschatz
*kursiv:* fakultativer Wortschatz
Die Zahl hinter dem Pfeil zeigt dir an, in welcher Unité/Séquence das Wort zum ersten Mal vorkommt: 3/A heißt z. B. Unité 3, Approches.
In rot ist angegeben, auf welchen Seiten du die Konjugation des jeweiligen Verbs findest.

**A**

**à** [a] *prép.* in → 1/1

**à côté de** [akotedə] *prép.* neben → 4/3

**à la mode** [alamɔd] modisch → 5/1

**à leur place** [alœrplas] an ihrer Stelle → 7/A

**À plus!** [aplys] Bis später! → 2/1

**accepter qn/qc** [aksɛpte] jdn/etw. akzeptieren, jdn/etw. gelten lassen → 5/3

**acheter qc** [aʃte] etw. kaufen → p. 163 → 3/2

l' **acrobatie** [akrɔbasi] *f.* die Akrobatik → 4/3

l' **acteur** [aktœr] / **actrice** [aktris] der/die Schauspieler/in → 6/3

l' **action** [aksjɔ̃] *f.* die Aktion → 6/A

l' **activité** [aktivite] *f.* die Aktivität → 6/3

**admirer qc** [admire] etw. bewundern → 6/1

**adorer qc** [adɔre] etw. lieben, etw. sehr lieben → 2/3

l' **adresse** [adrɛs] *f.* die Adresse → 1/3

l' **affaire** [afɛr] *f.* das Schnäppchen → 5/1; **les affaires** [lezafɛr] *f. pl.* die Sachen → 1/2

**affreux/-euse** [afrø/afrøz] *adj.* furchtbar → 7/3

l' **Afrique** [lafrik] *f.* Afrika → 1/A

l' **âge** [lɑʒ] *m.* das Alter → 2/A

**Tu as quel âge?** [tyakɛlɑʒ] Wie alt bist du? → 2/A

**aider qn** [ɛde] jdm helfen → 4/3

**ailleurs** [ajœr] *adv.* woanders → 7/3

**aimer qc** [ɛme] etw. lieben, etw. mögen → 2/A; **aimer bien qc** [ɛmebjɛ̃] etw. gerne mögen → 2/3

**ajouter qc** [aʒute] etw. hinzufügen → 6/A

l' **Allemagne** [lalmaɲ] *f.* Deutschland → 7/2

l' **allemand** [lalmɑ̃] *m.* Deutsch *Sprache* → p. 8/9

(ᵉ)**aller à** [ale] gehen, fahren → p. 164 → 2/3; (ᵉ)**aller avec qc** [aleavɛk] zusammenpassen → 5/1

**Allô!** [alo] Ja, bitte? *am Telefon* → 3/3

**allumer qc** [alyme] etw. einschalten → 3/1; **s'allumer** [salyme] angehen → p. 165 → 3/1

**alors** [alɔr] *adv.* also → 3/1

l' **ambiance** [lɑ̃bjɑ̃s] *f.* die Stimmung → 3/3; **Bonjour l'ambiance!** [bɔ̃ʒurlɑ̃bjɑ̃s] Na toll! → 3/3

**amener qn/qc** [amne] jdn/etw. mitbringen → 7/3

l' **ami/e** [lami] *m./f.* der/die Freund/in → 2/3

**amoureux/-euse** [amurø/amurøz] *adj.* verliebt → 4/1

l' **an** [lɑ̃] *m.* das Jahr → 2/A

l' **anglais** [lɑ̃glɛ] *m.* Englisch *Sprache* → p. 8/9

l' **animal** [lanimal] / ⚠ **les animaux** [lezanimo] *m.* das Tier → 4/3

l' **année** [lane] *f.* das Jahr → 5/1; **l'année dernière** [lanedɛrnjɛr] *f.* letztes Jahr → 5/1

l' **anniversaire** [lanivɛrsɛr] *m.* der Geburtstag → 3/1

l' **anorak** [lanɔrak] *m.* der Anorak → 5/A

l' **appareil photo** [laparɛjfoto] *m.* der Fotoapparat → 3/2

l' **appartement** [lapartəmɑ̃] *m.* die Wohnung → 2/1

**appeler qn** [aple] jdn rufen → p. 163 → 7/1; **s'appeler** [saple] heißen → p. 165 → 7/1; **Tu t'appelles comment?** [tytapɛlkɔmɑ̃] Wie heißt du? → p. 8/9

**apprendre qc** [aprɑ̃dr] etw. lernen *wird wie* prendre *konjugiert* → 4/1

**après** [aprɛ] *prép.* danach, nach → 3/1

l' **après-midi** [lapremidi] *m./f.* der Nachmittag → 3/2

l' **arabe** [larab] *m.* Arabisch *Sprache* → p. 8/9

l' **arène** [larɛn] *f.* die Arena → 7/A

l' **argent** [larʒɑ̃] *m.* das Geld → 3/2

l' **argument** [largymɑ̃] *m.* das Argument → 5/2

l' **armoire** [larmwar] *f.* der Schrank → 2/2

**s'arrêter** [sarɛte] stehen bleiben, aufhören → 6/2

(ᵉ)**arriver** [arive] ankommen → 1/1; **Ça peut arriver.** [sapøarive] Das kann vorkommen. → 3/2

les **arts plastiques** [lezarplastik] *m. pl.* der Kunstunterricht → 4/A

**assez (de)** [ase(də)] genug → 3/2; ziemlich → 4/1

l' **association** [lasɔsjasjɔ̃] die Vereinigung, der Verband → 6/A

**attendre qn/qc** [atɑ̃dr] auf jdn/etw. warten *wird wie* entendre *konjugiert* → 4/1

l' **attention** [atɑ̃sjɔ̃] Achtung! → 5/3

**au coin de** [okwɛ̃də] in der Ecke von → 5/2

**au moins** [omwɛ̃] mindestens → 7/3

**au moment où** [omɔmɑu] in dem Moment als, gerade als → 7/3

**Au revoir!** [orəvwar] Auf Wiedersehen! → 1/2

**aujourd'hui** [oʒurdɥi] heute → 3/1

**aussi** [osi] auch → p. 8/9

l' **autorisation** [lɔtɔrizasjɔ̃] *f.* die Erlaubnis → 3/3

l' **autre** [lotr] *m./f.* der/die andere → 6/1; **autre** [otr] *adj.* anderer/andere/anderes → 5/1

**avaler qc** [avale] etw. schlucken → 5/2; **avaler de travers** [avaledətraver] sich verschlucken → 5/2

**avancer** [avɑ̃se] vorankommen *wird wie* commencer *konjugiert* → 6/2

**avant** [avɑ̃] *prép.* vor *zeitlich, nicht räumlich* → 5/2

**avec** [avɛk] *prép.* mit → 1/A

l' **avis** [lavi] *m.* die Meinung; **à mon avis …** [amɔ̃navi] meiner Meinung nach … → 2/3

**avoir** [avwar] haben → p. 163 → 1/2; **avoir cours** [avwarkur] Unterricht haben → 3/1; **avoir l'air (de)** [avwarlɛr] aussehen (wie) → 5/1; **avoir lieu** [avwarljø] stattfinden → 4/2; **avoir mal (à)** [avwarmal] Schmerzen haben, wehtun → 6/2; **avoir mal au cœur** [avwarmalokœr] Übelkeit empfinden → 6/2; **avoir raison** [avwarɛzɔ̃] Recht haben → 5/3

**avril** [avril] April → 4/3

**B**

la **balade** [labalad] der Spaziergang, die Fahrt, die Tour → 7/A

(ᵉ)**se balader** [səbalade] spazieren gehen → 3/2

le **balcon** [ləbalkɔ̃] der Balkon → 1/2

la **balle** [labal] der Ball → 6/3

la **bande dessinée** [labɑ̃desine], la **bédé** [labede] *fam.* der Comic → 6/3

le **basket** [ləbaskɛt] das Basketballspiel → 4/3; **les baskets** [lebaskɛt] *f. pl.* die Turnschuhe, die Sportschuhe → 5/A

le **bateau** [ləbato] / ⚠ **les bateaux** das Boot, das Schiff → 7/1

le **bâtiment** [ləbatimɑ̃] das Gebäude → 6/3

**beau(x)/bel/belle(s)** [bo/bɛl] *adj.* schön → 5/3; **Il fait beau.** [ilfɛbo] Es ist schönes Wetter. → 7/A

ANNEXE

**beaucoup (de)** [bokudə] viel/e → 3/2

la **bédé** [labede] *fam.* / **la bande dessinée** [labɑ̃dədesine] der Comic → 6/3

**berk** *fam.* [bɛʀk] igitt → 5/2

le **beurre** [ləbœʀ] die Butter → 5/2

la **bibliothèque** [labiblijɔtɛk] die Bibliothek → 1/3

**bien** [bjɛ̃] *adv.* gut → 1/1

**bien sûr** [bjɛ̃syʀ] natürlich → 1/3

**bientôt** [bjɛ̃to] *adv.* bald → 7/3

**Bienvenue!** [bjɛ̃vny] Willkommen! → 2/2

le **biscuit** [ləbiskɥi] der Keks → 3/1

**blanc/ ⚠ blanche** [blɑ̃/blɑ̃ʃ] *adj.* weiß → 5/A

**bleu/e** [blø] *adj.* blau → 5/A

le **blog** [ləblɔg] der Blog → 4/1

le **blouson** [ləbluzɔ̃] die Jacke → 5/A

le **bocal** [ləbɔkal] / **les bocaux** [ləboko] das Glas → 3/3

**boire qc** [bwaʀ] etw. trinken → p. 164 → 5/2

**Bon anniversaire!** [bɔnanivɛʀsɛʀ] Alles Gute zum Geburtstag! → 3/3

**bon ben** [bɔ̃bɛ̃] na dann → 3/3

**bon/ne** [bɔ̃/bɔn] *adj.* gut → 4/1

**Bonjour!** [bɔ̃ʒuʀ] Guten Tag! Guten Morgen! → p. 8/9

la **botte** [labɔt] der Stiefel → 5/A

la **boucle** [labukl] der Ring → 5/2

la **boucle d'oreille** [labukldɔʀɛj] der Ohrring → 5/2

**bousculer qn** [buskyle] jdn (an)stoßen, jdn schubsen → 7/3

la **bouteille** [labutɛj] die Flasche → 3/3

le **bouton** [ləbutɔ̃] der Pickel → 3/1

**bravo** [bʀavo] bravo → 6/2

**brûler qn** [bʀyle] jdn (ver)brennen → 7/1

**brun/e** [bʀɛ̃/bʀyn] *adj.* dunkelhaarig → 2/3

le **buffet** [ləbyfe] das Büffet → 6/3

le **bus** [ləbys] der Bus *in der Stadt* → 2/2

**C**

**ça** [sa] das, das da → 1/1; **ça fait** [safɛ] Das macht, das kostet → 5/1; **Ça peut arriver** [sapøaʀive] Das kann vorkommen. → 3/2; **Ça va?** [sava] Wie geht's? → 1/2

le **cadeau** [ləkado] / ⚠ **les cadeaux** [lekado] das Geschenk → 3/3; **elle ne fait pas de cadeaux** [ɛlnəfɛpadəkado] sie schenkt einem nichts → 4/1

le **café** [ləkafe] der Kaffee → 7/2

le **cahier** [ləkaje] das Heft → 1/2

la **caisse** [lakɛs] die Kasse → 5/1

**calculer** [kalkyle] rechnen → 6/2

**calme** [kalm] *adj.* ruhig → 5/2

le/la **camarade** [lə/lakamaʀad] der/die Mitschüler/in → 4/3

---

le **camping** [ləkɑ̃piŋ] das Zelten, der Zeltplatz, der Campingplatz → 7/A

le **canapé** [ləkanape] das Sofa → 2/1

le **canari** [ləkanaʀi] der Kanarienvogel → 5/1

la **cantine** [lakɑ̃tin] die Kantine → 1/3

la **capitale** [lakapital] die Hauptstadt → 7/2

le **car** [ləkaʀ] der Reisebus → 7/A

le **carreau** [ləkaʀo] das Karo; **à carreaux** [akaʀo] *adj.* kariert → 5/A

la **carte postale** [lakaʀtpɔstal] die Postkarte → 7/A

la **casquette** [lakaskɛt] die Schirmmütze, das Basecap → 5/A

la **cathédrale** [lakatedʀal] die Kathedrale → 1/A

le **CD** [ləsede] / ⚠ **les CD** die CD → 2/2

le **CDI** [ləsedei] das Informations- und Dokumentationszentrum → 1/3

**ce que** [səkə] was → 5/3

**ce qui** [səki] was → 5/3

**ce** [sə] / **cet** [sɛt] / **cette** [sɛt] / **ces** [se] dieser, diese, dieses, diese → 5/1

**célèbre** [selɛbʀ] *adj.* berühmt → 6/1

le **centime** [ləsɑ̃tim] der Cent → 6/2

le **centre** [ləsɑ̃tʀ] das Zentrum → 4/3; **le centre-ville** [ləsɑ̃tʀvil] das Stadtzentrum → 7/2

la **cerise** [lasəʀiz] die Kirsche → 3/3

**certain/e** [sɛʀtɛ̃/sɛʀtɛn] *adj.* gewisser, gewisse, gewisses → 7/1

**c'est** [sɛ] das ist → 1/A; **ce sont** [səsɔ̃] das sind → 1/A; **C'est clair.** [sɛklɛʀ] Das ist klar. → 2/1; **c'est raté** [sɛʀate] es ist vorbei → 5/2

la **chaise** [laʃɛz] der Stuhl → 2/2

la **chambre** [laʃɑ̃bʀ] das Schlafzimmer → 2/1

le **chamois** [ləʃamwa] die Gemse → 4/3

le/la **champion/ne** [ləʃɑ̃pjɔ̃/laʃɑ̃pjɔn] der/die Meister/in, der Champion → 6/1

la **chance** [laʃɑ̃s] das Glück, die Chance → 7/1

**changer (de qc)** [ʃɑ̃ʒe] umsteigen *wird wie* ranger *konjugiert* → 3/2

la **chanson** [laʃɑ̃sɔ̃] das Lied → 2/3

le **chant** [ləʃɑ̃] das Lied *klassische Musik* → 3/3

**chanter (qc)** [ʃɑ̃te] (etw.) singen → 2/3

le/la **chanteur/-euse** [ləʃɑ̃tœʀ/laʃɑ̃tøz] der/die Sänger/in → 2/3; **le/la chanteur/-euse d'opéra** [ləʃɑ̃tœʀ/laʃɑ̃tøzdɔpeʀa] der/die Opernsänger/in → 3/2

le **chat** [ləʃa] die Katze → 4/1

**chaud/e** [ʃo/ʃod] *adj.* warm, heiß → 7/A; **il fait chaud** [ilfɛʃo] es ist warm, heiß → 7/A

---

la **chaussure** [laʃosyʀ] der Schuh → 5/A

la **chemise** [laʃəmiz] das Hemd → 5/A

**cher/-ère** [ʃɛʀ] *adj.* teuer → 3/3; **lieber/liebe** *Briefanfang* → 7/A

**chercher qc** [ʃɛʀʃe] etw. suchen → 1/2; **chercher qn du regard** [ʃɛʀʃedyʀəgaʀ] nach jdm Ausschau halten → 6/2

**chez** [ʃe] *prép.* bei → 2/2

le/la **chien/-ne** [ləʃjɛ̃/laʃjɛn] der Hund / die Hündin → 1/1

la **chimie** [laʃimi] die Chemie → 4/A

la **Chine** [laʃin] China → 1/A

le **chinois** [ləʃinwa] Chinesisch *Sprache* → p. 8/9

le **chocolat** [ləʃɔkɔla] die Schokolade → 5/2

la **chose** [laʃoz] die Sache, das Ding → 4/1

**chouette** [ʃuɛt] *adj.* toll → 7/A

**chut** [ʃyt] Pst! Still! → 2/2

le **ciel** [ləsjɛl] der Himmel → 7/1

le **cinéma** [ləsinema] / **le ciné** [ləsine] *fam.* das Kino → 2/A

le **clafoutis** [ləklafuti] der Clafoutis *Auflauf* → 3/3

**clair/e** [klɛʀ] *adj.* klar, hell → 2/1

la **classe** [laklɑs] die Klasse, das Klassenzimmer → 1/2; **la classe de neige** [laklɑsdənɛʒ] die Klassenfahrt zum Wintersport → 4/2

le **club-vidéo** [ləklœbvideo] der Videoclub → 4/A

le **coca** [ləkɔka] die Cola → 3/3

le **cœur** [ləkœʀ] das Herz → 6/2; **avoir mal au cœur** [avwaʀmalokœʀ] Übelkeit empfinden → 6/2

le **coin** [ləkwɛ̃] der Winkel, die Ecke → 5/2

la **colère** [lakɔlɛʀ] der Ärger, die Wut → 6/3

le **collège** [ləkɔlɛʒ] das Collège → 1/2

la **colline** [lakɔlin] der Hügel → 7/A

**combien (de)** [kɔ̃bjɛ̃] wie viel

**comme** [kɔm] wie, als → 1/A; **comme ça** [kɔmsa] so → 3/3

**commencer (par qc)** [kɔmɑ̃sepaʀ] (mit etw.) anfangen, (mit etw.) beginnen → p. 163 → 6/2

**comment** [kɔmɑ̃] wie → p. 8/9

le **commissariat** [ləkɔmisaʀja] die Polizeidienststelle → 7/3

**compliqué/e** [kɔ̃plike] *adj.* kompliziert → 4/2

**comprendre qc/qn** [kɔ̃pʀɑ̃dʀ] etw./ jdn verstehen *wird wie* prendre *konjugiert* → 5/3

**compter** [kɔ̃te] zählen → 6/2

le **concert** [ləkɔ̃sɛʀ] das Konzert → 6/A

le **concours** [ləkɔ̃kuʀ] der Wettbewerb → 6/3

---

**content/e** [kɔ̃tɑ̃/kɔ̃tɑ̃t] *adj.* zufrieden → 4/1

**continuer** [kɔ̃tinɥe] weitermachen → 2/2

**contre** [kɔ̃tʀ] *prép.* gegen → 5/3

**cool** [kul] *adj. fam.* cool → 4/A

le/la **copain/-ine** [lǝkɔpɛ̃/lakɔpin] der/die Freund/in → 2/A

le **cornichon** [lǝkɔʀniʃɔ̃] die Essiggurke → 5/2

la **couleur** [lakulœʀ] die Farbe → 5/A

la **cour** [lakur] der Hof → 6/3

le **courage** [lǝkuʀaʒ] der Mut → 5/3

**courir** [kuʀiʀ] laufen → p. 164 → 6/A

le **cours** [lǝkuʀ] die Unterrichtsstunde, der Unterricht → 3/1

la **course** [lakuʀs] der Lauf, das Rennen → 6/2

les **courses** [lekuʀs] *f. pl.* die Einkäufe → 3/3

**court/e** [kuʀ/kuʀt] *adj.* kurz → 5/1

**coûter** [kute] kosten → 5/1; **Ils coûtent combien?** [ilkutkɔ̃bjɛ̃] Wie teuer sind sie? → 5/1

le **couvert** [lǝkuvɛʀ] das Besteck → 7/1; **mettre le couvert** [mɛtʀǝlǝkuvɛʀ] den Tisch decken → 7/1

la **craie** [lakʀɛ] die Kreide → 4/1

**craquer pour qn** [kʀakepuʀ] für jdn schwärmen → 2/3

la **crème** [lakʀɛm] die Sahne → 3/3, die Salbe → 7/1

la **crêpe** [lakʀɛp] die Crêpe → 7/1

**crevé/e** [kʀǝve] *adj.* todmüde, kaputt → 6/2

**crier** [kʀije] schreien → 6/2

la **cuisine** [lakɥizin] die Küche → 2/1

**curieux/-euse** [kyʀjø/kyʀjøz] *adj.* neugierig → 2/3

**D**

**d'abord** [dabɔʀ] *adv.* zuerst → 4/2

**d'accord** [dakɔʀ] einverstanden → 4/1

**dangereux/-euse** [dɑ̃ʒǝʀø/dɑ̃zǝʀøz] *adj.* gefährlich → 5/3

**dans** [dɑ̃] in *örtlich* → 1/1; *zeitlich* → 4/2

le **dauphin** [lǝdofɛ̃] der Delphin → 6/1

**de** [dǝ] *prép.* aus → p. 8/9; von → 1/A; **de ... à** [dǝ...a] von ... bis → 3/1

**déchirer qc** [deʃiʀe] etw. zerreißen → 7/1

(ê)**se décider** [sǝdeside] sich entscheiden → 5/1

**défavorisé/e** [defavɔʀize] *adj.* benachteiligt → 6/A

**déjà** [deʒa] *adv.* schon → 3/1

le/la **délégué/e de classe** [lǝ/ladelegedǝklɑs] der/die Klassensprecher/in → 4/2

**demain** [dǝmɛ̃] *adv.* morgen → 1/1

**demander qc (à qn)** [dǝmɑ̃de] (jdn) etw. fragen → 3/2

**demi** [dǝmi] halb → 2/A; la **demi-heure** [ladǝmiœʀ] die halbe Stunde → 6/2

le **dépliant** [lǝdeplijɑ̃] der Prospekt → 4/2

**dernier/-ière** [dɛʀnje/dɛʀnjɛʀ] *adj.* letzter, letzte, letztes; voriger, vorige, voriges → 5/1

**derrière** [dɛʀjɛʀ] *prép.* hinter → 2/1

(ê)**descendre** [desɑ̃dʀ] aussteigen, hinuntergehen *wird wie* entendre *konjugiert* → 6/3

**désolé/e** → **Je suis désolé/e.** [ʒǝsɥidezɔle] Es tut mir leid. → 1/3

le **dessert** [lǝdesɛʀ] das Dessert, der Nachtisch → 5/2

**dessiner qc** [desine] etw. zeichnen → 4/1

**détester qc** [detɛste] etw. hassen, etw. nicht mögen → 2/3

**devant** [dǝvɑ̃] *prép.* vor *räumlich* → 1/A

(ê)**devenir** [dǝvniʀ] werden *wird wie* venir *konjugiert* → 6/1

**devoir** [dǝvwaʀ] müssen, sollen → p. 164 → 6/2

les **devoirs** [ledǝvwaʀ] *m. pl.* die Hausaufgaben → 4/1

**différent/e** [difeʀɑ̃/difeʀɑ̃t] *adj.* anderer, andere, anderes; verschieden → 2/3

le **dimanche** [lǝdimɑ̃ʃ] der Sonntag, sonntags → 4/A

le **dîner** [lǝdine] das Abendessen → 4/2

**dire qc (à qn)** [diʀ] (jdm) etw. sagen → 3/1; **Ça vous dit quelque chose?** [savudikɛlkǝʃoz] Könnt ihr damit etwas anfangen? → 6/1; **Dis toujours!** [dituʒuʀ] Na sag doch! → 5/2; **Qu'est-ce que ça veut dire?** [kɛskǝsavødiʀ] Was bedeutet das? → 2/2

le/la **directeur/-trice** [lǝdiʀɛktœʀ/ladiʀɛktʀis] der/die Direktor/in → 4/2

la **direction** [ladiʀɛksjɔ̃] die Richtung → 3/3

**discuter (de qc)** [diskyte] (über etw.) diskutieren, sich (über etw.) unterhalten → 4/A

(ê)**se disputer (avec qn)** [sǝdispyte] sich (mit jdm) streiten → 3/1

le/la **documentaliste** [lǝdokymɑ̃talist] der/die Bibliothekar/in → 1/3

**donner qc à qn** [dɔne] jdm etw. geben → 5/2

**dormir** [dɔʀmiʀ] schlafen *wird wie* partir *konjugiert* → 6/A

le **dos** [lǝdo] der Rücken → 4/3

(ê)**se doucher** [sǝduʃe] duschen → 3/1

**à droite** [adʀwat] rechts → 2/1

**drôle** [dʀol] *adj.* lustig, komisch → 2/3

**dur/e** [dyʀ] *adj.* hart, schwierig → 4/A

le **DVD** [lǝdevede] die DVD → 1/3

**E**

l' **E.P.S** [lǝpeɛs] / **l'éducation physique et sportive** [ledykasjɔ̃fizikespɔʀtiv] der Sportunterricht → 4/A

l' **eau** [lo] *f.* das Wasser → 5/2

**échanger qc (contre qc)** [eʃɑ̃ʒe] etw. (gegen etw.) tauschen, etw. austauschen, etw. umtauschen *wird wie* ranger *konjugiert* → 5/1

l' **école** [lekɔl] *f.* die Schule → 1/2

**écouter qc/qn** [ekute] etw. anhören, jdm zuhören → 2/2

**écrire (qc à qn)** [ekʀiʀ] (jdm etw.) schreiben → p. 164 → 4/1; **écrire comme un chat** [ekʀiʀkɔmɛ̃ʃa] unsauber schreiben → 4/1

l' **écriteau** [lekʀito] *m.* das Schild → 2/2

l' **éducation civique** [ledykasjɔ̃sivik] *f.* die Sozialkunde, die Gemeinschaftskunde → 4/A

l' **élégance** [elegɑ̃s] *f.* die Eleganz → 1/A

l' **élève** [lelɛv] *m./f.* der/die Schüler/in → 1/2

**embrasser qn** [ɑ̃bʀase] jdn küssen → 3/2

l' **empereur** [lɑ̃pǝʀœʀ] *m.* der Kaiser → 7/2

l' **emploi du temps** [lɑ̃plwadytɑ̃] *m.* der Stundenplan → 4/A

**emprunter qc** [ɑ̃pʀɛ̃te] etw. ausleihen → 1/3

**en** [ɑ̃] *prép.* in → 5/2; **en vacances** [ɑ̃vakɑ̃s] im Urlaub, in den Ferien → 1/1; **en 1994** [ɑ̃milnœfsɑ̃kaʀɑ̃tkatʀ] 1994 → 6/3; **en noir** [ɑ̃nwaʀ] in schwarz → 5/1; **en face (de)** [ɑ̃fas] *prép.* gegenüber (von) → 2/1; **en fait** [ɑ̃fɛt] eigentlich → 5/2; **en général** [ɑ̃ʒeneʀal] normalerweise, im Allgemeinen → 3/2

**en** [ɑ̃] *pron.* davon → 5/2

**encore** [ɑ̃kɔʀ] *adv.* noch → 1/1

**encourager qn** [ɑ̃kuʀaʒe] jdn anfeuern *wird wie* ranger *konjugiert* → 6/2

l' **enfant** [lɑ̃fɑ̃] *m./f.* das Kind → 1/2

**enfin** [ɑ̃fɛ̃] *adv.* endlich → 6/2

(ê)**s'engager (pour/contre qc)** [sɑ̃gaʒe] sich für/gegen etw. engagieren *wird wie* ranger *konjugiert* → 6/A

**ennuyeux/-euse** [ɑ̃nɥijø/ɑ̃nɥijøz] *adj.* langweilig → 7/1

**ensemble** [ɑ̃sɑ̃bl] *adv.* zusammen → 2/3

**ensuite** [ɑ̃sɥit] *adv.* anschließend → 3/2

**entendre qc/qn** [ɑ̃tɑ̃dʀ] etw./jdn hören → p. 163 → 4/1

**entre** [ɑ̃tʀ] *prep.* zwischen → 4/1

(é)**entrer** [ɑ̃tʀe] hineingehen → 2/1

**envoyer qc (à qn)** [ɑ̃vwaje] (jdm) etw. schicken, etw. verschicken *wird wie* essayer *konjugiert* → 7/2

**Épèle.** [epɛl] Buchstabiere. → 1/3

l' **escalade** [lɛskalad] *f.* das Klettern *Sportart* → 4/3

l' **espagnol** [lɛspaɲɔl] *m.* Spanisch *Sprache, Schulfach* → p. 8/9, → 4/A

**essayer qc** [eseje] etw. anprobieren, etw. versuchen → 5/1

**est-ce que ...** [ɛskə] *wird nicht übersetzt; zeigt dir an, dass es sich um eine Frage handelt* → 2/2

**et** [e] *conj.* und → p. 8/9

l' **été** [lete] *m.* der Sommer → 5/1

**être** [ɛtʀ] sein → p. 163 → 1/1; **être dans les nuages** [ɛtʀdɑ̃lenɥaʒ] verträumt sein → 2/2; **être nul/le (en)** [ɛtʀnylɑ̃] eine Null sein (in) → 4/1

**étroit/e** [etʀwa/etʀwat] *adj.* eng → 5/1

l' **euro** [løʀo] *m.* der Euro → 3/3

**exagérer qc** [ɛgzaʒeʀe] etw. übertreiben *wird wie* préférer *konjugiert* → 4/2

l' **exemple** [lɛgzɑ̃pl] *m.* das Beispiel → 4/2; **par exemple** [paʀɛgzɑ̃pl] zum Beispiel → 4/2

l' **exercice** [lɛgzɛʀsis] *m.* die Übung, die Hausaufgabe → 4/1

**exister** [ɛgziste] existieren → 5/1

**expliquer qc (à qn)** [ɛksplike] (jdm etw.) erklären → 4/1

**explorer qc** [ɛksplɔʀe] etw. erforschen → 7/A

l' **exposé** [lɛkspoze] *m.* das Referat → 1/3

l' **exposition** [lɛkspozisjɔ̃] *f.* die Ausstellung → 6/3

**F**

**facile** [fasil] *adj.* leicht, einfach → 4/2

la **faim** [lafɛ̃] der Hunger → 6/A; **avoir faim** [avwaʀfɛ̃] hungrig sein → 6/A

**faire qc** [feʀ] etw. tun, etw. machen → 3/3; **faire attention à qc** [feʀatɑ̃sjɔ̃] auf etw. aufpassen, auf etw. achten → 5/3; **faire la connaissance de qn** [feʀlakɔnesɑ̃s] jdn kennen lernen → 6/3; **faire les courses** [feʀlekuʀs] einkaufen *Lebensmittel* → 3/3; **faire les magasins** [feʀlemagazɛ̃] shoppen, einkaufen → 1/2; **faire partie de qc** [feʀpaʀtidə] zu etw. gehören, etw. angehören → 5/3; **faire plaisir à qn** [feʀplesiʀ] jdm eine Freude berei-

ten → 7/3; **faire sa pub** [feʀsapyb] für sich selbst Werbung machen → 6/1; **ça fait** [safɛ] das macht, das kostet → 5/1; **il fait beau** [ilfɛbo] es ist schönes Wetter → 7/A; **il fait chaud** [ilfɛʃo] es ist heiß/warm → 7/A

la **famille** [lafamij] die Familie → 2/A

la **farine** [lafaʀin] das Mehl → 3/3

la **faute** [lafot] die Schuld → 7/3

la **fenêtre** [lafənɛtʀ] das Fenster → 2/2

**fermer qc** [fɛʀme] etw. schließen → 3/A

le **festival** [ləfɛstival] / **les festivals** das Festival → 7/2

la **fête** [lafɛt] die Party, das Fest → 3/2

le **feu d'artifice** [ləfødaʀtifis] das Feuerwerk → 7/3

**filer** [file] *fam.* abhauen → 2/1

la **fille** [lafij] das Mädchen, die Tochter → 1/2

le **film** [ləfilm] der Film → 1/3

**filmer qc** [filme] etw. filmen → 4/3

le **fils** [ləfis] der Sohn → 2/1

la **fois** [lafwa] das Mal → 2/2

**fonder qc** [fɔ̃de] etw. gründen → 6/1

le **foot** [ləfut] Fußballspiel *Sportart* → 2/3

la **force** [lafɔʀs] die Kraft → 6/2

**formidable** [fɔʀmidablə] *adj.* hervorragend, toll → 6/1

le **formulaire** [ləfɔʀmylɛʀ] das Formular → 4/2

**fort/e** [fɔʀ/fɔʀt] *adj.* stark → 4/3

la **forteresse** [lafɔʀtəʀɛs] die Festung → 7/2

le **forum** [ləfɔʀɔm] das Forum → 6/3

la **foule** [laful] die Menschenmenge → 7/A

la **fraise** [la/ləfʀɛz] die Erdbeere → 7/3

le **français** [ləfʀɑ̃sɛ] Französisch *Sprache* → p. 8/9

**frapper** [fʀape] anklopfen → 2/2

le **frère** [ləfʀɛʀ] der Bruder → 2/A; **les frères et sœurs** [lefʀɛʀesœʀ] die Geschwister → 2/1

**froid/e** [fʀwa/fʀwad] *adj.* kalt → 7/1

le **fruit de la passion** [ləfʀɥidəlapasjɔ̃] die Passionsfrucht → 7/3

**G**

**gagner qc** [gaɲe] verdienen *Geld* → 3/2; etw. gewinnen → 6/1

le **garçon** [ləgaʀsɔ̃] der Junge → 1/1

**garder qc** [gaʀde] etw. behalten, etw. aufbewahren → 6/2

le/la **gardien/ne** [ləgaʀdjɛ̃/lagaʀdjɛn] der/die Hausmeister/in → 1/2

la **gare** [lagaʀ] der Bahnhof → 4/3

le **gâteau** [ləgato] / ⚠ **les gâteaux** der Kuchen → 7/2

**à gauche** [agoʃ] links → 2/1

le **gendarme** [ləgɑ̃daʀm] der Polizist → 7/3

les **gens** [leʒɑ̃] *m. pl.* die Leute → 6/1

la **géo** [laʒeo] *fam.* / **la géographie** [laʒeogʀafi] die Geographie, die Erdkunde → 4/A

la **glace** [laglas] das Eis → 7/3

le **goût** [ləgu] der Geschmack → 5/A

**grand/e** [gʀɑ̃/gʀɑ̃d] *adj.* groß → 2/3

la **grand-mère** [lagʀɑ̃mɛʀ] die Großmutter → 7/2

le **grand-père** [ləgʀɑ̃pɛʀ] der Großvater → 2/1

les **grands-parents** [legʀɑ̃paʀɑ̃] *m. pl.* die Großeltern → 2/1

**gris/e** [gʀi/gʀiz] *adj.* grau → 5/A

**gronder qn** [gʀɔ̃de] mit jdm schimpfen → 7/3

**grosses bises** [gʀosbiz] viele Grüße und Küsse *Briefende* → 7/A

le **groupe** [ləgʀup] die Gruppe → 2/3

la **guitare** [lagitaʀ] die Gitarre → 2/3

**H**

**habiter** [abite] wohnen → 1/1

le **haïku** [aiku] der Haiku → 6/3

le **handball** [lɑ̃dbal] Handball *Sportart* → 2/3

**Hé!** [e] Hey! *Ausruf* → 1/1

l' **herbe** [lɛʀb] *f.* das Gras → 5/2

le **héros** [ləeʀo] / **l'héroïne** [leʀoin] der/die Held/in → 6/1

**hésiter** [ezite] zögern → 3/3

l' **heure** [lœʀ] *f.* die Stunde → 2/2; **la demi-heure** [la dəmiœʀ] die halbe Stunde → 6/2; **Il est quelle heure?** [ilɛkɛlœʀ] Wie viel Uhr ist es? → 3/A; **À quelle heure?** [akɛlœʀ] Um wie viel Uhr? → 3/A; **C'est l'heure!** [sɛlœʀ] Es ist Zeit! → 3/1; **pendant des heures** [pɑ̃dɑ̃dezœʀ] stundenlang → 3/1

**heureux/-euse** [øʀø/øʀøz] *adj.* glücklich → 7/2

**hier** [jɛʀ] *adv.* gestern → 6/1

l' **histoire** [listwaʀ] *f.* die Geschichte → 4/A

l' **horloge** [lɔʀlɔʒ] *f.* die Uhr *nicht Armbanduhr* → 3/A

l' **horreur** [lɔʀœʀ] *f.* der Horror → 4/A

l' **hôtel de ville** [lotɛldəvil] *m.* das Rathaus → 1/A

**humain/e** [ymɛ̃/ymɛn] *adj.* human, menschlich → 4/2

**I**

les **I.D.D.** [lezidede] / **les itinéraires de découverte** [lezitineʀɛʀdədekuvɛʀt] *m. pl.* fächerübergreifender Unterricht → 4/A

**ici** [isi] *adv.* hier → p. 8/9

l' **idée** [lide] *f.* die Idee → 2/3

**il faut** + *inf.* [ilfo] man muss, wir müssen → 4/2
**il y a** [ilja] es gibt → 1/3; **il y a** [ilja] vor *zeitlich* → 6/3; **il y a du monde** [iljadymɔ̃d] es sind viele Leute da → 6/2
l' **île** [lil] *f.* die Insel → 1/A
**(ê)s')imaginer qc** [(s)imaʒine] (sich) etw. vorstellen → 7/A
**imprimer qc** [ɛ̃pʀime] etw. (aus-)drucken → 6/3
l' **infection** [lɛ̃fɛksjɔ̃] *f.* die Infektion, die Entzündung → 5/3
**insister (sur)** [ɛ̃siste] (auf etw.) bestehen → 5/3
**interdit/e** [ɛ̃tɛʀdi/ɛ̃tɛʀdit] *adj.* verboten → 4/1
**intéressant/e** [ɛ̃teʀesɑ̃/ɛ̃teʀesɑ̃t] *adj.* interessant → 2/3
**(ê)s'intéresser à qn/qc** [sɛ̃teʀese] sich für jdn/etw. interessieren → 6/1
**inventer qc** [ɛ̃vɑ̃te] etw. erfinden → 7/2
**inviter qn** [ɛ̃vite] jdn einladen → 7/2
l' **italien** [litaljɛ̃] *m.* Italienisch *Sprache* → p. 8/9

**J**
la **jambe** [laʒɑ̃b] das Bein → 6/2
le **jambon** [ləʒɑ̃bɔ̃] der Schinken → 5/2
le **japonais** [ləʒaponɛ] Japanisch *Sprache* → p. 8/9
le **jardin** [ləʒaʀdɛ̃] der Garten → 1/A
**jaune** [ʒon] *adj.* gelb → 5/A
le **jean** [lədʒin] *m.* die Jeans → 5/1
le **jeu** [ləʒø] / ⚠ **les jeux** das Spiel → 4/3; **les Jeux olympiques** [leʒøzolɛ̃pik] die Olympischen Spiele → 6/1
le **jeudi** [ləʒødi] der Donnerstag, donnerstags → 4/A
le/la **jeune** [ləʒœn] der/die Jugendliche → 6/2; **jeune** [ʒœn] *adj.* jung → 3/3; **le jeune homme** [ləʒœnɔm] der junge Mann → 3/2
la **jeunesse** [laʒœnɛs] die Jugend → 5/3
**joli/e** [ʒɔli] *adj.* hübsch, niedlich → 5/1
le **jour** [ləʒuʀ] der Tag → 1/3; **ce jour-là** [səʒuʀla] an jenem Tag → 6/3;
les **jours de la semaine** [leʒuʀdəlasəmɛn] die Wochentage
la **journée** [laʒuʀne] der Tag → 3/A
le **judo** [ləʒydo] das Judo → 3/3
la **jupe** [laʒyp] der Rock → 5/A
le **jus** [ləʒy] der Saft → 3/3; **le jus d'orange** [ləʒydɔʀɑ̃ʒ] der Orangensaft → 3/3
**jusqu'à** [ʒyska] bis → 1/1
**juste** [ʒyst] *adj.* gerecht, richtig → 4/2

**K**
le **kilo** [ləkilo] das Kilo → 3/3
le **kilomètre** [ləkilɔmɛtʀ] der Kilometer → 6/A

**L**
**là** [la] dort → 1/3; **là-bas** [labɑ] dahinten → 1/2; **là-haut** [lao] da oben → 1/2
le **lac** [ləlak] der See → 7/A
le **lait** [ləlɛ] die Milch → 3/3
la **langue** [lalɑ̃g] die Sprache → 7/2
la **lettre** [lalɛtʀ] der Brief → 7/1
**lever qc** [ləve] etw. heben → 4/1
**(ê)se lever** [sələve] aufstehen → p. 165 → 3/1
la **lèvre** [lalɛvʀ] die Lippe → 5/2
la **librairie** [lalibʀeʀi] die Buchhandlung → 3/A
la **ligne** [laliɲ] die Linie → 3/2
**lire qc** [liʀ] etw. lesen → p. 164 → 4/1
le **lit** [ləli] das Bett → 2/1; **Au lit!** [oli] Ins Bett! → 3/2
le **litre** [ləlitʀ] der Liter → 3/3
le **livre** [ləlivʀ] das Buch → 1/2; **le livre d'anglais** [ləlivʀdɑ̃glɛ] das Englischbuch → 1/2
**loin** [lwɛ̃] weit → 7/A
**long/-ue** [lɔ̃/lɔ̃g] *adj.* lang → 5/1
le **look** [ləluk] der Stil → 2/3
le **loup** [ləlu] der Wolf → 4/3
**lourd/e** [luʀ/luʀd] *adj.* schwer → 4/3
**lundi** [lɛ̃di] *m.* der Montag, montags → 3/1
les **lunettes** [lelynɛt] *f. pl.* die Brille → 5/A
**luxembourgeois** [lyksɑ̃buʀʒwa] Luxemburgisch *Sprache* → p. 8/9;
le **Luxembourg** [ləlyksɑ̃buʀ] Luxemburg → 7/2

**M**
**Madame, Mme** [madam] Frau *Anrede* → 1/2
le **magasin** [ləmagazɛ̃] das Geschäft → 5/1; **le grand magasin** [ləgʀɑ̃magazɛ̃] das Kaufhaus → 5/1
la **magie** [lamaʒi] die Magie, der Zauber → 6/1
**magnifique** [maɲifik] *adj.* wundervoll → 4/3
le **mail** [ləmɛl] die E-Mail → 2/3
la **main** [lamɛ̃] die Hand → 4/1
**maintenant** [mɛ̃tnɑ̃] *adv.* jetzt → 2/3
**mais** [mɛ] *conj.* aber → p. 8/9
la **maison** [lamɛzɔ̃] das Haus → 3/1
**mal** [mal] *adv.* schlecht → 3/3
**malade** [malad] *adj.* krank → 6/1
**malheureux/-euse** [maløʀø/maløʀøz] *adj.* unglücklich → 5/3
la **maman** [lamamɑ̃] Mama → 1/2

la **mamie** [lamami] die Oma, Omi → 7/A
**manger qc** [mɑ̃ʒe] etw. essen *wird wie* ranger *konjugiert* → 3/A
la **manif** [lamanif] *fam.* / **la manifestation** [lamanifɛstasjɔ̃] die Demonstration → 1/A
**manquer (à qn)** [mɑ̃ke] (jdm) fehlen → 7/2
le/la **marchand/e** [ləmaʀʃɑ̃/lamaʀʃɑ̃d] der/die (Markt-)Händler/in → 7/3
le **marché** [ləmaʀʃe] der Markt → 6/3; **le marché aux puces** [ləmaʀʃeopys] der Flohmarkt → 6/3
**marcher** [maʀʃe] gehen, laufen → 4/3
le **mardi** [ləmaʀdi] der Dienstag, dienstags → 4/A
le **Maroc** [ləmaʀɔk] Marokko → 7/3
la **marraine** [lamaʀɛn] die Patin → 6/2
**marron** [maʀɔ̃] *adj.* ⚠ *unveränderlich* braun → 5/A
**mars** [maʀs] März → 4/3
le **match** [ləmatʃ] das Spiel → 6/3
les **maths** [lemat] *fam.* / **les mathématiques** [lematematik] *f. pl.* Mathe, Mathematik → 2/A
la **matière** [lamatjɛʀ] das Unterrichtsfach → 4/A
le **matin** [ləmatɛ̃] der Morgen, morgens → 3/3; **ce matin** [səmatɛ̃] heute morgen → 5/1
**mauvais/e** [movɛ/movɛz] *adj.* schlecht → 4/1
le **maximum** [ləmaksimɔm] das Maximum → 1/3
**méchant/e** [meʃɑ̃/meʃɑ̃t] *adj.* böse → 3/1
la **médaille** [lamedaj] die Medaille → 6/1
la **méduse** [lamedyz] die Qualle → 7/1
**même** [mɛm] *adj.* der/die/das gleiche, der/die/dasselbe → 2/A; *adv.* sogar → 2/2; **même quand** [mɛmkɑ̃] selbst wenn → 7/1
la **mer** [lamɛʀ] das Meer → 7/A
**merci** [mɛʀsi] danke → 1/2
le **mercredi** [ləmɛʀkʀədi] *m.* der Mittwoch, mittwochs → 3/2
la **mère** [lamɛʀ] die Mutter → 2/1
le **mètre** [ləmɛtʀ] der Meter → 6/2
le **métro** [ləmetʀo] die U-Bahn → 1/A
**mettre qc** [mɛtʀ] etw. anziehen, etw. (hin)stellen, etw. (hin)legen → p. 164 → 5/1; **mettre le couvert** [mɛtʀələkuvɛʀ] den Tisch decken → 7/1
**midi** [midi] 12 Uhr mittags, Mittag → 3/A; **à midi** [amidi] um 12 Uhr mittags → 2/1
**mieux** [mjø] *adv.* besser → 4/1
le **million** [ləmiljɔ̃] die Million → 6/A
**mini** [mini] mini → 5/1; **(en)**

ANNEXE

**miniature** [ɑ̃minjatyʀ] (im) Kleinen → 7/2

**minuit** [minyi] Mitternacht → 3/A

la **minute** [laminyt] die Minute → 6/3

**moche** [mɔʃ] *adj. fam.* hässlich → 5/3

la **mode** [lamɔd] die Mode → 1/A; **à la mode** [alamɔd] modisch → 5/1

**moi** [mwa] ich *betonte Form des Personalpronomens* → p. 8/9

**moins** [mwɛ̃] *adv.* vor → 3/1; **Il est huit heures moins le quart.** [ileɥitœʀmwɛ̃lkaʀ] Es ist Viertel vor acht. → 3/A

le **mois** [ləmwa] der Monat → 4/2;

les **mois de l'année** [ləmwadəlane] die Monate des Jahres

le **moment** [ləmɔmɑ̃] der Moment, der Augenblick → 5/2

le **monde** [ləmɔ̃d] die Welt → 1/A

le/la **moniteur/-trice** [ləmɔnitœʀ/lamɔnitʀis] der/die Betreuer/in → 4/3

**Monsieur, M.** [məsjø] Herr → 1/2

la **montagne** [lamɔ̃taɲ] der Berg, das Gebirge → 4/3

(ê)**monter** [mɔ̃te] hochgehen, hinaufsteigen, einsteigen → 6/3

la **montre** [lamɔ̃tʀ] die Armbanduhr → 7/1

**montrer qc (à qn)** [mɔ̃tʀe] (jdm) etw. zeigen → 6/1

**mort/e** [mɔʀ/mɔʀt] gestorben, tot → 6/3

le **mot** [ləmo] das Wort → 6/1

(ê)**se motiver** [səmɔtive] sich motivieren → 6/2

la **mousse** [lamus] die Mousse → 5/2; la **mousse au chocolat** [lamusoʃɔkɔla] französische Schokoladencreme → 5/2

**moyen/-ne** [mwajɛ̃/mwajɛn] *adj.* mittelmäßig → 4/1

*MSN* [ɛmɛsɛn] ICQ → 2/A

la **musique** [lamyzik] die Musik → 2/A

la **mutilation** [lamytilasjɔ̃] die Verstümmelung → 5/2

**N**

**nager** [naʒe] schwimmen *wird wie ranger konjugiert* → 6/1

le/la **nageur/-euse** [lənaʒœʀ/lanaʒøz] der/die Schwimmer/in → 6/1

la **natation** [lanatasjɔ̃] das Schwimmen *Sportart* → 2/A

la **nature** [lanatyʀ] die Natur → 6/A

**ne ... pas** [nə...pa] nicht → 2/2

**ne ... pas de** [nə...padə] kein, keine, keinen → 3/2

**ne ... plus** [nə...ply] nicht mehr → 3/2; **ne ... plus de ...** [nə...plydə] kein, keine, keinen ... mehr → 3/3

**né/e** [ne] geboren → 6/3

la **neige** [lanɛʒ] der Schnee → 4/2

**nettoyer qc** [nɛtwaje] etw. reinigen, etw. säubern *wird wie* essayer *konjugiert* → 6/A

le **nez** [ləne] die Nase → 5/2

**n'importe quoi** [nɛ̃pɔʀtəkwa] dummes Zeug → 3/1

**noir/e** [nwaʀ] *adj.* schwarz → 5/A

**noir/e de monde** [nwaʀdəmɔ̃d] voller Leute → 7/3

le **nom** [lənɔ̃] der Name → 1/2

le **nombril** [lənɔ̃bʀil] der Bauchnabel → 5/3

**non** [nɔ̃] nein; nicht wahr? → 1/1; **non plus** [nɔ̃ply] auch nicht → 6/1

**normal/e** [nɔʀmal] / ⚠ **normaux** [nɔʀmo] / **normales** [nɔʀmal] *adj.* normal → 5/3

la **note** [lanɔt] die Note, die Zensur → 4/1

**nouveau** [nuvo] / **nouvelle** [nuvɛl] *adj.* neu → 1/2

le **nuage** [lənɥaʒ] die Wolke → 2/2

la **nuit** [lanɥi] die Nacht → 7/3

**nul/nulle** [nyl] *adj.* schlecht, *auch:* blöd → 4/1

le **numéro** [lənymeʀo] die Nummer → 3/3

**O**

l' **œil** [lœj] / ⚠ **les yeux** [lezjø] *m.* das Auge → 4/1

l' **œuf** [lœf] das Ei → 3/3

**offrir qc à qn** [ɔfʀiʀ] jdm etw. schenken → p. 164 → 3/3

**oh là là** [olala] oh je → 1/1

l' **oncle** [lɔ̃kl] *m.* der Onkel → 7/1

l' **opéra** [lɔpeʀa] die Oper → 3/2

l' **orange** [lɔʀɑ̃ʒ] *f.* die Orange → 3/3

l' **ordinateur** [lɔʀdinatœʀ] *m.* der Computer → 2/2

l' **oreille** [lɔʀɛj] *f.* das Ohr → 5/2

**organiser qc** [ɔʀganize] etw. organisieren → 6/1

**oser + inf.** [oze] sich trauen → 7/3

**ou** [u] *conj.* oder → 1/1

**où** [u] wo, wohin → p. 8/9; **Tu es d'où?** [tyɛdu] Wo kommst du her? → p. 8/9

**ouais** [wɛ] *fam. umgangssprachliche Form von* oui → 6/2

**oublier qc** [ublije] etw. vergessen → 4/2

**oui** [wi] ja → 1/1

**ouvrir qc** [uvʀiʀ] etw. öffnen *wird wie* offrir *konjugiert* → 3/3

**P**

le **pain** [ləpɛ̃] das Brot → 5/2

la **paire** [lapɛʀ] das Paar → 5/2

le **palais** [ləpalɛ] das Palais → 7/2

**pâle** [pal] *adj.* blass → 6/1

le **pantalon** [ləpɑ̃talɔ̃] die Hose → 5/A

le **papi** [ləpapi] der Opa, Opi *Kosename für den Großvater* → 7/2

le **papier** [ləpapje] das Papier, der Zettel → 6/1

le **paquet** [ləpakɛ] die Packung, das Paket → 3/3

**par** [paʀ] aus → 2/2

le **parc** [ləpaʀk] der Park → 1/A

**parce que** [paʀskə] weil → 2/3

**pardon** [paʀdɔ̃] Verzeihung, Pardon → 1/2

**pareil/le** [paʀɛj] *adj.* ähnlich, gleich → 4/2

les **parents** [lepaʀɑ̃] *m. pl.* die Eltern → 2/1

**parler** [paʀle] sprechen → p. 8/9; **parler avec/à qn** mit jdm sprechen, reden → 3/1

**parler de qc/qn** [paʀledə] von etw./jdm reden → 2/3; **Tu parles!** [typaʀl] Von wegen! → 2/1

le **parrain** [ləpaʀɛ̃] der Pate, der Sponsor → 6/2

(ê)**partir** [paʀtiʀ] weggehen, losgehen → p. 164 → 6/A

**partout** [paʀtu] überall → 7/3

**pas du tout** [padytu] gar nicht → 7/1; **pas mal** [pamal] nicht schlecht → 2/1; **pas trop** [patʀo] nicht wirklich → 3/3

**passer** [pase] verbringen → 2/2; vergehen → 1/1; laufen *im Kino* → 3/A; (ê)**passer devant qn** [pasedəvɑ̃] an jdm vorbeigehen → 1/2; **passer qc à qn** [pase] jdm etw. reichen → 5/2

**pauvre** [povʀ] *adj.* arm → 5/2

**payer qc** [peje] etw. bezahlen *wird wie* essayer *konjugiert* → 5/1

le **pays** [ləpei] *m.* das Land → 7/1

**pendant** [pɑ̃dɑ̃] während → 3/2

**penser (à qc/qn)** [pɑ̃se] (an etw./jdn) denken → 3/1

**perdre qc** [pɛʀdʀ] etw. verlieren *wird wie* entendre *konjugiert* → 6/1

le **père** [ləpɛʀ] der Vater → 7/1

le/la **petit/e** [ləpti/laptit] der/die Kleine → 6/3; **petit/e** [pəti/pətit] *adj.* klein → 4/1

le **petit-déjeuner** [ləptideʒœne] das Frühstück → 3/1

la **peur** [lapœʀ] die Angst → 7/3

**peut-être** [pøtɛtʀ] *adv.* vielleicht → 5/3

la **pharmacie** [lafaʀmasi] die Apotheke → 7/1

la **photo** [lafoto] das Foto → 1/1

**photographier qc** [fotoɡʀafje] etw. fotografieren → 1/1

la **physique** [lafizik] die Physik → 4/A

la **pièce** [lapjɛs] das Zimmer → 2/1

le **pied** [ləpje] der Fuß → 6/2; **à pied** [apje] zu Fuß → 7/A

le **piercing** [ləpeʀsiŋ] das Piercing → 5/1

la **pierre** [lapjɛʀ] der Stein → 5/3

la **piscine** [lapisin] das Schwimmbad → 2/3

la **piste** [lapist] die Piste → 4/3

la **place** [laplas] der Platz → 1/A; **à leur place** [alœʀplas] an ihrer Stelle → 7/A

la **plage** [laplaʒ] der Strand → 7/1

la **planète** [laplanɛt] der Planet → 6/A

**plat/e** [pla/plat] adj. still Mineralwasser → 7/2

**pleurer** [plœʀe] weinen → 7/3

**pleuvoir** [pløvwaʀ] regnen ⚠ nur 3. Pers. Sg.: **il pleut** → 7/A

la **poche** [lapɔʃ] die Hosentasche, die Tasche an der Kleidung → 5/1

le **poème** [ləpɔɛm] das Gedicht → 2/3

la **poésie** [lapɔezi] die Poesie, die Dichtung → 4/1

le **poisson** [ləpwasɔ̃] der Fisch → 3/1

la **politique** [lapɔlitik] die Politik → 1/A

**polonais** [pɔlɔnɛ] Polnisch Sprache → p. 8/9

la **pomme** [lapɔm] der Apfel → 7/2

la **pomme de terre** [lapɔmdətɛʀ] / **les pommes de terre** die Kartoffel → 5/2

le **pont** [lepɔ̃] die Brücke → 7/A

le **port** [ləpɔʀ] der Hafen → 7/A

la **porte** [lapɔʀt] die Tür → 2/2

**porter qc** [pɔʀte] etw. tragen → 2/1

**poser qc** [poze] etw. stellen, etw. hinstellen → 2/3; **poser une question** [poseynkɛstjɔ̃] eine Frage stellen → 2/3

le **pot** [ləpo] der Becher → 3/3

**pour** [puʀ] für → 1/A; **pour + inf.** um … zu → 3/2

**pourquoi** [puʀkwa] warum → 3/1

**pouvoir** [puvwaʀ] können → p. 165 → 3/2; **on pourrait** [ɔ̃puʀɛ] man könnte → 4/1

**préférer qc** [pʀefeʀe] etw. bevorzugen, etw. lieber mögen → p. 163 → 2/3; **préféré/e** [pʀefeʀe] adj. Lieblings- in Verbindung mit einem Nomen → 4/A

**prendre qc** [pʀɑ̃dʀ] etw. nehmen → p. 165 → 3/1

le **prénom** [ləpʀenɔ̃] der Vorname → 2/A

**préparer qc** [pʀepaʀe] etw. vorbereiten → 1/2

**près de** [pʀɛdə] prép. nahe bei, in der Nähe von → 4/2

**presque** [pʀɛsk] fast → 5/3

le **printemps** [ləpʀɛ̃tɑ̃] der Frühling → 5/1

le **prix** [ləpʀi] / **les prix** der Preis → 5/1

le **problème** [ləpʀɔblɛm] das Problem → 2/1

le/la **professeur** [ləpʀɔfɛsœʀ] / le/la **prof** [lepʀɔf] fam. der/die Lehrer/in

→ 1/3; le **prof principal** [ləpʀɔfpʀɛ̃sipal] der Klassenlehrer → 4/2

**proposer qc à qn** [pʀɔpoze] jdm etw. vorschlagen → 7/2

**provoquer qc/qn** [pʀɔvɔke] etw. verursachen → 5/3; jdn provozieren → 2/2

la **publicité** [lapyblisite] / la **pub** [lapyb] fam. die Werbung → 5/1

la **puce** [lapys] der Floh → 5/2

**puis** [pɥi] dann → 7/1

le **pull** [ləpyl] fam. / le **pullover** der Pulli → 5/A

la **pyramide** [lapiʀamid] die Pyramide → 6/A

**Q**

**quand** [kɑ̃] wann → 3/1; **quand** conj. wenn → 5/2

le **quart** [ləkaʀ] das Viertel → 3/A

le **quartier** [ləkaʀtje] das Viertel Stadt → 2/A

**que** [kə] dass → 3/1; den, die, das → 4/2

**quel/quelle** [kɛl] welcher, welche, welches → 4/3

**quelque** [kɛlkə] adj. einige → 6/2; **quelque chose** [kɛlkəʃoz] etwas → 6/A

**quelqu'un** [kɛlkɛ̃] jemand → 7/3

**qu'est-ce que …?** [kɛskə] was …? → 1/3; **Qu'est-ce qui se passe?** [kɛskisəpas] Was ist los? → 7/1

la **question** [lakɛstjɔ̃] die Frage → 2/2; **pas question** [pakɛstjɔ̃] das kommt nicht in Frage → 5/1

**qui?** [ki] wer? → 1/3; **qui** [ki] der, die, das → 4/1; **C'est qui?** [sɛki] Wer ist das? → 1/3

**quitter qc/qn** [kite] etw./jdn verlassen → 5/2

le **quiz** [ləkwiz] das Quiz → 7/2 **Quoi?** [kwa] Was? alleinstehend → 3/3

**R**

le **racisme** [ləʀasism] der Rassismus → 6/A

**raconter qc à qn** [ʀakɔ̃te] jdm etw. erzählen → 6/3

la **radio** [laʀadjo] das Radio → 3/1

**ranger qc** [ʀɑ̃ʒe] etw. aufräumen → p. 163 → 2/2

le **rap** [ləʀap] der Rap → 3/2

**rapporter qc à qn** [ʀapɔʀte] jdm etw. mitbringen → 7/2

**réaliser qc** [ʀealize] etw. verwirklichen → 6/1

**recommencer qc** [ʀəkɔmɑ̃se] etw. von vorn, noch einmal anfangen wird wie commencer konjugiert → 7/1

la **récréation** [laʀekʀeasjɔ̃] / la **récré** [laʀekʀe] fam. die Pause → 4/A

le **regard** [ləʀəgaʀ] der Blick → 6/A

**regarder qc** [ʀəgaʀde] etw. anschauen, etw. betrachten → 1/1

**régler qc** [ʀegle] etw. erledigen, etw. regeln wird wie préférer konjugiert → 7/2

**rencontrer qn** [ʀɑ̃kɔ̃tʀe] jdn treffen → 4/1

**rendre qc à qn** [ʀɑ̃dʀ] jdm etw. zurück-/wiedergeben wird wie prendre konjugiert → 7/3

la **rentrée** [laʀɑ̃tʀe] der Beginn des neuen Schuljahres → 1/2

(ê)**rentrer** [ʀɑ̃tʀe] zurückkommen, nach Hause kommen → 3/1

**répondre à qn** [ʀepɔ̃dʀə] jdm antworten wird wie entendre konjugiert → 5/2

la **réponse** [laʀepɔ̃s] die Antwort → 4/1

(ê)**se reposer** [səʀəpoze] sich ausruhen → 7/2

(ê)**rester** [ʀɛste] bleiben → 5/2

le **résultat** [ləʀezylta] das Ergebnis → 2/2

(ê)**se retrouver** [səʀətʀuve] sich (wieder-)treffen → 3/2

le **rêve** [ləʀɛv] der Traum → 6/1

(ê)**revenir** [ʀəvəniʀ] zurückkommen wird wie venir konjugiert → 6/2

**rêver** [ʀeve] träumen → 2/2; **rêver de (qc)** [ʀevedə] von etw. träumen → 5/1

la **revue** [laʀəvy] die Zeitschrift → 1/3

**rigoler** [ʀigɔle] fam. lachen, herumalbern → 3/3

**ringard/e** [ʀɛ̃gaʀ/ʀɛ̃gaʀd] adj. altmodisch, spießig → 3/2

le **rire** [ləʀiʀ] das Lachen → 6/3

la **robe** [laʀɔb] das Kleid → 5/A

les **rollers** [leʀɔlœʀ] m./pl. die Inlineskates → 2/A

le/la **Romain/e** [ləʀɔmɛ̃/laʀɔmɛn] der/die Römer/in → 7/A

**rouge** [ʀuʒ] adj. rot → 3/3

la **rue** [laʀy] die Straße → 1/A

le **russe** [ləʀys] Russisch Sprache → p. 8/9

**S**

les **S.V.T.** [lɛɛsvete] / **Sciences de la Vie et de la Terre** [lesjɑ̃sdəlaviedəlatɛʀ] f. pl. Mensch – Natur – Umwelt Schulfach → 4/A

le **sac** [ləsak] die Tasche → 1/2

la **salade** [lasalad] der Salat → 5/2

**sale** [sal] adj. schmutzig → 5/3

la **salle de bains** [lasaldəbɛ̃] das Badezimmer → 2/1; **la salle de classe** [lasaldəklas] das Klassenzimmer → 6/1; **la salle de séjour** [lasaldəseʒuʀ] das Wohnzimmer → 2/1

le **salon de thé** [ləsalɔ̃dəte] das Café → 7/2

**Salut!** [saly] Hallo! → p. 8/9; Tschüss! → 1/2

ANNEXE

le **samedi** [samdi] *m.* der Samstag, samstags → 3/3
**sans** [sã] *prép.* ohne → 5/3
**savoir qc** [savwaʀ] etw. wissen → p. 165 → 5/3
la **scène** [lasɛn] die Bühne → 6/3
le **sel** [ləsɛl] das Salz → 5/2
la **semaine** [lasmɛn] die Woche → 2/2; **une fois par semaine** [ynfwapaʀsmɛn] einmal in der Woche → 2/2; **une semaine sur deux** [ynsmɛnsyʀdø] jede zweite Woche → 4/2
la **serveuse** [lasɛʀvøz] die Kellnerin → 7/2
**serviable** [sɛʀvjabl] *adj.* hilfsbereit → 2/3
le/la **seul/e** [ləsœl/lasœl] *adj.* der, die, das einzige → 5/1
**sexy** [sɛksi] *adj.* sexy → 5/3
**si** [si] doch → 4/3; ob → 7/3
le **signe** [ləsiɲ] das Zeichen → 5/2
**s'il te plaît** [siltəplɛ] / **s'il vous plaît** [silvuplɛ] bitte → 1/3
le **ski** [ləski] der Ski, das Skifahren → 4/3
la **sœur** [lasœʀ] die Schwester → 2/1
le **soir** [ləswaʀ] der Abend, abends → 4/2, **ce soir** [səswaʀ] heute Abend → 5/1
la **soirée** [laswaʀe] der Abend → 4/3
la **solution** [lasolysjɔ̃] die Lösung → 4/1
**sonner** [sɔne] klingeln → 3/3
(ê)**sortir** [sɔʀtiʀ] hinausgehen, ausgehen *wird wie* partir *konjugiert* → 6/A; **sortir qc de** etw. herausholen aus → 7/3
**souffler** [sufle] schnaufen → 6/2
la **soupe** [lasup] die Suppe → 5/2
**sourd/e** [suʀ/suʀd] *adj.* taub → 3/3
le **sourire** [ləsuʀiʀ] das Lächeln → 5/2
**sous** [su] *prép.* unter → 2/2
**souvent** [suvã] *adv.* oft → 2/2
le **spectacle** [ləspɛktakl] die Aufführung, die Vorstellung → 2/3
le **sport** [ləspɔʀ] der Sport → 2/A
la **station** [lastasjɔ̃] die Station, die Haltestelle → 3/2
le **stress** [ləstʀɛs] der Stress → 1/A
le **stylo** [ləstilo] der Füller, der Kugelschreiber → 6/A
**super** [sypɛʀ] *adj.* super → 1/1
**supposer qc** [sypoze] etw. vermuten → 4/A
**sur** [syʀ] *prép.* auf → 1/2
le **surf** [ləsœʀf] das Wellenreiten, das Surfen → 4/3
la **surprise** [lasyʀpʀiz] die Überraschung → 7/2
**surtout** [syʀtu] *adv.* vor allem → 2/A
le/la **surveillant/e** [ləsyʀvɛjã/lasyʀvɛjãt] die Aufsichtsperson → 1/2
**sympa** [sɛ̃pa] nett, sympathisch → 1/1

**T**

la **table** [latabl] der Tisch → 2/2
le **taboulé** [lətabule] *Couscoussalat* → 6/3
la **taille** [lataj] die (Kleider-)Größe → 5/1
la **tante** [latãt] die Tante → 7/1
le **tapis** [lətapi] der Teppich → 2/2
**tard** [taʀ] *adv.* spät → 7/3
la **technologie** [latɛknɔlɔʒi] / la **techno** [latɛknɔ] *fam.* die Arbeitslehre → 4/A
le **tee-shirt** [lətiʃœʀt] das T-Shirt → 5/A
la **télé** [latele] *fam.* / la **télévision** [latelevizjɔ̃] der Fernseher → 3/1
le **téléphone** [lətelefɔn] das Telefon → 3/2
**téléphoner (à qn)** [telefɔne] (mit jdm) telefonieren → 2/2
le **temps** [lətã] die Zeit → 3/A; **tout le temps** [tultã] die ganze Zeit → 6/1
le **temps** [lətã] das Wetter → 7/A; **Quel temps fait-il?** [kɛltãfetil] Wie ist das Wetter? → 7/A
**tendre qc à qn** [tãdʀ] jdm etw. reichen *wird wie* entendre *konjugiert* → 6/2
le **tennis** [lətɛnis] Tennis *Sportart* → 2/A; le **tennis de table** [lətɛnisdətabl] Tischtennis → 6/3
le **test** [lətɛst] der Test → 2/2
la **tête** [latɛt] der Kopf → 6/2
le **TGV** [ləteʒeve] der Hochgeschwindigkeitszug → 4/3
le **thé** [ləte] der Tee → 7/2
**toi** [twa] du *betonte Form des Personalpronomen* → p. 8/9
les **toilettes** [letwalɛt] *m. pl.* die Toilette → 2/1
(ê)**tomber** [tɔ̃be] (hin-)fallen → 6/2
**toujours** [tuʒuʀ] *adv.* immer → 2/1
la **tour** [latuʀ] der Turm, das Hochhaus → 1/A
le **tour** [lətuʀ] die Runde → 6/2; **C'est ton tour.** [sɛtɔ̃tuʀ] Du bist dran.
le/la **touriste** [lətuʀist] der/die Tourist/in → 7/A
**tout** [tu] *adv.* alles → 1/A; **tout le monde** [tuləmɔ̃d] alle → 2/3; **tout de suite** [tutsɥit] sofort → 4/2; **tout le temps** [tultã] die ganze Zeit → 6/1
le **trac** [lətʀak] das Lampenfieber → 1/2
la **trace** [latʀas] die Spur → 4/1
le **train** [lətʀɛ̃] der Zug → 1/1
le **trajet** [lətʀaʒɛ] die Strecke → 7/A
le **travail** [lətʀavaj] / ▲ les **travaux** [letʀavo] die Arbeit → 4/2
**travailler** [tʀavaje] lernen, arbeiten → 1/3
**très** [tʀɛ] *adv.* sehr → 1/2; **très bien** [tʀɛbjɛ̃] sehr gut → 1/2

**trop** [tʀo] zu viel, zu + *Adj.*, zu sehr → 1/3
**trouver (qc/qn)** [tʀuve] (etw./jdn) finden → 3/2
le *turc* [lətyʀk] Türkisch *Sprache* → p. 8/9

**U**

**un peu** [ɛ̃pø] *adv.* ein bisschen → p. 8/9; **un peu (de)** [ɛ̃pødə] ein bisschen → 3/2

**V**

les **vacances** [levakãs] *f. pl.* die Ferien, der Urlaub → 1/1; **en vacances** [ãvakãs] in Ferien → 1/1
la **vache** [lavaʃ] die Kuh → 5/2
la **valise** [lavaliz] der Koffer → 2/1
la **vanille** [lavanij] die Vanille → 7/3
le **vélo** [ləvelo] das Fahrrad → 4/3; **à vélo** [avelo] mit dem Fahrrad → 7/A
le/la **vendeur/-euse** [ləvãdœʀ/lavãdøz] der/die Verkäufer/in → 5/1
**vendredi** [vãdʀədi] *m.* am Freitag → 3/1
(ê)**venir** [vəniʀ] kommen, mitkommen → p. 165 → 6/A
le **verre** [ləvɛʀ] das Glas → 7/2
**vers** [vɛʀ] *prép.* zum *Richtungsangabe* → 7/3
**vert/e** [vɛʀ/vɛʀt] *adj.* grün → 5/A
la **veste** [lavɛst] die Jacke → 1/2
le **vêtement** [ləvɛtmã] die Kleidung → 5/A
**vexé/e** [vɛkse] *adj.* beleidigt → 3/3
la **viande** [lavjãd] das Fleisch → 5/2
la **vie** [lavi] das Leben → 4/A
la **ville** [lavil] die Stadt → 6/A
le **vin** [ləvɛ̃] der Wein → 5/2
**visiter qc** [vizite] etw. besichtigen, etw. besuchen → 7/A
**vite** [vit] *adv.* schnell → 1/1
**voilà** [vwala] da ist, da sind → 1/3
**voir qc** [vwaʀ] etw. sehen → p. 165 → 4/3
la **voiture** [lavwatyʀ] der Wagen, das Auto → 7/A; **en voiture** [ãvwatyʀ] mit dem Wagen → 7/A
le **volcan** [ləvɔlkã] der Vulkan → 4/1
**vouloir qc** [vulwaʀ] etw. wollen → p. 165 → 4/2; **je voudrais** [ʒevudʀɛ] ich möchte gern → 5/2
le **voyage** [ləvwajaʒ] die Reise → 4/A
**vrai/e** [vʀɛ] *adj.* echt, wahr → 4/2
la **vue** [lavy] die Sicht, die Aussicht → 7/2

**Y**

**yeux** [jø] *siehe* œil

**Z**

le **zéro** [ləzeʀo] die Null → 3/3

Hier findest du alle Wörter, die du in **À plus! 1** *Méthode intensive* lernst. Denke daran, bei den französischen Nomen das richtige Genus zu verwenden.

Die Angabe hinter dem Pfeil verweist auf die Unité/Séquence, in der die Vokabel neu eingeführt wird.

Falls du nicht mehr sicher bist, wie man das Wort verwendet, kannst du dir den Beispielsatz in der Wortliste der jeweiligen Unité anschauen.

## A

**Abend** le soir → 4/2; la soirée → 4/3; **abends** le soir → 4/2; **heute Abend** ce soir → 5/1

**Abendessen** le dîner → 4/2

**aber** mais *conj.* → p. 8/9

**abhauen** filer *fam.* → 2/1

**achten (auf etw.)** faire attention → 5/3

**Achtung!** Attention! → 5/3

**Adresse** l'adresse *f.* → 1/3

**Afrika** l'Afrique *f.* → 1/A

**ähnlich** pareil/le *adj.* → 4/2

**Akrobatik** l'acrobatie *f.* → 4/3

**Aktion** l'action *f.* → 6/A

**Aktivität** l'activité *f.* → 6/3

**akzeptieren (jdn/etw.)** accepter qn/qc → 5/3

**alle** tout le monde → 2/3; **alles** tout *adv.* → 1/A; **Alles Gute zum Geburtstag!** Bon anniversaire! → 3/3

**als** comme → 1/A

**also** alors *adv.* → 3/1

**Alter** l'âge *m.* → 2/A

**altmodisch** ringard/e *adj.* → 3/2

**anderer/andere/anderes** autre *adj.* → 5/1; différent/e *adj.* → 2/3; **anderer/andere** l'autre *m./f.* → 6/1

**anfangen (mit etw.)** commencer (par qc) → 6/2; **noch einmal anfangen (etw.)** recommencer qc → 7/1

**anfeuern (jdn)** encourager qn → 6/2

**angehen** (ê)s'allumer → 3/1

**angehören (etw.)** faire partie de qc → 5/3

**Angst** la peur → 7/3

**anhören (etw.)** écouter qc. → 2/2

**anklopfen** frapper → 2/2

**ankommen** (ê)arriver → 1/1

**Anorak** l'anorak *m.* → 5/A

**anprobieren (etw.)** essayer qc → 5/1

**anschauen (etw.)** regarder qc → 1/1

**anschließend** ensuite *adv.* → 3/2

**anstoßen (jdn)** bousculer qn → 7/3

**Antwort** la réponse → 4/1

**antworten (jdm)** répondre à qn → 5/2

**anziehen (etw.)** mettre qc → 5/1

**Apfel** la pomme → 7/2

## B

**Apotheke** la pharmacie → 7/1

**April** avril → 4/3

**Arabisch** *Sprache* l'arabe *m.* → p. 8/9

**Arbeit** le travail / les travaux → 4/2

**Arbeitslehre** la technologie, la techno *fam.* → 4/A

**arbeiten** travailler → 1/3

**Arena** l'arène *f.* → 7/A

**Ärger** la colère → 6/3

**Argument** l'argument *m.* → 5/2

**arm** pauvre *adj.* → 5/2

**Armbanduhr** la montre → 7/1

**auch** aussi *adv.* → p. 8/9; **auch nicht** non plus → 6/1

**auf** sur → 1/2

**Auf Wiedersehen!** Au revoir! → 1/2

**aufbewahren (etw.)** garder qc → 6/2

**Aufführung** le spectacle → 2/3

**aufhören** (ê)s'arrêter → 6/2

**aufpassen (auf etw.)** faire attention à qc → 5/3

**aufräumen (etw.)** ranger qc → 2/2

**Aufsichtsperson** le/la surveillant/e → 1/2

**aufstehen** (ê)se lever → 3/1

**Auge** l'œil / les yeux *m.* → 4/1

**Augenblick** le moment → 5/2; **in dem Augenblick als** au moment où → 7/3

**aus** de → p. 8/9; par → 2/2

**ausdrucken (etw.)** imprimer qc → 6/3

**ausgehen** (ê)sortir → 6/A

**ausleihen (etw.)** emprunter qc → 1/3

**ausruhen (sich)** se reposer → 7/2

**Ausschau halten (nach jdm)** chercher qn du regard → 6/2

**aussehen (wie)** avoir l'air (de) → 5/1

**Aussicht** la vue → 7/2

**aussteigen** (ê)descendre → 6/3

**Ausstellung** l'exposition *f.* → 6/3

**austauschen (etw.)** échanger qc → 5/1

**Auto** la voiture → 7/A

## B

**Badezimmer** la salle de bains → 2/1

**Bahnhof** la gare → 4/3

**bald** bientôt → 7/3

**Balkon** le balcon → 1/2

**Ball** la balle → 6/3

**Basecap** la casquette → 5/A

**Basketball** *Spiel* le basket → 4/3

**Bauchnabel** le nombril → 5/3

**Becher** le pot → 3/3

**Beginn des neuen Schuljahres** la rentrée → 1/2

**beginnen (mit etw.)** commencer (par qc) → 6/2

**behalten (etw.)** garder qc → 6/2

**bei** chez → 2/2

**Bein** la jambe → 6/2

**beleidigt** vexé/e *adj.* → 3/3

**Beispiel** l'exemple → 4/2; **zum Beispiel** par exemple → 4/2

**benachteiligt** défavorisé/e *adj.* → 6/A

**Berg** la montagne → 4/3

**berühmt** célèbre *adj.* → 6/1

**besichtigen (etw.)** visiter qc → 7/A

**besser** mieux *adv.* → 4/1

**Besteck** le couvert → 7/1

**bestehen (auf etw.)** insister (sur qc) → 5/3

**besuchen (etw.)** visiter qc → 7/A

**betrachten (etw.)** regarder qc → 1/1

**Betreuer/in** le/la moniteur/-trice → 4/3

**Bett** le lit → 2/1; **Ins Bett!** Au lit! → 3/2

**bevorzugen (etw.)** préférer qc → 2/3

**bewundern (etw.)** admirer qc → 6/1

**bezahlen (etw.)** payer qc → 5/1

**Bibliothek** la bibliothèque → 1/3

**Bibliothekar/in** *in der Schule* le/la documentaliste → 1/3

**bis** jusqu'à *prép.* → 1/1

**Bis später!** À plus! → 2/1

**bitte** s'il te plaît / s'il vous plaît → 1/3

**blass** pâle *adj.* → 6/1

**blau** bleu/e *adj.* → 5/A

**bleiben** (ê)rester → 5/2

**Blick** le regard → 6/A

**blöd** nul/le *adj.* → 4/1

**Blog** le blog → 4/1

**Boot** le bateau / les bateaux → 7/1

**böse** méchant/e *adj.* → 3/1

**braun** marron *adj. unveränderlich* → 5/A

**bravo** bravo → 6/2

**brennen** brûler → 7/1

**Brief** la lettre → 7/1

**Brille** les lunettes *f. pl.* → 5/A

**Brot** le pain → 5/2

**Brücke** le pont → 7/A

**Bruder** le frère → 2/A

**Buch** le livre → 1/2

**Buchhandlung** la librairie → 3/A

**Buchstabiere.** Épèle. → 1/3

**Büffet** le buffet → 6/3

**Bühne** la scène → 6/3

**Bus** le bus *in der Stadt* → 2/2; le car *der Reisebus* → 7/A

**Butter** le beurre → 5/2

## C

**Café** le salon de thé → 7/2

**Campingplatz** le camping → 7/A

**CD** le CD / les CD → 2/2

**Cent** le centime → 6/2

**Champion** le/la champion/ne → 6/1

**Chance** la chance → 7/1

**Chemie** la chimie → 4/A

**China** la Chine → 1/A

**Chinesisch** *Sprache* le chinois → p. 8/9

**Clafoutis** le clafoutis → 3/3

**Cola** le coca → 3/3

**Collège** le collège → 1/2

**Comic** la bédé *fam.*, la bande dessinée → 6/3

ANNEXE

**Computer** l'ordinateur *m.* → 2/2
**cool** cool *fam. adj.* → 4/A
**Couscoussalat** le taboulé → 6/3
**Crêpe** la crêpe → 7/1

**D**

**da ist, da sind** voilà → 1/3
**dahinten** là-bas → 1/2
**da oben** là-haut → 1/2
**danach** après *prép.* → 3/1
**danke** merci → 1/2
**dann** puis → 7/1
**das, das da** ça → 1/1; **das ist** c'est → 1/A;
**das sind** ce sont → 1/A; **Das ist klar.**
C'est clair. → 2/1
**davon** en *pron.* → 5/2
**Delphin** le dauphin → 6/1
**Demonstration** la manif *fam.* / la
manifestation → 1/A
**denken (etw.)** penser qc → 3/2; **(an etw./
jdn)** penser à qc/qn → 3/2
**der/die/das** qui → 4/1; **den/die/das** que
*Relativpronomen* → 4/2
**Dessert** le dessert → 5/2
**Deutsch** *Sprache* l'allemand *m.* → p. 8/9
**Deutschland** l'Allemagne *f.* → 7/2
**Dichtung** la poésie → 4/1
**Dienstag** le mardi → 4/A
**diese** ce/cet/cette/ces → 5/1
**Ding** la chose → 4/1
**Direktor/in** le/la directeur/-trice → 4/2
**diskutieren (über etw.)** discuter de qc
→ 4/A
**doch** si *adv.* → 4/3
**Donnerstag** le jeudi → 4/A
**dort** là-bas → 1/2; là → 1/3
**drucken (etw.)** imprimer qc → 6/3
**du** toi *betonte Form* → p. 8/9
**dummes Zeug** n'importe quoi → 3/1
**dunkelhaarig** brun/e *adj.* → 2/3
**duschen** ⁽ᵉ⁾se doucher → 3/1
**DVD** le DVD → 1/3

**E**

**echt** vrai/e *adj.* → 4/2
**Ecke** le coin → 5/2
**Ei** l'œuf → 3/3
**eigentlich** en fait → 5/2
**ein bisschen** un peu (de) *adv.* → p. 8/9;
→ 3/3
**ein einziger / eine einzige** un/e seul/e
→ 5/1
**einfach** facile *adj.* → 4/2
**einige** quelque *adj.* → 6/2
**Einkäufe** les courses *f. pl.* → 3/3
**einkaufen** faire les magasins *shoppen*
→ 5/1; faire les courses *Lebensmittel*
→ 3/3
**einladen (jdn)** inviter qn → 7/2
**einmal** une fois → 2/2; **einmal in der
Woche** une fois par semaine → 2/2
**einschalten (etw.)** allumer qc → 3/1
**einsteigen** ⁽ᵉ⁾monter → 6/3
**einverstanden** d'accord → 4/1
**Eis** la glace → 7/3

**Eleganz** l'élégance *f.* → 1/A
**Eltern** les parents *m. pl.* → 2/1
**E-Mail** le mail → 2/3
**endlich** enfin → 6/2
**eng** étroit/e *adj.* → 5/1
**engagieren (sich für/gegen etw.)**
⁽ᵉ⁾s'engager (pour/contre qc) → 6/A
**Englisch** *Sprache* l'anglais *m.* → p. 8/9
**entscheiden (sich)** ⁽ᵉ⁾se décider → 5/1
**Entzündung** l'infection *f.* → 5/3
**Erdbeere** la fraise → 7/3
**Erdkunde** la géo *fam.* / la géographie
→ 4/A
**erfinden (etw.)** inventer qc → 7/2
**erforschen (etw.)** explorer qc → 7/A
**Ergebnis** le résultat → 2/2
**erklären (jdm etw.)** expliquer qc à qn
→ 4/1
**Erlaubnis** l'autorisation *f.* → 3/3
**erledigen (etw.)** régler qc → 7/2
**erzählen (jdm etw.)** raconter qc à qn
→ 6/3
**es gibt** il y a → 1/3
**Es ist vorbei.** C'est raté. → 5/2
**essen (etw.)** manger qc → 3/A
**Essiggurke** le cornichon → 5/2
**säubern (etw.)** nettoyer qc → 6/A
**etwas** quelque chose → 6/3
**Euro** l'euro *m.* → 3/3
**existieren** exister → 5/1

**F**

**fahren** ⁽ᵉ⁾aller à → 2/3
**Fahrrad** le vélo → 4/3
**Fahrt** la balade → 7/A
**fallen** ⁽ᵉ⁾tomber → 6/2
**Familie** la famille → 2/A
**Farbe** la couleur → 5/A
**fast** presque *adv.* → 5/3
**fehlen (jdm)** manquer à qn → 7/2
**Fenster** la fenêtre → 2/2
**Ferien** les vacances *f. pl.* → 1/1; **in Ferien**
en vacances → 1/1
**Fernseher** la télé *fam.* la télévision → 3/1
**Fest** la fête → 3/2
**Festival** le festival / les festivals → 7/2
**Festung** la forteresse → 7/2
**Feuerwerk** le feu d'artifice → 7/3
**Film** le film → 1/3
**filmen (etw.)** filmer qc → 4/3
**finden (etw.)** trouver qc → 3/2
**Fisch** le poisson → 3/1
**Flasche** la bouteille → 3/3
**Fleisch** la viande → 5/2
**Floh** la puce → 5/2
**Flohmarkt** le marché aux puces → 6/3
**Formular** le formulaire → 4/2
**Forum** le forum → 6/3
**Foto** la photo → 1/1
**Fotoapparat** l'appareil photo *m.* → 3/2
**fotografieren (etw.)** photographier qc
→ 1/1
**Frage** la question → 2/2; **Es kommt
nicht in Frage!** Pas question! → 5/1

**fragen (jdn etw.)** demander qc (à qn)
→ 3/2
**Französisch** *Sprache* le français → p. 8/9
**Frau** Madame, Mme → 1/2
**Freitag** le vendredi → 4/A
**Freude** le plaisir → 7/3; **eine Freude
bereiten (jdm)** faire plaisir à qn → 7/3
**Freund/in** le/la copain/-pine → 2/A;
l'ami/e → 2/3
**Frühling** le printemps → 5/1
**Frühstück** le petit-déjeuner → 3/1
**Füller** le stylo → 6/A
**für** pour *prép.* → 1/A
**furchtbar** affreux/-se *adj.* → 7/3
**Fuß** le pied → 6/2; **zu Fuß** à pied → 7/A
**Fußball** *Spiel* le foot → 2/3

**G**

**gar nicht** pas du tout → 7/1
**Garten** le jardin → 1/A
**Gebäude** le bâtiment → 6/3
**geben (jdm etw.)** donner qc à qn → 5/2
**Gebirge** la montagne → 4/3
**geboren** né/e → 6/3
**Geburtstag** l'anniversaire *m.* → 3/1
**Gedicht** le poème → 2/3
**gefährlich** dangereux/-euse *adj.* → 5/3
**gegen** contre *prép.* → 5/3
**gegenüber (von)** en face (de) → 2/1
**gehen** ⁽ᵉ⁾aller à → 2/3; marcher → 4/3
**gehören (zu etw.)** faire partie de qc
→ 5/3
**gelb** jaune *m./f. adj.* → 5/A
**Geld** l'argent *m.* → 3/2
**gelten lassen (jdn/etw.)** accepter qn/qc
→ 5/3
**Gemse** le chamois → 4/3
**genug** assez (de) → 3/2
**geöffnet** ouvert/e → 1/3
**Geographie** la géo *fam.* / la géographie
→ 4/A
**gerade als** au moment où → 7/3
**gerecht** juste *adj.* → 4/2
**gerne mögen (etw.)** aimer bien qc.
→ 2/3
**Geschenk** le cadeau → 3/3
**Geschichte** l'histoire *f.* → 4/A
**Geschmack** le goût → 5/A
**Geschwister** les frères et sœurs → 2/1
**gestern** hier *adv.* → 6/1
**gestorben** mort/e → 6/3
**gewinnen (etw.)** gagner qc → 6/1
**gewisser/gewisse** certain/e *adj.* → 7/1
**Gitarre** la guitare → 2/3
**Glas** le bocal → 3/3; le pot → 3/3;
le verre → 7/2
**gleich** même *adj.* → 2/A; pareil/le *adj.*
→ 4/2
**Glück** la chance → 7/1
**glücklich** heureux/-euse *adj.* → 7/2
**Gras** l'herbe *f.* → 5/2
**grau** gris/e *adj.* → 5/A
**groß** grand/e *adj.* → 2/3
**Größe** *Kleider* la taille → 5/1

**Großeltern** les grands-parents *m. pl.* → 2/1

**Großmutter** la grand-mère → 7/2

*Großvater* le grand-père → 2/1

**grün** vert/e *adj.* → 5/A

**gründen (etw.)** fonder qc → 6/1

**Gruppe** le groupe → 2/3

**gut** bien *adv.* → 1/1; bon/ne *adj.* → 4/1

**Guten Morgen!** Bonjour! → p.8/9

**H**

**haben** avoir → 1/2

**Haiku** le haïku → 6/3

**Hafen** le port → 7/A

**halb** demi → 2/A; **die halbe Stunde** la demi-heure → 6/2

**Hallo! Salut!** → p.8/9

**Haltestelle** la station → 3/2

**Hand** la main → 4/1

**Handball** *Spiel* le handball → 2/3

**Händler/in** le/la marchand/e → 7/3

**hart** dur/e *adj.* → 4/A

**hassen (etw.)** détester qc → 2/3

**hässlich** moche *fam. adj.* → 5/3

**Hauptstadt** la capitale → 7/2

**Haus** la maison → 3/1; **nach Hause kommen** rentrer → 3/1

**Hausaufgabe** l'exercice *m.* → 4/1; les devoirs *m. pl.* → 4/1

**Hausmeister/in** le/la gardien/ne → 1/2

**heben (etw.)** lever qc → 4/1

**Heft** le cahier → 1/2

**heiß** chaud/e *adj.* → 7/A

**Held/in** le héros / l'héroïne → 6/1

**helfen (jdm)** aider qn → 4/3

**Hemd** la chemise → 5/A

**herausholen (etw. aus)** sortir qc de → 7/3

**Herr** Monsieur, M. → 1/2

**herumalbern** rigoler *fam.* → 3/3

**hervorragend** formidable *adj.* → 6/1

**Herz** le cœur → 6/2

**heute** aujourd'hui → 3/1

**Hey!** *Ausruf* Hé! → 1/1

**hier** ici *adv.* → p.8/9

**hilfsbereit** serviable *adj.* → 2/3

**Himmel** le ciel → 7/1

**hinaufsteigen** (ê)monter → 6/3

**hinausgehen** (ê)sortir → 6/A

**hinbringen (jdn/etw.)** amener qn/qc → 7/3

**hineingehen** (ê)entrer → 2/1

**hinstellen (etw.)** poser qc → 2/3; mettre qc → 5/1

**hinter** derrière *prép.* → 2/1

**hinuntergehen** (ê)descendre → 6/3

**hinzufügen (etw.)** ajouter qc → 6/A

**hochgehen** (ê)monter → 6/3

**Hochgeschwindigkeitszug** le TGV → 4/3

**Hochhaus** la tour → 1/A

**Hof** la cour → 6/3

**hören (etw./jdn)** entendre qc/qn → 4/1

**Horror** l'horreur *f.* → 4/A

**Hose** le pantalon → 5/A

**Hosentasche** la poche → 5/1

**hübsch** joli/e *adj.* → 5/1

**Hügel** la colline → 7/A

**human** humain/e *adj.* → 4/2

**Hund/Hündin** le/la chien/ne → 1/1

**Hunger** la faim → 6/A; **hungrig sein** avoir faim → 6/A

**I**

*ICQ* MSN → 2/A

**Idee** l'idée *f.* → 2/3

**igitt** berk *fam.* → 5/2

**im Allgemeinen** en général *adv.* → 3/2

**immer** toujours *adv.* → 2/1

**in** à *prép.* → 1/1; en *prép.* → 1/1; **in** dans *örtlich* → 1/1; *zeitlich* → 4/2 **in der Nähe von** près de *adv.* → 4/2; **in der Ecke (von)** au coin (de) → 5/2; **in schwarz** en noir *adj.* → 5/1

**Infektion** l'infection *f.* → 5/3

**Informations- und Dokumentationszentrum** *in der Schule* le CDI → 1/3

**Inlineskates** les rollers *m./pl.* → 2/A

**Insel** l'île *f.* → 1/A

**interessant** intéressant/e *adj.* → 2/3

**interessieren (sich für jdn/etw.)** (ê)s'intéresser à qc → 6/1

*Italienisch Sprache* l'italien *m.* → p.8/9

**J**

**ja** oui → 1/1; **Ja, bitte?** *am Telefon* Allô! → 3/3

**Jacke** la veste → 1/2; le blouson → 5/A

**Jahr** l'an *m.* → 2/A; l'année *f.* → 5/1

*Japanisch Sprache* le japonais → p.8/9

**Jeans** le jean → 5/1

**jemand** quelqu'un → 7/3

**jetzt** maintenant → 2/3

**Judo** le judo → 3/3

**Jugend** la jeunesse → 5/3

**Jugendlicher/-e** le/la jeune → 6/2

**jung** jeune *adj.* → 3/3

**Junge** le garçon → 1/1; **der junge Mann** le jeune homme → 3/2

**K**

**Kaffee** le café → 7/2

**Kaiser** l'empereur *m.* → 7/2

**kalt** froid/e *adj.* → 7/1; **es ist kalt** il fait froid → 7/1

**Kanarienvogel** le canari → 5/1

**Kantine** la cantine → 1/3

**kaputt** crevé/e → 6/2

**kariert** à carreaux *adj.* → 5/A

**Kartoffel** la pomme de terre / les pommes de terre → 5/2

**Kasse** la caisse → 5/1

**Kathedrale** la cathédrale → 1/A

**Katze** le chat → 5/1

**kaufen (etw.)** acheter qc → 3/2

**Kaufhaus** le grand magasin → 5/1

**kein, keine, keinen** ne ... pas de *adv.* → 3/2; pas de ... *adv.* → 3/2; ne ... plus de ... → 3/3

**Keks** le biscuit → 3/2

**Kellnerin** la serveuse → 7/2

**kennen lernen (jdn)** faire la connaissance de qn → 6/3

**Kilo** le kilo → 3/3

**Kilometer** le kilomètre → 6/A

**Kind** l'enfant *m./f.* → 1/2

**Kino** le cinéma / le ciné *fam.* → 2/3

**Kirsche** la cerise → 3/3

**klar** clair/e *adj.* → 2/1; **Ist das klar?** C'est clair? → 2/1

**Klasse** la classe → 1/2

**Klassenfahrt** *hier: zum Wintersport* la classe de neige → 4/2

**Klassenlehrer** le prof principal → 4/2

**Klassensprecher/in** le/la délégué/e de classe → 4/1

**Klassenzimmer** la classe → 1/2; la salle de classe → 6/1

**Kleid** la robe → 5/A

**Kleidung** le vêtement → 5/A

**klein** petit/e *adj.* → 4/1; **der/die Kleine** le/la petit/e → 6/3; **im Kleinen** en miniature → 7/2

**Klettern** *Sport* l'escalade *f.* → 4/3

**klingeln** sonner → 3/3

**Koffer** la valise → 2/1

**komisch** drôle *adj.* → 2/3

**kommen** (ê)venir → 6/A

**kompliziert** compliqué/e *adj.* → 4/2

**können** pouvoir → 3/2

**Konzert** le concert → 6/A

**Kopf** la tête → 6/2

**kosten** coûter → 5/1

**Kraft** la force → 6/2

**krank** malade *adj.* → 6/1

**Kreide** la craie → 4/1

**Küche** la cuisine → 2/1

**Kuchen** le gâteau / les gâteaux → 7/2

**Kuh** la vache → 5/2

**Kugelschreiber** le stylo → 6/A

**Kunstunterricht** les arts plastiques *m. pl.* → 4/A

**kurz** court/e *adj.* → 5/1

**küssen (jdn)** embrasser qn → 3/2

**L**

**Lächeln** le sourire → 5/2

**lachen** rigoler *fam.* → 3/3

**Lachen** le rire → 6/3

**Lampenfieber** le trac → 1/2

**Land** le pays *m.* → 7/1

**lang** long/ue *adj.* → 5/1

**langweilig** ennuyeux/-euse *adj.* → 7/1

**Lauf** la course → 6/2

**laufen** (ê)passer *im Kino* → 3/A; courir → 6/A

**Leben** la vie → 4/A

**Lehrer/in** le/la professeur, le/la prof *fam.* → 1/3

**leicht** facile *adj.* → 4/2

**Es tut mir leid.** Je suis désolé/e → 1/3

**lernen (etw.)** apprendre qc → 4/1

**lesen (etw.)** lire qc → 4/1

letzter/letzte/letztes dernier/-ière *adj.* → 5/1; **letztes Jahr** l'année dernière *f.* → 5/1

**Leute** les gens *m. pl.* → 6/1; **es sind viele Leute da** il y a du monde → 6/2

**liebe/r** *Brief* cher/chère → 7/A

**lieben (etw.)** aimer qc → 2/A; **lieben (etw. sehr)** adorer qc → 2/3; **lieber mögen (etw.)** préférer qc → 2/3

**Lieblings-** préféré/e *adj.* → 4/A

**Lied** la chanson → 2/3; *klassische Musik* le chant → 3/3

**Linie** la ligne → 3/2

**links** à gauche → 2/1

**Lippe** la lèvre → 5/2

**Liter** le litre → 3/3

**Lösung** la solution → 4/1

**lustig** drôle *adj.* → 2/3

**Luxemburgisch** *Sprache* luxembourgeois → p. 8/9

**M**

**machen (etw.)** faire qc → 3/3

**Mädchen** la fille → 1/2

**Magie** la magie → 6/1

**Mal** la fois → 2/2

**Mama** la maman → 1/2

**man muss** il faut + *inf.* → 4/2

**Markt** le marché → 6/3

**Marokko** le Maroc → 7/3

**März** mars → 4/3

**Mathe** les maths *fam.* / mathématiques *pl.* → 2/A

**Maximum** le maximum → 1/3

**Medaille** la médaille → 6/1

**Meer** la mer → 7/A

**Mehl** la farine → 3/3

**Meinung** l'avis *m.*; **meiner Meinung nach** à mon avis → 2/3

**Meister** le/la champion/ne → 6/1

**Mensch – Natur – Umwelt** *Schulfach* les S.V.T., Sciences de la Vie et de la Terre *f. pl.* → 4/A

**Menschenmenge** la foule → 7/A

**menschlich** humain/e *adj.* → 4/2

**Meter** le mètre → 6/2

**Milch** le lait → 3/3

**Million** le million → 6/A

**mindestens** au moins → 7/3

**mini** mini *adj.* → 5/1

**Minute** la minute → 6/3

**mit** avec *prép.* → 1/1

**mitbringen (jdm etw.)** rapporter qc à qn → 7/2; **(etw./jdn)** amener qc/qn → 7/3

**mitkommen** ⁽ᵉ⁾venir → 6/A

**Mittag** midi → 3/A; **um 12 Uhr mittags** à midi → 3/A

**mittelmäßig** moyen/ne *adj.* → 4/1

**Mitternacht** minuit → 3/A

**Mitschüler/in** le/la camarade → 4/3

**Mittwoch** le mercredi → 4/2

**Mode** la mode → 1/A

**modisch** à la mode → 5/1

**mögen (etw.)** aimer qc → 2/A

**Moment** le moment → 5/2; **in dem Moment als** au moment où → 7/3

**Monat** le mois → 4/2

**Montag** le lundi → 3/1

**Morgen** le matin → 3/3; **heute Morgen** ce matin → 5/1; **morgen** demain *adv.* → 1/1

**Mousse** la mousse → 5/2

**Musik** la musique → 2/A

**müssen** devoir → 6/2

**Mut** le courage → 5/3

**Mutter** la mère → 2/1

**N**

**na dann** bon ben → 3/3

**Na sag doch!** Dis toujours! → 5/2

**Na toll!** Bonjour l'ambiance! → 3/3

**nach** après *prép.* → 3/1

**Nacht** la nuit → 7/3

**Nachmittag** l'après-midi *m./f.* → 3/2; **heute Nachmittag** cet(te) après-midi → 5/1

**Nachtisch** le dessert → 5/2

**nahe bei** près de *prép.* → 4/2

**Name** le nom → 1/2

**Nase** le nez → 5/2

**Natur** la nature → 6/A

**natürlich** bien sûr → 1/3

**neben** à côté de *prép.* → 4/3

**nehmen (etw.)** prendre qc → 3/1

**nein** non *adv.* → 1/1

**nett** sympa → 1/1

**neu** nouveau/nouvelle *adj.* → 1/2

**neugierig** curieux/-euse *adj.* → 2/3

**nicht** ne … pas → 2/2

**ne… plus** nicht mehr → 3/3

**nicht mögen (etw.)** détester qc → 2/3

**nicht wahr?** non *adv.* → 1/1

**nicht wirklich** pas trop *adv.* → 3/3

**niedlich** joli/e *adj.* → 5/1

**noch** encore *adv.* → 1/1

**normal** normal/e *adj.* → 5/3

**normalerweise** en général *adv.* → 3/2

**Note** la note → 4/1

**Null** le zéro → 3/3; **eine Null sein (in)** être nul/le (en) → 4/1

**Nummer** le numéro → 3/3

**O**

**ob** si → 7/3

**oder** ou *conj.* → 1/1

**öffnen (etw.)** ouvrir qc → 3/3

**oft** souvent *adv.* → 2/2

**oh je** oh là là → 1/1

**Ohr** l'oreille *f.* → 5/2

**Ohrring** la boucle d'oreilles → 5/2

**Olympische Spiele** les Jeux olympiques → 6/1

**Oma, Omi** la mamie → 7/A

**Onkel** l'oncle *m.* → 7/1

**Opa** le papi → 7/2

**Oper** l'opéra → 3/2

**Opernsänger/in** le/la chanteur/-euse d'opéra → 3/2

**Orange** l'orange *f.* → 3/3; **Orangensaft** le jus d'orange → 3/3

**organisieren (etw.)** organiser qc → 6/1

**P**

**Paar** la paire → 5/2

**Paket** le paquet → 3/3

**Packung** le paquet → 3/3

**Palais** le palais → 7/2

**Papier** le papier → 6/1

**pardon** pardon → 1/2

**Park** le parc → 1/A

**Party** la fête → 3/2

**Passionsfrucht** le fruit de la passion → 7/3

**Pate/Patin** le parrain / la marraine → 6/2

**Pause** la récréation / la récré *fam.* → 4/A

**Physik** la physique → 4/A

**Pickel** le bouton → 3/1

**Piercing** le piercing → 5/1

**Piste** la piste → 4/3

**Planet** la planète → 6/A

**Platz** la place → 1/A

**Poesie** la poésie → 4/1

**Politik** la politique → 1/A

**Polizeidienststelle** le commissariat → 7/3

**Polizist** le gendarme → 7/3

**Polnisch** *Sprache* polonais → p. 8/9

**Postkarte** la carte postale → 7/A

**Preis** le prix / les prix → 5/1

**Problem** le problème → 2/1

**Prospekt** le dépliant → 4/2

**provozieren (jdn)** provoquer qn → 2/2

**Pst!** chut → 2/2

**Pullover, Pulli** le pullover / le pull *fam.* → 5/A

**Pyramide** la pyramide → 6/A

**Q**

**Qualle** la méduse → 7/1

**Quiz** le quiz → 7/2

**R**

**Radio** la radio → 3/1

**Rap** le rap → 3/2

**Rassismus** le racisme → 6/A

**Rathaus** l'hôtel de ville *m.* → 1/A

**rechnen** calculer → 6/2

**Recht haben** avoir raison → 5/3

**rechts** à droite → 2/1

**reden (von jdm)** parler de qc → 2/3

**Referat** l'exposé *m.* → 1/3

**regeln (etw.)** régler qc → 7/2

**regnen** pleuvoir ⚠ *nur 3. Pers. Sg.* → 7/3

**reichen (jdm etw.)** passer qc à qn → 5/2; tendre (qc à qn) → 6/2

**Reihe** le tour; **Du bist an der Reihe.** C'est ton tour. → 7/2

**reinigen (etw.)** nettoyer qc → 6/A

**Reise** le voyage → 4/A

**Rennen** la course → 6/2

**richtig** juste *adj.* → 4/2
**Richtung** la direction → 3/3
**Ring** la boucle → 5/2
**Rock** la jupe → 5/A
**Römer/in** le/la Romain/e → 7/A
**rot** rouge *adj.* → 3/3
**Rücken** le dos → 4/3
**rufen (jdn)** appeler qn → 7/1
**ruhig** calme *adj.* → 5/2
**Runde** le tour → 6/2
*Russisch Sprache* le russe → p. 8/9

**S**
**Sache** la chose → 4/1; **Sachen** les affaires *f. pl.* → 1/2
**Saft** le jus → 3/3
**sagen (jdm etw.)** dire qc (à qn) → 3/1; **sagen (sich etw.)** se dire qc → 3/1
**Sahne** la crème → 3/3
**Salat** la salade → 5/2
**Salbe** la crème → 7/1
**Salz** le sel → 5/2
**Samstag** le samedi → 4/A
**Sänger/in** le/la chanteur/-euse → 2/3
**Schauspieler/in** l'acteur/-trice → 6/3
**schenken (jdm etw.)** offrir (qc à qn) → 3/3
**schicken (jdn etw.)** envoyer qc (à qn) → 7/2
**Schiff** le bateau / les bateaux → 7/1
**Schild** l'écriteau *m.* → 2/2
**schimpfen (mit jdm)** gronder qn → 7/3
**Schinken** le jambon → 5/2
**Schirmmütze** la casquette → 5/A
**schlafen** dormir → 6/A
**Schlafzimmer** la chambre → 2/1
**schlecht** mal *adv.* → 2/1; nul/le *adj.* → 4/1; mauvais/e *adj.* → 4/1
**schließen (etw.)** fermer qc → 3/A
**schlucken (etw.)** avaler qc → 5/2
**Schmerzen haben** avoir mal (à) → 6/2
**schmutzig** sale *adj.* → 5/3
**Schnäppchen** l'affaire *f.* → 5/1
**schnaufen** souffler → 6/2
**Schnee** la neige → 4/2
**schnell** vite *adv.* → 1/1
**Schokolade** le chocolat → 5/2; **Schokoladencreme** la mousse au chocolat → 5/2
**schon** déjà *adv.* → 3/1
**schön** beau/bel/belle/beaux/belles *adj.* → 5/3
**Schrank** l'armoire *f.* → 2/2
**schreiben (jdm etw.)** écrire qc (à qn) → 4/1; **unsauber schreiben** écrire comme un chat → 4/1
**schreien** crier → 6/2
**schubsen (jdn)** bousculer qn → 7/3
**Schuh** la chaussure → 5/A
**Schulalltag** la vie du collège → 4/A
**Schuld** la faute → 7/3
**Schule** l'école *f.* → 1/2
**Schüler/in** l'élève *m./f.* → 1/2
**schwärmen (für jdn)** craquer pour qn → 2/3

**schwarz** noir/e *adj.* → 5/A
**schwer** lourd/e *adj.* → 4/3
**Schwester** la sœur → 2/1
**schwierig** dur/e *adj.* → 4/A
**Schwimmbad** la piscine → 2/3
**Schwimmen** la natation → 2/A
**schwimmen** nager → 6/1
**Schwimmer/in** le nageur/-euse → 6/1
**See** le lac → 7/A
**sehen (etw.)** voir qc → 4/3
**sehr gut** très bien → 1/2
**sein** être → 1/1
**selbst wenn** même quand → 7/1
**sexy** sexy *adj.* → 5/3
**shoppen** faire les magasins → 5/1
**sich motivieren** (ᵉ)se motiver → 6/2
**Sicht** la vue → 7/2
**singen (etw.)** chanter (qc) → 2/3
**Ski** le ski → 4/3; **Skifahren** faire du ski → 4/3
**so** comme ça *adv.* → 3/3
**Sofa** le canapé → 2/1
**sofort** tout de suite → 4/2
**sogar** même *adv.* → 2/2
**Sohn** le fils → 2/1
**sollen** devoir → 6/2
**Sommer** l'été *m.* → 5/1
**Sonntag** le dimanche → 4/A
**Sozialkunde, Gemeinschaftskunde** l'éducation civique *f.* → 4/A
**Spanisch** *Sprache* l'espagnol *m.* → 4/A
**spät** tard *adj.* → 7/3
**spazieren gehen** (ᵉ)se balader → 3/2
**Spaziergang** la balade → 7/A
**Spiel** le jeu / les jeux → 4/3; le match *Sport* → 6/3
**spießig** ringard/e *adj.* → 3/2
**Sponsor** le parrain → 6/2
**Sport** le sport → 2/A
**Sportschuhe** les baskets *f. pl.* → 5/A
**Sportunterricht** l'E.P.S / l'education physique et sportive → 4/A
**Sprache** la langue → 7/2
**sprechen (mit jdm)** parler avec qn → 3/2; parler à qn → 4/2; **(von jdm/etw.)** parler de → 2/3
**Spur** la trace → 4/1
**Stadt** la ville → 6/A
**Stadtzentrum** le centre-ville → 7/2
**stark** fort/e *adj.* → 4/3
**Station** la station → 3/2
**stattfinden** avoir lieu → 4/2
**stehen bleiben** (ᵉ)s'arrêter → 6/2
**Stein** la pierre → 5/3
**Stelle** la place; **an ihrer Stelle** à leur place → 7/A
**stellen (etw.)** poser qc → 2/3; mettre qc → 5/1; **jdm eine Frage stellen** poser une question à qn → 2/3
**Stiefel** la botte → 5/A
**Stil** le look → 3/3
**still** *Wasser* plat/e *adj.* → 7/2; calme → 5/2; **Still!** Chut! → 2/2
**Stimmung** l'ambiance *f.* → 3/3
**Strand** la plage → 7/1

**Straße** la rue → 1/A
**Strecke** le trajet → 7/A
**streiten (sich (mit jdm))** (ᵉ)se disputer (avec qn) → 3/1
**Stress** le stress → 1/A
**Stuhl** la chaise → 2/2
**Stunde** l'heure *f.* → 2/2; **stundenlang** pendant des heures; **Viertelstunde** le quart d'heure → 3/A
**Stundenplan** l'emploi du temps *m.* → 4/A
**suchen (etw.)** chercher qc → 1/2; chercher du regard → 6/2
**super** super *adj.* → 1/1
**Suppe** la soupe → 5/2
**Surfen** le surf → 4/3
**sympathisch** sympa → 1/1

**T**
**Tag** le jour → 1/3; la journée → 3/A; **an jenem Tag** ce jour-là → 6/3
**Tante** la tante → 7/1
**Tasche** le sac → 1/2; *Kleidung* la poche → 5/1
**taub** sourd/e *adj.* → 3/3
**tauschen (etw. (gegen etw.))** échanger qc → 5/1
**Tee** le thé → 7/2
**Telefon** le téléphone → 3/2
**telefonieren (mit jdm)** téléphoner (à qn) → 2/2
**Tennis** *Sportart* le tennis → 2/A
**Teppich** le tapis → 2/2
**Test** le test → 2/2
**teuer** cher/chère → 3/3
**Tier** l'animal / les animaux *m.* → 4/3
**Tisch** la table → 2/2; **den Tisch decken** mettre le couvert → 7/1
**Tischtennis** le tennis de table → 6/3
**Tochter** la fille → 1/2
**todmüde** crevé/e *adj.* → 6/2
**Toilette** les toilettes *f.pl.* → 2/1
**toll** formidable *adj.* → 6/1; chouette *adj.* → 7/A
**tot** mort/e *adj.* → 6/3
**Tour** la balade → 7/A
**Tourist** le/la touriste → 7/A
**tragen (etw.)** porter qc → 2/1
**trauen (sich)** oser + *inf.* → 7/3
**Traum** le rêve → 6/1
**träumen (von etw.)** rêver (de) → 2/2
**treffen (sich (wieder))** (ᵉ)se retrouver → 3/2
**treffen (jdn)** rencontrer qn → 4/1
**trinken (etw.)** boire qc → 5/2
**Tschüss!** Salut! → 1/2
**T-Shirt** le tee-shirt → 5/A
**tun (etw.)** faire qc → 3/3
**Tür** la porte → 2/2
*Türkisch Sprache* le turc → p. 8/9
**Turm** la tour → 1/A
**Turnschuhe** les baskets *f. pl.* → 5/A

**U**
**U-Bahn** le métro → 1/A

**Übelkeit empfinden** avoir mal au cœur → 6/2

**überall** partout → 7/3

**Überraschung** la surprise → 7/2

**übertreiben (etw.)** exagérer qc → 4/2

**Übung** l'exercice *m.* → 4/1

**Uhr** l'horloge *f.* → 3/A; la montre *Armbanduhr* → 7/1; **um wie viel Uhr** à quelle heure → 3/A

**um … zu** pour + *inf.* → 3/2

**umsteigen** changer (de qc) → 3/2

**umtauschen (etw.)** échanger qc → 5/1

**und** et *conj.* → p. 8/9

**unglücklich** malheureux/-euse *adj.* → 5/3

**unter** *prép.* sous → 2/2

**unterhalten (sich über etw.)** discuter de qc → 4/A

**Unterricht** le cours → 4/A

**Unterricht haben** avoir cours → 3/1

**Unterrichtsfach** la matière → 4/A

**Unterricht(sstunde)** le cours → 3/1

**Urlaub** les vacances *f. pl.* → 1/1; **im Urlaub** en vacances → 1/1

## V

**Vanille** la vanille → 7/3

**Vater** le père → 2/1

**Verband** l'association → 6/A

**verboten** interdit/e *adj.* → 4/1

**verbringen** passer → 2/2

**verdienen** *Geld* gagner qc → 3/2

**vergehen** passer → 1/1

**vergessen (etw.)** oublier qc → 4/2

**Verkäufer/in** le/la vendeur/-euse → 5/1

**verlassen (jdn/etw.)** quitter qc/qn → 5/2

**verliebt** amoureux/-euse *adj.* → 4/1

**verlieren (jdn/etw.)** perdre qc → 6/1

**vermuten (etw.)** supposer qc → 4/A

**verschicken (jdn etw.)** envoyer qc à qn → 7/2

**verschieden** différent/e *adj.* → 2/3

**verschlucken (sich)** avaler de travers → 5/2

**verstehen (etw.)** comprendre qc → 5/3

**Verstümmelung** la mutilation → 5/2

**versuchen (etw.)** essayer qc → 5/1

**verträumt sein** être dans les nuages → 2/2

**verursachen (etw.)** provoquer qc → 5/3

**verwirklichen (etw.)** réaliser qc → 6/1

**Verzeihung** pardon → 1/2

**Videoclub** le club-vidéo → 4/A

**viel/e** beaucoup de *adv.* → 3/2; **viele Grüße und Küsse** *Briefende* grosses bises → 7/A

**vielleicht** peut-être *adv* → 5/3

**Viertel** *Stadtviertel* le quartier → 2/A; **Viertel** le quart → 3/A; **Viertelstunde** le quart d'heure → 3/A

**Vulkan** le volcan → 4/1

**voller Leute** noir de monde → 7/3

**von** de → 1/A, **von neuem anfangen (etw.)** recommencer qc → 7/1, **Von we-**

**gen!** Tu parles! → 2/1, **von … bis** de … à → 3/1

**vor** *räumlich* devant *prép.* → 1/A; **vor allem** surtout *adv.* → 2/A; **vor** *zeitlich* avant *prép.* → 5/2, il y a → 6/3;

**vorankommen** avancer → 6/2

**vorbeigehen (an jdm)** (ê)passer devant qn → 1/2

**vorbereiten (etw.)** préparer qc. → 1/2

**Vorname** le prénom → 2/A

**vorschlagen (jdm etw.)** proposer qc (à qn) → 7/2

**vorstellen (sich etw.)** s'imaginer qc → 7/A

**Vorstellung** le spectacle → 2/3

## W

**Wagen** la voiture → 7/A

**wahr** vrai/e *adj.* → 4/2

**während** pendant *prép.* → 3/2

**wann** quand → 3/1

**warm** chaud/e *adj.* → 7/A; **es ist warm** il fait chaud → 7/A

**warten (auf jdn/etw.)** attendre qn/qc → 4/A

**warum** pourquoi → 3/1

**was …?** qu'est-ce que …? → 1/3; quoi → 3/3; **was** *Relativpronomen* ce que; ce qui → 5/3; **Was bedeutet das?** Qu'est-ce que ça veut dire? → 2/2; **Was ist los?** Qu'est-ce qui se passe? → 7/1

**Wasser** l'eau *f.* → 5/2

**weggehen** (ê)partir → 6/A

**wehtun** avoir mal (à) → 6/2

**weil** parce que → 2/3

**Wein** le vin → 5/2

**weinen** pleurer → 7/3

**weiß** blanc/-che *adj.* → 5/A

**weit** loin *adv.* → 7/A

**weitermachen** continuer → 2/2

**welcher/welche/welches?** quel/quelle? → 4/3

**Wellenreiten** le surf → 4/3

**Welt** le monde → 1/A

**weniger** moins *adv.* → 3/1

**wenn** quand → 5/2

**wer** qui; **Wer ist das?** C'est qui? → 1/3

**Werbung** la publicité, la pub *fam.* → 5/1; **für sich Werbung machen** faire sa pub → 6/1

**werden** (ê)devenir → 6/1

**Wettbewerb** le concours → 6/3

**Wetter** le temps → 7/A; **Es ist schönes Wetter.** Il fait beau. → 7/A

**wie?** comment *adv.* → p. 8/9; **wie** comme *adv.* → 1/A; **Wie alt bist du?** Tu as quel âge? → 2/A; **Wie geht's?** Ça va? → 1/2; **Wie heißt du?** Tu t'appelles comment? → p. 8/9; **Wie ist das Wetter?** Quel temps fait-il? → 7/A; **Wie teuer sind sie?** Ils coûtent combien? → 5/1; **wie viel?** combien (de)? *adv.* → 3/3; **Wie viel Uhr ist es?** Il est quelle heure? → 3/A

**wiedergeben (jdn etw.)** rendre qc à qn → 7/3

**Willkommen!** Bienvenue! → 2/2

**Winkel** le coin → 5/2

**wir müssen** il faut + *inf.* → 4/2

**wissen (etw.)** savoir qc → 5/3

**wo** où → p. 8/9; **wo** *Relativpronomen* où → 4/A; **Wo kommst du her?** Tu es d'où? → p. 8/9; **Wo wohnst du?** Tu habites où? → 1/1

**woanders** ailleurs *adv.* → 7/3

**Woche** la semaine → 2/2; **jede zweite Woche** une semaine sur deux → 4/2

**wohin** où → p. 8/9

**wohnen** habiter (à/en) → 1/1

**Wohnung** l'appartement *m.* → 2/1

**Wohnzimmer** la salle de séjour → 2/1

**Wolf** le loup → 4/3

**Wolke** le nuage → 2/2

**wollen (etw.)** vouloir qc → 4/2

**Wort** le mot → 6/1

**wundervoll** magnifique *adj.* → 4/3

**Wut** la colère → 6/3

## Z

**zählen** compter → 6/2

**Zauber** la magie → 6/1

**Zeichen** le signe → 5/2

**zeichnen (etw.)** dessiner qc → 4/1

**zeigen (jdm etw.)** montrer qc à qn → 6/1

**Zeit** le temps → 3/A; **Es ist Zeit!** C'est l'heure. → 3/1; **die ganze Zeit** tout le temps → 6/1

**Zeitschrift** la revue → 1/3

**Zelten** le camping → 7/A

**Zeltplatz** le camping → 7/A

**Zensur** la note → 4/1

**Zentrum** le centre → 4/3

**zerreißen (etw.)** déchirer qc → 7/1

**Zettel** le papier → 6/1

**ziemlich** assez *adv.* → 4/1

**Zimmer** la pièce → 2/1

**zögern** hésiter → 3/3

**zu (sehr)** trop *adv.* → 1/3

**zu viel** trop (de) *adv.* → 1/3

**zuerst** d'abord *adv.* → 4/2

**zufrieden** content/e *adj.* → 4/1

**Zug** le train → 1/1

**zuhören (jdm)** écouter qn → 2/2

**zum** *Richtung* vers *prép.* → 7/3

**zurückgeben (jdn etw.)** rendre qc à qn → 7/3

**zurückkommen** (ê)rentrer → 3/1; (ê)revenir → 6/2

**zusammen** ensemble → 2/3

**zusammenpassen** (ê)aller avec qc → 5/1

**zwischen** entre *prép.* → 4/1

**zwölf Uhr mittags** midi → 3/A

## Bildquellen

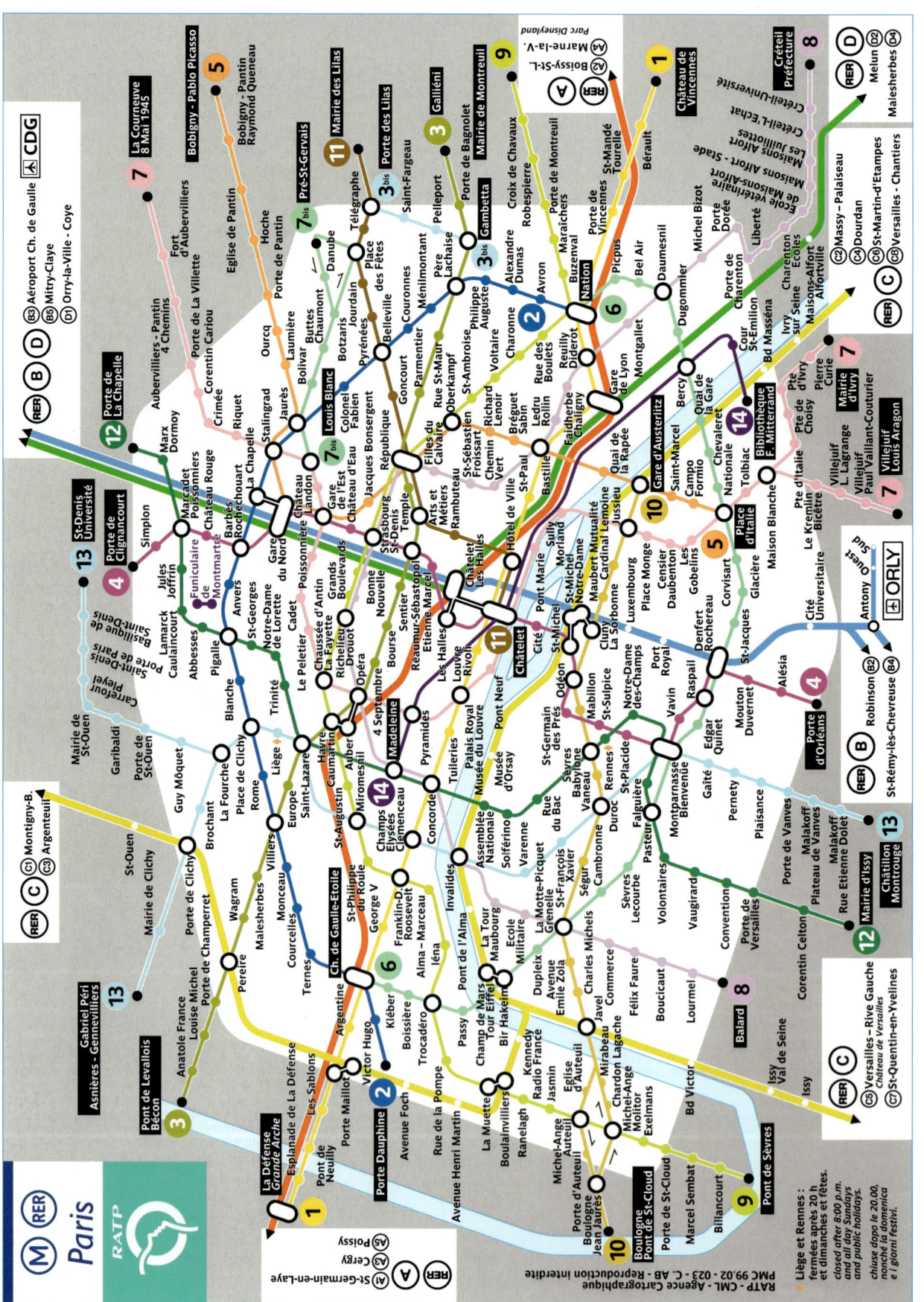